Marc Chagall

Susan Compton

Marc Chagall

Mein Leben – Mein Traum

Berlin und Paris 1922-1940

Prestel-Verlag

Dieser Katalog erschien anläßlich der gemeinsam von der
Stadt Ludwigshafen am Rhein und der BASF Aktiengesellschaft
veranstalteten Ausstellung im Wilhelm-Hack-Museum, Ludwigshafen,
vom 7. April - 3. Juni 1990.

Auf dem Umschlag:
Clown auf einem Pferd (Kat. 96)
Frontispiz:
Selbstbildnis mit dem verzierten Hut (Kat. 92)

Übersetzung aus dem Englischen: Wolfgang Himmelberg

Lizenzausgabe mit Genehmigung des Prestel-Verlages für
Weltbild Verlag GmbH, Augsburg 1995

Printed in Italy

ISBN 3-89350-744-2

Inhalt

Leihgeber

Stedelijk Museum, Amsterdam
Koninklijk Museum voor Schone Kunsten, Antwerpen
Nationalmuseum, Belgrad
Australian National Gallery, Canberra
Göteborgs Konstmuseum
Musée de Peinture et de Sculpture, Grenoble
Sprengel-Museum Hannover
The Israel Museum, Jerusalem
The Trustees of the Tate Gallery, London
The Museum of Modern Art, New York
The Solomon R. Guggenheim Museum, New York
Musée National Message Biblique Marc Chagall, Nizza
Allen Memorial Art Museum, Oberlin College, Ohio
Musée d'Art Moderne de la Ville de Paris
Musée national d'art moderne, Centre Georges Pompidou, Paris
Staatsgalerie Stuttgart
The Tel Aviv Museum of Art
Museum der Stadt Zagreb
Kunsthaus Zürich

Sammlung Marcus Diener, Basel
Sammlung E. W. K., Bern
Mrs. Pearl und Mr. Joseph Boxenbaum
Sammlung Herbert Black, Kanada
Marlborough Fine Art (London) Ltd.
Galerie Rosengart, Luzern
Sammlung Katz, Milwaukee/Wisconsin
Mr. and Mrs. Arnold A. Saltzman, New York City
Ida Chagall, Paris

und weitere private Leihgeber, die ungenannt bleiben möchten

Dank

All denen, die in so mannigfaltiger Weise bei der Organisation der Ausstellung und bei der Vorbereitung des Buches mitgeholfen haben, sei herzlich gedankt. Unser besonderer Dank gilt:

Ruth Apter-Gabriel
Caroline Compston
Michael Compton
Marjorie Delpeche
Sylvie Forestier
Gabriele Gassen
Nehama Guralnik
Renilde Hammacher-van den Brande
Joop Joosten
Christian Klemm
Jeremy Lewison
Edna Moshenson
Michael Pächt
Jurrie Poot
Jean-Louis Prat
Stephanie Rachum
Angela Rosengart
Margit Rowell
Irena Subotic
Sabine Thiel-Siling
Martin Weyl
Mimi Wilms

Vorwort

Kaum einem anderen Künstler unseres Jahrhunderts wurde bereits zu Lebzeiten eine derart überragende Popularität zuteil wie gerade Marc Chagall. Die Liebe des Publikums gründet sich auf eine Kunst, die Lebenswirklichkeit und Traumwelt zu harmonischem Zusammenklang führt, wie es der Titel der Ausstellung andeutet. Die magische Bildsprache Chagalls versteht es, den Betrachter in ihren Bann zu ziehen. Seine Kunst erhebt, ohne zu entrücken, dringt über das Auge direkt ins Herz des Schauenden.

Doch entgegen einem verbreiteten Vorurteil entsteht in der Bildwelt Chagalls das ›Fest für die Augen‹ nicht allein aus der Leuchtkraft der Farben. Sein umfangreiches graphisches Werk belegt, wie sehr er im Schwarzweiß der Radierung die Linearität malerisch einzusetzen vermochte. Der Künstler war dieser Technik während der zwanziger und dreißiger Jahre, der Zeit seines Aufenthaltes in Berlin und Paris, besonders verpflichtet.

Ein wichtiger und interessanter Aspekt im Schaffen Chagalls ist die Motivwiederholung. Für das graphische Werk bedeutet dies, daß die Radierungen fast durchgängig in Zeichnungen, Aquarellen, Gouachen oder Ölgemälden unterschiedliche Vorstufen durchliefen. Die Konfrontation von parallelen und vorbereitenden farbigen Arbeiten mit deren Umsetzung in Graphiken bedeutet eine ›Schule des Sehens‹ ganz eigener Art. Auf ihr basiert das inhaltliche Konzept der Ausstellung.

Die Stadt Ludwigshafen am Rhein und die BASF Aktiengesellschaft haben zweifachen Anlaß, gemeinschaftlich die Ausstellung mit Werken von Chagall zu zeigen: Das zehnjährige Bestehen des Wilhelm-Hack-Museums ebenso wie das 125jährige Firmenjubiläum der BASF in Ludwigshafen. Die Hommage an das künstlerische Genie gibt Gelegenheit, einen breiten Kreis von Bürgern und Kunstsinnigen an diesen Geburtstagen teilhaben zu lassen. Die gemeinsame Veranstaltung dokumentiert nicht nur das traditionell gute Verhältnis zwischen Stadt und BASF, sondern markiert einen weiteren Abschnitt im Engagement des Chemieunternehmens für das Wilhelm-Hack-Museum, dessen Gründung vor mehr als zehn Jahren schon mit seiner Unterstützung realisiert werden konnte. Letztlich wollen Stadt und BASF damit erneut einen Hinweis geben, wie hoch der Stellenwert von Kultur im Angebot für den Bürger und für die Lebensqualität der Region veranschlagt wird.

Ein so groß angelegtes Unternehmen wie eine Chagall-Ausstellung bedarf der Mitwirkung vieler. Allen am Projekt Beteiligten sei hier Anerkennung und Dank ausgesprochen, insbesondere der Gastkuratorin Susan Compton, London, die ihre profunden Kenntnisse mit hohem Einsatz in den Dienst der Ausstellung stellte und ohne deren Mitwirkung die nur kurze Vorbereitungszeit nicht zu diesem bedeutenden Ergebnis hätte führen können. Naturgemäß sind Ausstellungen diesen hohen Anspruchs nur durch den guten Willen und die Unterstützung zahlreicher öffentlicher und privater Leihgeber zu ermöglichen. So sei auch hier allen Museen und den genannten wie den ungenannten Privatsammlern für die freundliche Bereitschaft, sich für die Dauer der Ausstellung von ihren wertvollen Kunstschätzen zu trennen, von Herzen gedankt.

Werner Ludwig
Oberbürgermeister
der Stadt Ludwigshafen am Rhein

Detlef Dibbern
Mitglied des Vorstands
der BASF Aktiengesellschaft

Einleitung

Mein Leben – Mein Traum: dieser Titel verweist auf die Verflechtung von Wirklichkeit und Phantasie, die die Welt Marc Chagalls bestimmt. In seinem langen, wechselvollen Leben, das im ländlichen Rußland begann, in der eingeengten Welt jüdischer Kaufleute, bezog er Kraft aus der Liebe, die ihm seine bemerkenswerte Familie entgegengebracht hatte, und aus ihrer tiefen Frömmigkeit. Doch ihn bedrückte die alltägliche Not, und er suchte dieser Welt zu entkommen, nicht auf dem üblichen Weg, dem des Gelehrten, sondern auf höchst ungewöhnliche Weise, mittels der Kunst. Mit beeindruckender Beharrlichkeit studierte er Malerei, zunächst in Witebsk, dann in Sankt Petersburg. 1910 erreichte er schließlich sein Ziel, Paris. In *Mein Leben* hat er davon erzählt, auch von seiner Verzweiflung beim Tod seiner Eltern und von seinem Glück in Liebe und Ehe. Eine poetische Erzählung zieht sich durch seine Gedichte, seine Prosa, seine Zeichnungen, seine Gemälde, seine Radierungen und später seine Lithographien, Glasmalerei, Keramik, Plastiken, Mosaiken und sogar Wandteppiche.

Von 1922 bis 1940, als Chagall erneut in Berlin und Paris lebte, läßt sich geradezu eine Explosion seiner Kreativität beobachten, sowohl in Farbe als auch in Schwarzweißarbeiten, die jetzt erstmals entstehen. Das Werk dieser Jahre ist von erstaunlicher Vielfalt. Er erweiterte seinen Horizont, er malte in Deutschland, in vielen Gegenden Frankreichs – seiner Wahlheimat – und auch in Palästina, in Polen und in anderen Ländern Europas. Er malte phantasievolle Zirkusvisionen mit Clownskarikaturen und schuf damit eine farbige, doch auch beklemmende Parodie des täglichen Lebens; gelegentlich beschwor er Szenen ganz und gar aus Träumen herauf. Er malte Auftragsporträts und sorgfältig angelegte erzählerische Kompositionen, in denen er Wirklichkeit und Phantasie miteinander verschmolz. Überdies entstand in diesen achtzehn Jahren eine erstaunliche Anzahl Radierungen – insgesamt mehr als dreihundertundfünfzig.

Chagall, der die Technik der Radierung erst als Fünfunddreißigjähriger in Berlin erlernt hatte, wurde bald zum herausragenden Repräsentanten dieser Kunst in unserem Jahrhundert. Verglichen mit dem Zeichnen mit Feder oder Bleistift erfordert das Radieren sehr viel Arbeitsaufwand; das Motiv wird mit Nadeln in eine beschichtete Kupferplatte eingeritzt, die dann in ein Säurebad getaucht wird. Ihm sagte dieses Verfahren jedoch zu, und er schuf Illustrationen über Illustrationen, ohne sich dabei sklavisch an die Texte zu halten. Die Vielfalt der Zeichen auf dem Papier nimmt den Betrachter gefangen; ohne Rückgriff auf die Worte, denen Chagall seine Inspiration verdankt, kann er aus ihnen die Geschichte ›lesen‹. Mit Punkten und Strichen erweckt er die Welt des 19. Jahrhunderts der *Toten Seelen* Gogols zum Leben, mit bewundernswerten malerischen Effekten scheint er den Schwarzweißillustrationen zu La Fontaines *Fabeln* wie durch Zauberei Farbe zu verleihen, und in subtiler Schwarzweißschattierung fängt er das Drama der biblischen Propheten in der Dichte seiner Bedeutungen ein.

Diese Auftragsarbeiten sicherten ihm und seiner Familie über Jahre hinweg eine Existenzgrundlage in Paris. Darüber hinaus trieb diese disziplinierte Produktion seine Phantasie zu noch breiterer Entfaltung. Heute ist fast vergessen, daß diese drei Radierzyklen, die hier nur in einer Auswahl vorgestellt werden, 1940 nahezu abgeschlossen waren – ohne daß ein einziges Blatt ediert worden wäre. Chagalls Ruf beruhte auf den etwa zwanzig Blättern der Mappe *Mein Leben*, die in seinem Berliner Jahr entstanden waren. Von den Kupferplatten für die *Toten Seelen*, die *Fabeln* und die *Bibel* waren nur einige wenige Probedrucke hergestellt worden. Nur wenige davon waren ausgestellt worden, und ein oder zwei Blätter hatte er koloriert und an Freunde verschenkt. Der exzentrische Kunsthändler Ambroise Vollard bezahlte Chagall regelmäßig für jede einzelne abgelieferte Platte und bewahrte sie in seinem Keller auf, wo sie 1939 nach seinem Unfalltod aufgestapelt und völlig verstaubt gefunden wurden. Erst in den fünfziger Jahren wurden die drei Bücher mit den Radierungen Chagalls endlich veröffentlicht, und sein Ruf als Illustrator war damit etabliert. Zwar hatte er sich schon 1922 in Berlin mit der Lithographie beschäftigt, doch erst in den vierziger Jahren, als er in den Vereinigten Staaten lebte, wandte er sich der Farblithographie zu, dem Medium, das in seinen letzten Lebensjahren seinen Bildphantasien zu solch weiter Verbreitung verhelfen sollte.

Heute ist Chagalls Bildwelt allgemein bekannt. In den zwanziger und dreißiger Jahren jedoch erschloß er sich immer noch Themenbereiche und Ausdrucksformen, die weit über die Stilleben, Landschaften und Akte konventionellerer Künstler hinausreichen. Seine in einem Farbrausch verschlungenen Liebespaare schwelgen in phantastischen Posen im Mondlicht oder in Blumen, seine Tiere tollen im Überschwang der Freiheit, sie verlieren den Kopf oder einen Fuß und tun uns doch ihren Übermut kund; seine Engel und Propheten strahlen eine für unsere heidnische Welt ungewöhnliche ernste Würde und Erhabenheit aus. In diesen Jahren baute er sein Formenrepertoire auf, in Ölgemälden, Gouachen und Pastellen wie auch in Schwarzweißillustrationen und erarbeitete sich eine überaus vielfältige Zeichensprache. Manchmal vertraut er einer expressiven Linie, manchmal Flächen sich mischender Farbe; einmal trägt er die Öl- oder Gouachefarbe dünn mit dem Pinsel auf, dann wieder spachtelt er sie auf, bis sie sich von Leinwand oder Papier zu lösen droht. Die Markierungen auf Kupferplatten reichen von durchgezogenen und punktierten Linien über Kritzeleien zu großen weißen Flächen und dichtestem Schwarz, das fast immer durch nebeneinandergelegte Linien aufgebaut wird. Menschen und Tiere sind zwar verzerrt, doch immer als solche erkennbar dargestellt. Chagall verführt den Betrachter, ihm in eine verzauberte Welt zu folgen. Er nahm die ausdrucksvolle Unbeholfenheit primitiver Künstler auf und kombinierte sie in unvermuteter Weise mit liebevollem Verständnis für die klassische Kunst der Vergangenheit, und damit hauchte er seinem Werk kindliche Abenteuerlust ein.

Der Junge aus einer russischen Provinzstadt konnte in diesen Jahren wider alle Wahrscheinlichkeit seinen Traum vom beispiellosen Erfolg verwirklichen. Ende der zwanziger Jahre war er als führender Vertreter der École de Paris anerkannt. In der Kunsthauptstadt der Welt wurde er zum Maler des Herzens ausgerufen, als Rivale Picassos, des anderen großen Emigranten, der zum Maler des Kopfes ernannt wurde. Ende der dreißiger Jahre war Chagalls Botschaft dringlicher geworden, mehr und mehr verkörperte sein Werk die tödliche Bedrohung, der sich eine uralte Lebensform gegenübersah. Er hatte Rußland verlassen, um sich dem Würgegriff eines autoritären Systems zu entziehen; 1941 sah er sich widerstrebend zur Flucht aus Europa gezwungen, als er erkennen mußte, daß er selbst in Marseille, tief im Süden Frankreichs, dem abgrundtiefen Haß, der seinem uralten Volk entgegenschlug, nicht entkommen konnte. Zusammen mit Scharen anderer moderner Künstler, Juden wie Nichtjuden, ging er ins Exil, ein Exodus von Talenten, der der New Yorker Kunstszene zu neuer Vitalität verhalf.

Marc Chagall, Mein Leben – Mein Traum gibt Gelegenheit zu detailliertem Studium der Jahre seiner künstlerischen Entwicklung. Durch seine Kunst nähern wir uns einer Welt der Väter und Mütter, der Großeltern, der Helden und Propheten. Es ist eine Welt der Geburt und des Todes, des Sommers und des Winters, des Heimes und der Herbergen, der Synagogen und Kirchen, des Menschen und seiner Tiere, immer als Schöpfung Gottes gesehen, der Engel wie Teufel nie fern sind. Eine Welt, so weit entfernt wie die Mythen und Märchen der Kindheit und so nah wie die Erinnerungen und Ängste tief in unseren Herzen. Durch Chagall nähern wir uns unserer Liebe, unserem Haß, unseren Hoffnungen und unseren Schrecken; seine Bildwelt breitet all dies vor uns aus. Er läßt uns nicht los, weil seine Kunst so direkt ist. Ohne erhobenen Zeigefinger verkündet er seine Botschaft – in Symbolen, die die Kraft seiner Liebe inspirierte.

Vom Kunstkommissar zum Bürger

Marc Chagalls Jahre in Berlin und Paris 1922-1940

1 *Selbstbildnis,* Umschlagmotiv von Chagalls Autobiographie *Ma Vie,* Paris 1931

Im Jahre 1933 wurde Chagall gebeten, die wichtigste Begegnung in seinem Leben zu schildern. Die überraschende Antwort war typisch für ihn: »Als ich meine Augen zum ersten Mal öffnete, begegnete ich einer ganzen Welt, der Stadt, dem Haus. Nach und nach setzte sich diese Welt für immer in mir fest. Später traf ich eine Frau.« Das war seine Frau Bella, »die mein Herz kreuzte und auf meinen Leinwänden sitzt«. Anschließend erwähnte er die Dichter Blaise Cendrars und Guillaume Apollinaire, die ihn, wie er sagte, während seines Aufenthalts in Paris vor dem Ersten Weltkrieg getröstet hätten. Zuletzt nannte er noch die russische Revolution, die seine Illusionen hingweggefegt hatte und noch immer von großer Bedeutung für ihn war.[1]

Chagall bestätigte mit seiner scheinbar irrationalen Antwort, wie sehr er sich zeit seines Lebens mit Traum und Realität seines eigenen Daseins identifizierte. Daß dies der zentrale Gegenstand seiner Kunst ist, mag Apollinaire erkannt haben, als er 1914 Chagalls Werk in Paris kennenlernte und als »übernatürlich« bezeichnete.[2] Völlig offensichtlich wurde es jedoch 1922 in Berlin, als Chagall Radierungen für die Mappe *Mein Leben* schuf.[3] Diese Radierungen waren als Illustrationen zu seiner Autobiographie gedacht gewesen, die jedoch erst 1931 in der französischen Übersetzung seiner Frau unter dem Titel *Ma Vie* veröffentlicht wurde.[4] Überraschenderweise wurde keine der in Berlin entstandenen Radierungen für die Ausgabe von 1931 verwendet; stattdessen wurde als Frontispiz *Die Erscheinung* (Tafel 24, Kat. 28) genommen, eine Arbeit jüngeren Datums, die den Künstler darstellt, wie er von einem Engel inspiriert wird, und der Umschlag zeigt ein boshaftes *Selbstbildnis* (Abb. 1). Bei den übrigen Illustrationen handelt es sich um Reproduktionen früher Zeichnungen, von denen einige 1911 in Paris entstanden waren, als Chagall mit der Niederschrift seiner Memoiren begonnen hatte. Diese Skizzen drücken den intimen Dialog mit seiner Vergangenheit eloquenter aus als die oft etwas bemühten Entwürfe für *Mein Leben.*

In seinem Vorwort zu *Ma Vie* versuchte André Salmon, ein französischer Schriftsteller russischer Herkunft, Chagalls Originalität als Autor und Maler auf den Punkt zu bringen: »Jedes seiner Werke, auch das nebensächlichste, ist ein uneingeschränkter Ausdruck des mythischen, legendären Inbegriffs einer Dichtung, die Chagall in sich trägt und die sowohl vollkommen unschuldige als auch von der Kultur entstellte Menschen aufnehmen und begreifen können.«[5] Salmon griff selbst auf die Dichtung zurück und zitierte: »Son cœur est un luth suspendu, / Sitôt qu'on le touche il resonne« (Sein Herz ist eine schwebende Laute, / wird es berührt, erklingt es). »Chagall war entzückt, als er das hörte, und sagte: ›Genau so ist es‹.«[6] In seinem eigenen Text senden scheinbar beiläufige Wendungen Gefühlswerte aus, denen die meisten Menschen kaum Ausdruck zu verleihen wüßten. »Nur das rechtschaffene Herz, das seine eigene Logik, seine eigene Vernunft hat, ist frei«, schreibt er in *Mein Leben.* »Und die Seele ist die reinste, die aus sich selbst diesen Grad erreicht hat, auch wenn die Menschen ihn als Literatur und Alogismus bezeichnen.«[7]

Chagalls Ruhm beruht auf seiner Malerei. Darüber darf jedoch nicht vergessen, werden, daß er sein Leben lang sowohl Gedichte als auch Prosa schrieb.[8] Sein sprachliches Talent half ihm, sich der kraftvollen Bilder zu bedienen, die aus seinem Gedächtnis hervorquollen und seine Einbildungskraft befruchteten. Das ist die Essenz seines Lebenstraums, der, wie er erklärte, nicht auf die Lektüre der Schriften Freuds zurückging, sondern ein poetisches Destillat der Wahrheit war. Sein Lebenstraum war nicht der Erguß seines Unbewußten, sondern die Beschwörung von Tagträumen, gewoben aus Tradition und Erfahrung. Seine Inspiration verschmolz Gelesenes mit Gesehenem und Erfahrenem. In besonders hohem Maße hatte er die Lebendigkeit des jiddischen Schriftstellers Scholem-Alejchem verinnerlicht, der in

1 Marc Chagall, Antwort an André Breton und Paul Eluard, ›Enquête‹, »Pouvez-vous dire quelle a été la rencontre capitale de votre vie? Jusqu'à quel point cette rencontre vous a-t-elle donné, vous donne-t-elle l'impression du fortuit? du nécessaire?« *Minotaure* Nr. 3-4, 1933, S. 106.
2 Marc Chagall, *Mein Leben,* aus dem Französischen von Lothar Klünner, Stuttgart 1959, S. 113.
3 Marc Chagall, *Mein Leben,* 20 Radierungen, Berlin (Paul Cassirer) 1923.
4 Marc Chagall, *Ma Vie,* Vorwort von André Salmon, Paris (Stock in der von G. Charensol herausgegebenen Sammlung ›Ateliers‹) 1931.
5 Ebenda, S. 8.
6 Laut Salmon ein Lied von Béranger, das von Edgar Allan Poe als ein Epigraph zitiert wurde; ebenda, S. 13.
7 *Mein Leben* (Anm. 2), S. 113.
8 Marc Chagall, *Poèmes,* Genf 1975. Philippe Jaccottet schrieb die französischen Fassungen auf der Grundlage der Übersetzungen aus dem Jiddischen und Russischen von Moshe Lazar; zehn Gedichte waren schon vorher zusammen mit Holzschnitten Chagalls veröffentlicht worden, Genf 1968.

phantastischen Erzählungen und in einer Autobiographie, die er als »biographischen Roman« bezeichnete, das Leben in einer kleinen russischen Stadt unsterblich gemacht hatte.[9] Scholem-Alejchems Lieblingsheld, Tewje, der Milchmann, ist ein mythisches Geschöpf, das eine reiche, aber im Verschwinden begriffene Kultur verkörpert; sein Gegenstück ist Chagalls schwebendes Milchmädchen (Tafel 20, Kat. 21) – ein Thema, das er einmal als seine Spezialität bezeichnete.[10] Scholem-Alejchems Held wird, wie ein Kommentator schrieb, »von allen Seiten gesehen, in seinen gesellschaftlichen Beziehungen, in den ihm eigenen Gebärden, in seiner unnachahmlichen Sprache und vor allem in für ihn typischen Situationen; nicht jedoch in seinen inneren Betrachtungen, nicht in den Momenten, in denen sein Bewußtsein offen zutage liegt oder in denen er dem betrachtenden Auge schutzlos ausgeliefert ist.«[11] Chagall ging einen riskanteren Weg, immer wieder balancierte er das Allgemeine gegen das Besondere aus und brachte sich in eine heikle Position ohne »Schutz vor dem betrachtenden Auge«.

So gesehen war Chagall wahrlich ein Clown, der einen Balanceakt vollführt, wie er auf einem vor dem Weggang aus Rußland entstandenen Monumentalgemälde auch dargestellt ist. Es gehörte zur Dekoration des Jüdischen Staatstheaters, das Anfang 1921 in Moskau mit drei kurzen Stücken Scholem-Alejchems eröffnet wurde, für die Chagall die Bühnenausstattungen entworfen hatte.[12] Dieses riesige Bild, *Die Einführung ins jüdische Theater* (vgl. Abb. 2), zeigt Porträts der Schauspieler, des Theaterdirektors und ein Selbstporträt Chagalls, zusammen mit auf Händen stehenden Clowns und symbolischen Tieren – den Ziegen, Kühen und Hühnern, die auch weiterhin in Chagalls Gemälden umhergeistern sollten. Diese Clownsgruppe, mit den traditionellen Phylakterien (siehe Tafel 99, Kat. 105) ausgestattet, ging sicherlich auch auf den Rundtanz der Männer zurück, einen charakteristischen Bestandteil chassidischer Feierlichkeiten, der oft in improvisierte akrobatische Darbietungen überging. Durch die intensive Konzentration auf dieses über zehn Meter lange Gemälde, das in einem von Hunger und Bürgerkrieg beherrschten Jahr entstand, bewahrte Chagall seine Erinnerungen an die eigene Jugend unter den Chassidim (den ›Frommen‹), einer religiösen Bewegung, deren fröhliche, inbrünstige Frömmigkeit sich seit ihrer Gründung im 18. Jahrhundert erhalten hatte.[13] Als er 1922 sein Heimatland für immer verließ, blieben ihm so die prägenden Eindrücke seiner Kindheit und Jugend in Witebsk und Liosno, dem Dorf, in dem sein Großvater gelebt hatte. Seine beiden Großväter – der Geiger, der auch der Dorfmetzger war, und der Gelehrte – tauchten in den zwanziger Jahren immer wieder in Szenen auf, die ebenso aktuell erscheinen wie diejenigen, die sein damaliges Leben in Frankreich schildern. Seine Erinnerungen, die ungeschönten wie die ausgeschmückten, stimulierten weiterhin seine Vorstellungskraft und lieferten ihm Sujets. Die Zirkusszenen von 1927-28, die Gouachen zur Bibel aus den frühen dreißiger Jahren und sogar alltägli-

2 Studie für *Die Einführung ins jüdische Theater*, 1919-20, Tusche, Gouache, Aquarell und Bleistift auf Papier, 17,3 x 49 cm, Musée national d'art moderne, Centre Georges Pompidou, Paris

9 Scholem-Alejchem (eig. Schalom Rabinowitsch), geb. 1859 in der Ukraine, gest. 1916 in New York. Chagall porträtierte sich selbst zusammen mit Scholem-Alejchem für eine Auswahl von Erzählungen in englischer Übersetzung: Scholem-Alejchem, *The Great Fair, Scenes from My Childhood*, New York 1955.

10 Brief an W. Grosshennig in der Sammlung Sprengel, Hannover, zitiert im *Kunstmuseum Hannover mit Sammlung Sprengel, Marc Chagall, Druckgraphische Folgen 1922-1966*, Hannover 1981, S. 14.

11 *A Treasury of Yiddish Stories*, hrsg. von Irving Howe und Eliezer Ginsberg, New York 1954, S. 33.

12 *Die Agenten, Die Lüge, Massel Tow*; solange das Theater existierte, wurde die ›Scholem-Alejchem Soirée‹ oft wiederholt.

13 Der Begründer des modernen Chassidismus war Rabbi Israel ben Elieser, der ›Baal-schem-tow‹, geb. 1700 in Okup, gest. 1760 in Miedzybo; siehe Martin Buber, *Die Erzählungen der Chassidim*, Zürich 1949, S. 29 ff.

che Sujets wie Blumen und Liebende – sie alle zeigen die ekstatische Lebendigkeit, die die Chagall mit seinen frühen Jahren verband.

Die schriftlichen Aufzeichnungen, die Chagall außer dem Schatz seiner Erinnerungen mit nach Berlin brachte, füllten neun Notizbücher und umfaßten etwa drei Viertel des Textes, der 1931 veröffentlicht wurde. Ein großer Teil davon wurde 1915-16 niedergeschrieben, als er im Büro seines Schwagers, des Rechtsanwalts Yakov Rosenfeld, im damaligen Petrograd ›Kriegsarbeit‹ verrichtete und Zeit im Überfluß hatte.[14] In dieser Zeit begegnete er zahlreichen Dichtern, unter anderen Alexander Blok, Sergej Jessenin, Wladimir Majakowski und Boris Pasternak. Sie gehörten den unterschiedlichsten Stilrichtungen an und repräsentierten ein breites Spektrum zeitgenössischer russischer Dichtung: Blok war ein Symbolist, Jessenin ein Imaginist, Majakowski ein Futurist und Pasternak ein Akmeist.[15]

Die Unterschiedlichkeit dieser Stilrichtungen leistete ihren Beitrag zu Chagalls idiosynkratischer Autobiographie, zu der die von Wassily Kandinsky im Jahre 1913 veröffentlichten autobiographischen Aufzeichnungen den Anstoß gegeben haben mögen.[16] 1918 war Gauguins *Noa-Noa* auf Russisch erschienen, mit einem Titelblatt von Chagalls damaligem Freund El Lissitzky. Dies bedeutete einen weiteren Präzedenzfall der schriftstellerischen Arbeit bildender Künstler, die Erinnerung und Imagination verband.

Diejenigen, die Chagall in Berlin aus seinem Text hatten lesen hören, waren fasziniert, und der Galerist Paul Cassirer wollte ihn als illustriertes Buch veröffentlichen. Nachdem er Chagall zunächst zu Holzschnitten ermutigt hatte, gab er ihm Lithokreide für Umdrucklithographien – eine Methode, die in Rußland oft für die Illustrationen in handgefertigten Künstlerbüchern verwendet wurde.[17] Diese hatten jedoch im allgemeinen ein kleines Format, und in Berlin experimentierte Chagall mit größeren Blattformaten. Seine größte Lithographie, *Bauer mit Schwein* (Kat. 25, Abb.), ist die Transkription eines Motivs in der unteren rechten Ecke des Bildes für das Jüdische Staatstheater (siehe Abb. 2). Er folgte der üblichen Praxis russischer Buchillustratoren; er gab seine Zeichnung auf Lithographiepapier den Druckern, die sie auf den Stein übertrugen und den Druckvorgang überwachten.

Eine andere Lithographie, *Auf dem Ofen* (Abb. 3), die seinen auf dem geräumigen Steinofen schlafenden Vater darstellt, nimmt den Kompositionsstil der Mappe *Mein Leben* vorweg, die nicht mehr Lithographien oder Holzschnitte, sondern Radierungen enthält. Die Holzschnitte, die erhalten geblieben sind, entstanden im Atelier Joseph Budkos, eines herausragenden Vertreters dieser Technik.[18] Sie blieben größtenteils ungedruckt, und Chagall gab die Beschäftigung mit diesem Medium wenig später auf. Die wenigen erhaltenen Beispiele (siehe Abb. 4) sind irgendwo zwischen den expressionistischen Holzschnitten, die zu Anfang des Jahrhunderts von der Künstlergruppe ›Die Brücke‹ gestaltet wurden, und den traditionell gehaltenen Holz-

14 Franz Meyer, *Marc Chagall, Leben und Werk*, Köln 1961, S. 243.
15 Die Beziehungen zwischen diesen Autoren und Chagall werden erörtert in Jean-Claude Marcadé, ›Das Russische im Werk von Chagall‹, *Marc Chagall – Retrospektive – Arbeiten auf Papier,* Hannover (Kestner-Gesellschaft) 1985, S. 65.
16 Wassily Kandinsky, *Rückblicke,* Berlin (Der Sturm) Herbst 1913.
17 Siehe Susan Compton, *The World Backwards, Russian Futurist Books, 1912-16,* London 1979, S. 70-79.
18 Julien Cain, *The Lithographs of Chagall,* Einführung von Marc Chagall, Anmerkungen und Katalog von Fernand Mourlot, Monte Carlo und London 1960, S. 26. Zu Budko siehe Hans Friedeberger, *Joseph Budko,* Jüdische Bücherei 19, Berlin 1920.

3 *Auf dem Ofen,* 1922-23, Lithographie, 11,9 x 19,1 cm

4 *Ziege mit Geige,* 1922-23, Holzschnitt, 20,2 x 28 cm

schnitten seines Landsmanns Wladimir Faworski (der 1925 den Grand Prix auf der Exposition des Arts Décoratifs in Paris erhielt) anzusiedeln.[19] Budko kannte den Meisterradierer Hermann Struck, der sich bereit erklärte, Chagall in dieser Kunst zu unterweisen. Wie sich bald herausstellen sollte, waren diese Begegnung und die daraus resultierende Veröffentlichung der Mappe *Mein Leben* für Chagall von größter Bedeutung; die Radiertechniken, die er sich in Berlin angeeignet hatte, sicherten ihm in den folgenden Jahren in Paris den Lebensunterhalt.

Der Name seines Lehrers, Hermann Struck, ist in die Biographien Chagalls einfach als Autor des Buches *Die Kunst des Radierens*[20] eingegangen; wie sehr Chagall seinem hochqualifizierten Lehrer tatsächlich zu Dank verpflichtet war, ist bisher kaum erörtert worden. Strucks Kompendium sorgfältig reproduzierter Drucke, dessen fünfte Auflage vorbereitet wurde, als Chagall sein Schüler war, stellte eine fundierte Unterweisung in der Geschichte der Radierung und des Kupferstichs dar. Diese Auflage war gegenüber den vorhergehenden erheblich erweitert worden, und mit ihren Reproduktionen von Stichen Dürers, Mantegnas und Schongauers, Radierungen von Rembrandt, Aquatinten von Goya und Landschaftsradierungen von Corot und Whistler bot sie ein Gegengewicht zu dem modernistischen Ansatz, den El Lissitzky in der aufstrebenden Abteilung für Graphik der drei Jahre zuvor von Chagall gegründeten Kunstschule in Witebsk praktiziert hatte.[21] Chagall selbst griff nicht auf die Kunst der Vergangenheit zurück; allem Anschein nach nahm er stattdessen die Gedanken Paul Klees auf, dessen *Schöpferische Konfession* 1920 in Berlin veröffentlicht worden war. In diesem Essay hatte Klee seine Leser aufgefordert, ihn auf eine »kleine Reise« zu begleiten: »Über den toten Punkt hinweggesetzt sei die erste bewegliche Tat (Linie). Nach kurzer Zeit Halt, Atem zu holen. (Unterbrochene oder bei mehrmaligem Halt gegliederte Linie.) … Ein Blitz am Horizont (die Zickzacklinie). Über uns zwar noch Sterne (die Punktsaat).«[22] Insbesondere die Radierungen zu *Mein Leben, Am Grabstein der Mutter* (S. 219, Mein Leben, Blatt 19) und *Liebende auf der Bank* (Abb. 5), erinnern mit ihren unvollständigen und im Zickzack verlaufenden Linien an Klees poetische Sprache, Anklänge daran finden sich jedoch auch in den Gogol-Radierungen.

Chagall beschäftigte sich intensiv mit den Möglichkeiten der Kaltnadeltechnik und experimentierte dabei mit einer Vielfalt verschiedener Spuren- und Linienarten. In der Kaltnadeltechnik arbeitet der Künstler mit seiner Nadel unmittelbar auf der Kupferplatte, statt sie zuerst zu lackieren und die in die Lackschicht eingeritzten Linien und Markierungen dann mit Hilfe von Säure in das Metall hineinzuätzen. Die

19 Siehe Juri Molok (Hrsg.), *Wladimir Faworski*, Moskau 1967; Chagall wird das Werk Faworskis, der 1921 zum Professor für die graphischen Künste an den Wchutemas (den Höheren Staatlichen Kunsttechnischen Werkstätten) in Moskau ernannt worden war, gekannt haben. Abram Efros, Mitautor einer 1918 in Moskau publizierten Monographie über Chagall, veröffentlichte ›Faworski und die moderne Holzschneidekunst‹, ein Loblied auf Faworski, in *Russkoe Iskusstvo*, Nr. 1, 1923; Auszüge in englischer Übersetzung daraus in Molok (siehe oben), S. 23-27.

20 Hermann Struck, *Die Kunst des Radierens, ein Handbuch von Hermann Struck*, Berlin (Paul Cassirer) 1923 (in fünfter Auflage).

21 Zu Chagalls Kunstschule in Witebsk siehe Susan Compton, *Chagall*, London, Philadelphia, New York 1985, S. 40. Lissitzky war in der Abteilung für Graphik verantwortlich für die Veröffentlichung von *Zu neuen Systemen in der Kunst* [O Novykh sistemakh v iskusstve], Witebsk 1919, und *Suprematismus, 34 Zeichnungen* [Suprematizm, 34 risunka], Witebsk (Unovis) 1920, von Chagalls Rivalen Kasimir Malewitsch.

22 In Paul Klee, *Schriften*, hrsg. von Christian Geelhaar, Köln 1976, S. 118 ff.

23 Struck (Anm. 20), S. 192.

24 Das Porträt ist als »Kaltnadelarbeit nach der Natur« bezeichnet; Struck (Anm. 20), S. 287; die Radierung ist nach Seite 109 eingelegt.

25 Strucks *Polnischer Jude* ist in seinem Buch auf Seite 289 reproduziert.

26 »Chaim Aron ben David« oder manchmal auch »Hermann Strucks den Davidsschild«; siehe Adolph Donath, *Hermann Struck*, Jüdische Bücherei Bd. 18, Berlin 1920, S. 15.

5 *Liebende auf der Bank*, Mein Leben, Blatt 15, Radierung, 13 x 18 cm

6 Hermann Struck, *Porträt Marc Chagall,* Radierung für Strucks Handbuch *Die Kunst des Radierens,* Berlin (5. Aufl.) 1923

Kaltnadelradierung läßt sich mit den Graviertechniken vergleichen, derer sich die frühesten Druckgraphiker im 15. Jahrhundert bedienten, die jedoch nicht mit Nadeln, sondern mit Gravierstichelns arbeiteten und die gerauhten Kanten der Linien dann später glätteten. Struck äußerte sich voller Bewunderung über seinen Schüler und beschrieb Chagall als »wohl das stärkste Symbol der künstlerischen und geistigen Evolution des jungen Rußlands. Ein wilder Begeisterer, der mit der unbewußten Kraft des Genies blitzartig alle Phasen durchstürmt; vom naturalistischen Erraffer der ihn umgebenden Alltäglichkeit zum mystischen Gestalter, dann – in Paris – als radikaler Kubist, der alles erbarmungslos zergliedert, bis er, sich wieder dem heimatlichen Boden und dem rassenhaften Ursprunge zuwendend, zu einem Naturalismus durchdringt, der ihn zu einem der bedeutendsten Vertreter der jungen russischen Kunst erhebt.«[23]

Strucks Porträt von Chagall (Abb. 6)[24] gehört zu den Drucken, die eigens für dieses Buch angefertigt worden waren. Zwei von drei Radierungen Chagalls, die er ebenfalls reproduzierte, weisen enge Bezüge zu anderen Kompositionen auf, die in diesem Handbuch abgebildet sind. In *Speisezimmer* (Tafel 5, Kat. 6) überschneiden die Figuren einander wie die in Edvard Munchs Lithographie *Sterbezimmer* (Abb. 7). Chagall scheint sich mit Bedacht auf dieses Blatt bezogen zu haben, denn er wandelte die schiere Angst, die Munch dargestellt hatte, in einen Ausdruck erstickender Langeweile um. Der Vergleich läßt Chagalls Witz und einen unerwarteten Humor erkennen und führt außerdem seine Fähigkeit vor Augen, eine Quelle aufzugreifen und sie mit Hilfe subtiler Änderungen völlig zu verschleiern.

Die zweite Gegenüberstellung zeigt den ausgeprägten Kontrast zwischen Strucks Vorgehensweise und der seines Schülers. Strucks *Polnischer Jude*[25] ist eine ernste und wohlwollende Ansicht seines Modells, eher ein Porträt als eine Bilderfindung. Chagalls von Struck reproduzierter *Rabbi* (Abb. 8) basierte dagegen auf einem Ölgemälde, das er aus Rußland nach Berlin mitgenommen hatte. Daher hält sein Rabbi die Embleme des Laubhüttenfestes in den Händen, in der einen eine Zitrone und in der anderen mit Myrten und Weiden zum Strauß gebundene Palmwedel. Nur ein Betrachter, dem die Symbolik des Bildes *Festtag* (heute in der Kunstsammlung Nordrhein-Westfalen, Düsseldorf) vertraut war, konnte den Zusammenhang herstellen; andernfalls macht die im Profil vor einer Türöffnung stehende Gestalt einen wahrhaft ›übernatürlichen‹ Eindruck.

Struck, der seine Arbeiten oft mit seinem hebräischen Namen signierte,[26] muß diese Symbolik völlig klar gewesen sein; der gebürtige Berliner zog 1923 nach Haifa.

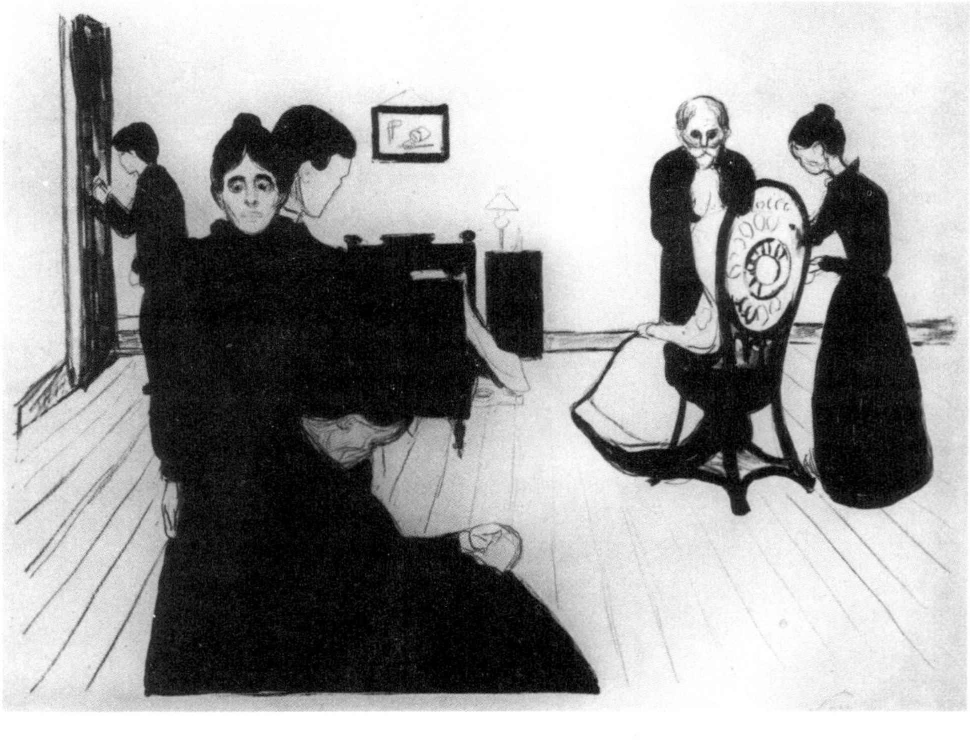

7 Edvard Munch, *Sterbezimmer,* 1896, Lithographie, 41,3 x 57,2 cm

Während Struck und ein anderer Freund Chagalls, der zionistische Dichter Chaim Bialik, Anfang der zwanziger Jahre von Berlin aus nach Palästina aufbrachen, in das uralte Land Israel, war Chagall entschlossen, nach Paris zurückzukehren, der Kunstmetropole Europas, wo er bereits die vier Jahre von 1910 bis 1914 verbracht hatte. 1914 war er zur Eröffnung einer umfangreichen Ausstellung seiner Arbeiten in der Galerie ›Der Sturm‹ nach Berlin gefahren und von dort nach Rußland weitergereist. Seine Ausreisegenehmigung aus Frankreich war auf drei Monate begrenzt, und er hatte damit gerechnet, innerhalb dieser Zeit wieder dorthin zurückzukehren. Der Kriegsausbruch hatte ihn jedoch in Rußland festgehalten, und erst 1922 erhielt er einen Paß für Deutschland, obwohl er schon 1915 die Ausreise beantragt hatte. 1923 stand der Zug von Berlin nach Paris abfahrbereit, als er entdeckte, daß er ein Visum benötigte. Das französische Konsulat verweigerte es ihm zunächst, doch als er das 1914 von der Pariser Präfektur ausgestellte Zertifikat vorlegte, das er glücklicherweise aufbewahrt hatte, wurde Paris als sein Wohnsitz anerkannt, und Bellas und sein Paß wurden mit den erforderlichen Visa versehen.[27]

Während die Chagalls in Berlin lebten, hatten sie sich noch Ferien im Schwarzwald und in Thüringen leisten können (wo Chagall einige naturalistische Aquarelle gemalt hatte). In Paris jedoch waren sie zunächst gezwungen, unter recht elenden Umständen in einer Klinik zu wohnen, dem Hôtel Médical, das auch ausländische Künstler in Pension nahm, wenn nicht alle Betten von Patienten belegt waren. Waldemar George erinnerte sich: »In den Korridoren dieses schauerlichen Hauses begegnete man Ärzten in blutbespritzten Kitteln. Krankenschwestern schoben Metallkarren vor sich her, auf denen frisch operierte Patienten lagen!«[28] Chagall hatte gehofft, in sein Atelier in La Ruche zurückkehren zu können, wo er 1914 seine Bilder sicher verschlossen zurückgelassen hatte. 1915 waren jedoch alle leerstehenden Räumlichkeiten für Flüchtlinge aus dem Nordosten Frankreichs requiriert worden, und seine Bilder waren von Freunden und Nachbarn mitgenommen und zum großen Teil verkauft worden. Chagall war außer sich, als er das erfuhr, doch er hatte Glück im Unglück. Einige Bilder hatte nämlich der Kritiker Gustave Coquiot gekauft, und als Ambroise Vollard sie in dessen Wohnung gesehen hatte, war er gleich auf die Idee gekommen, Chagall mit Buchillustrationen zu beauftragen.

Chagalls Begegnung mit Vollard kurz nach seiner Ankunft in Paris sollte sich als zweiter Wendepunkt in seinem Leben erweisen – mit noch glücklicheren Konsequenzen als seine Bekanntschaft mit Struck in Berlin. Das Gespräch muß Chagall zunächst wenig erfolgversprechend erschienen sein, denn Vollard schlug ihm vor, das Kinderbuch *Le Général Dourakine* der Comtesse de Ségur zu illustrieren.[29] Chagall erwiderte, daß er die Werke der Comtesse weniger gut kenne, und glücklicherweise ging Vollard auf seinen Gegenvorschlag ein, Gogols *Die toten Seelen* zu illustrieren,[30] nicht zuletzt wohl auch deshalb, weil Chagall seinem Mäzen versichern konnte, daß er bereits in Rußland Bühnendekorationen für Gogols Stücke *Die Spieler, Die Hochzeit* und *Der Revisor* entworfen hatte.[31]

Gogols groteske Erzählung, in seinen eigenen Worten ein »Poem«, ist eine Folge genau beobachteter Vignetten des wirklichen Lebens, eingewoben in ein Netz von Intrigen. Der Held der Erzählung, Tschitschikow, versucht zu Geld zu kommen, indem er ›tote Seelen‹ aufkauft, das heißt verstorbene Leibeigene, die aber noch auf der ›Revisionsliste‹ stehen, also offiziell noch leben und zu versteuern sind. Durch den Kauf von Listen dieser ›toten Seelen‹ will Tschitschikow – zumindest auf dem Papier – Besitz erwerben und dieses seltsame ›Vermögen‹ dann verpfänden, um ein Landgut kaufen zu können. Anhand der Abenteuer und der schließlichen Entlarvung seines Helden konnte Gogol all die Unzulänglichkeiten im ländlichen Rußland des 19. Jahrhunderts in einem Roman anprangern, der Menschen und Orte liebevoll und ungemein lebendig heraufbeschwört.

Statt eines französischen Kinderbuchs einer Aristokratin russischer Herkunft ließ Vollard Chagall also ein klassisches Werk der russischen Literatur illustrieren. Die 1863 veröffentlichte moralische Erzählung der Comtesse de Ségur war seinerzeit bahnbrechend gewesen, weil hier das Leben von Kindern zum Sujet erhoben wurde, deren gutmütiger Onkel, der General Dourakine, von Frankreich nach Smolensk in

27 J.-P. Crespelle, *Chagall, L'Amour, le rêve et la vie,* Paris 1969, S. 175.

28 Ebenda, S. 176; von Crespelle ohne Quellenangabe zitiert.

29 Mme la Comtesse de Ségur, geb. Rostopchine, *Le Général Dourakine,* Paris (Hachette) 1863; das Buch erschien in der Reihe ›Bibliothèque rose illustrée‹ für »Kinder und Erwachsene«, die auch neun weitere Bücher der Comtesse de Ségur sowie Bücher der Gebrüder Grimm, von Perrault, Hans Andersen, Swift etc. umfaßt. Ihre Bücher wurden immer wieder neu aufgelegt; siehe Mme la Comtesse de Ségur, née Rostopchine, *Comédies et proverbes,* Paris (Hachette) nouvelle edition 1917. Diese Ausgabe enthält Illustrationen, die E. Bayard im 19. Jahrhundert schuf.

30 Crespelle (Anm. 27), S. 182.

31 Ein Bühnenbildentwurf zu *Die Spieler* in der Sammlung des Los Angeles County Museum of Art ist abgebildet in Compton (Anm. 21), S. 198; dort auf 1917 statt 1919 datiert. Vgl. *Marc Chagall – Retrospektive – Arbeiten auf Papier,* Hannover (Kestner-Gesellschaft), 1985, Kat.-Nr. 55, S. 130. Chagall war 1919 gebeten worden, die Bühnenausstattungen für die ersten beiden Stücke für die Studiobühne der Petersburger Eremitage zu entwerfen, die Wsewolod Meyerhold in diesem Jahr gegründet hatte. Siehe auch Compton, ebenda, S. 42. Einige Monate später wurde er während seines Aufenthalts in Witebsk vom Direktor des Moskauer Theaters der revolutionären Satire mit den Bühnenentwürfen für *Der Revisor* beauftragt, siehe Meyer (Anm. 14), S. 289.

8 *Der Rabbi,* Supplementblatt zu Mein Leben, 1922, Radierung und Kaltnadel, 25,1 x 18,7 cm

Rußland zurückkehrt, wo seine Nichten sich mit ihren Familien niedergelassen haben. Vollard wird erwartet haben, daß Chagall, dessen Heimatstadt Witebsk nicht weit von Smolensk entfernt liegt, die Illustrationen von Bayard für die Erstausgabe übertreffen könnte. Er dürfte bei seinem Vorschlag auch an die Bücher gedacht haben, die Chagall in Rußland illustriert hatte: das erste jiddische Kinderbuch mit zwei Geschichten von Pinchas Kaganowitsch, der unter dem Pseudonym ›Der Nister‹ (der Unsichtbare) schrieb, und *Der Zauberer,* eine Erzählung von Isaak Leib Peretz.[32] Chagall wollte jedoch mit Sicherheit nicht als Kinderbuchillustrator abgestempelt werden, wenngleich auch aus vielen seiner Gogol-Illustrationen der frische, unverfälschte Blick eines Kindes spricht.

Chagall machte sich sogleich an die Arbeit und schuf mit Hilfe der Radiertechniken, die er sich kurz zuvor erst angeeignet hatte, Illustrationen, die das Erzählte dramatisch ergänzten. 38 Blätter wurden im Dezember 1924 in Paris ausgestellt, die im Katalog als »verschiedene Radierungen zu Gogols *Die toten Seelen*« bezeichnet wurden; es könnten also zu diesem Zeitpunkt durchaus auch schon mehr Illustrationen fertiggestellt gewesen sein.[33] Obwohl Gogol seinen Roman in Italien geschrieben hatte, war es ihm gelungen, Rußland in seinem tiefsten Wesen einzufangen; bezeichnenderweise trägt eine frühe englische Bearbeitung den Titel »Home Life in Russia«.[34] Von ›Mütterchen Rußland‹ ebensoweit entfernt, stützte sich Chagall in Frankreich in gleichem Maße auf seine eigenen Erinnerungen wie auf die Schilderungen Gogols. Sein Freund Yvan Goll schrieb:

»Marc sitzt da, wie ein Schuster, und klopft auf seine Kupferplatten, ein redlicher Handwerker Gottes. Seine Frau, die seiner Kunst beisteht wie eine Schwester dem Fieber des Kranken, liest ihm das Kapitel vor. Sie lachen immerfort. Ida, die siebenjährige Tochter, springt vom Klavier herzu und will die Geschichte auch hören, und nun werden die phantastischen Situationen unter Gelächter von einer seltsamen Familie neu gestaltet, mit dem ganzen Humor und der ganzen Tragik Rußlands.«[35]

Vom ersten Blatt an legte Chagall seine Sehnsucht nach Rußland offen und füllte seine dramatischen Szenen mit rastloser Tätigkeit. Seine Illustrationen sind regelrechte Karikaturen der ›russischen Seele‹ in einer einzigartigen Mischung von Gegenwart und Vergangenheit in Vorstellungskraft und Arbeitsweise. Er identifizierte sich eng mit dem Autor, und als die Radierungen 1948 endlich zusammen mit Gogols Text veröffentlicht wurden, nahm er als Frontispiz für den zweiten Band ein Blatt, das ihn zusammen mit Gogol zeigt (Kat. 26, Abb.).[36] (Zur Erläuterung: Gogol hatte *Die toten Seelen* – analog zur *Göttlichen Komödie* – auf drei Teile angelegt, von denen jedoch nur der erste Teil erschien. Die von Chagall illustrierte Ausgabe dieses ersten Teils nahm einen solchen Umfang an, daß sie in zwei Bände aufgeteilt werden mußte).

Chagalls erste Illustration (S. 220, Gogol, Blatt 1) erinnert an die erzählerischen Szenen von *Mein Leben,* obgleich die Charaktere eher russische als jüdische Züge tragen. Gewissenhaft stellt er die Eröffnungsszene des Buches dar, in der Tschitschikows Ankunft in einer Kleinstadt von zwei Bauern beobachtet wird. Die zweite Radierung (Abb. 9) zeigt die typisch russische Wirtsstube des Gasthofes mit ihrer »vom Tabaksrauche geschwärzten« Decke, dem ebenso »geschwärzten Leuchter« und den »Bildern auf den Wänden«. Unter diesen Ölbildern ist ein von Gogol als »eine Nymphe... mit solch ungeheuren Brüsten, wie sie der Leser sicher noch nie gesehen« beschriebener Akt.[37] Chagall dachte an die Akte zurück, die er 1910 gemalt hatte,[38] und auch an die Venus-Darstellungen, die sein Landsmann Michail Larionow in unterschiedlichen Stilen, teils an die Volkskunst angelehnt, 1912 gemalt hatte.[39]

Obwohl auch Larionow 1923 in Paris lebte, standen Chagall und Bella weder mit ihm noch mit Natalia Gontscharowa, die sein Atelier teilte, in sonderlich freundschaftlichem Kontakt.[40] Im Gegensatz zu Larionow reiste Chagall häufig in die französische Provinz und belebte damit sein Schaffen immer wieder von neuem. Zusammen mit seiner Frau und seiner Tochter verbrachte er einen großen Teil des Sommers 1924 in der Normandie und der Bretagne. Die urwüchsige Landbevölkerung, die dort immer noch in engstem Kontakt mit ihren Tieren lebte, regte Chagall zu einigen der Illustrationen an, in denen er Gogols Träume zum Leben erweckte.

32 Der Nister, *Erzählungen,* Wilna (Kletskin) 1917, 9 Zeichnungen; die Originale gehören dem Russischen Museum in Leningrad und sind reproduziert in *Chagall,* Tokio 1989, Kat.-Nrn. 53-61, S. 99-102. Das zweite Buch war I. L. Peretz, *Der Zauberer,* Wilna (Kletskin) 1917, 3 Zeichnungen: Chagalls Zeichnung für die Titelseite gehört dem Musée national d'art moderne in Paris.

33 Galerie Barbazanges Hodebert: Nrn. 77-115, »diverses gravures pour ›Les Ames Mortes‹ de Gogol (édition A. Vollard) 1924 app. à M. Ambroise Vollard«. Meyers Angabe, daß 1924 115 Radierungen fertiggestellt waren, beruht auf einer falschen Lesung dieser Stelle; siehe Meyer (Anm. 14), S. 610, Anm. 9.

34 London (Hurst) 1854. Gogol veröffentlichte seinen Roman 1842. Die Zitate im folgenden sind dem Nachdruck der Übersetzung von Philipp Löbenstein aus dem Jahre 1846 entnommen: Nikolai Gogol, *Die toten Seelen,* Zürich 1977.

35 Ohne Quellenangabe zitiert in: Walter Erben, *Marc Chagall,* München 1966, (2., erw. Auflage), S. 90.

36 Als Vollard 1939 tödlich verunglückte, war noch keines der Bücher gedruckt, und die Kupferplatten waren in seinem Keller gelagert. Tériade erwarb sie und veröffentlichte sie schließlich 1948 zusammen mit dem Text: Nicolas Gogol, *Les Ames Mortes,* übersetzt von Henri Mongault, Paris 1948.

37 Gogol (Anm. 34), S. 8 f.

38 Siehe Compton (Anm. 21), Kat.-Nr. 6, S. 57.

39 Siehe zum Beispiel M. Larionow, *Venus,* im Hintergrund einer in Compton (Anm. 16) auf S. 32 reproduzierten Photographie. 1924 lebte Larionow schon acht Jahre in Paris und hatte, wie auch Chagall, neue Versionen früherer Bilder gemalt, zum Beispiel von *Tanzenden Soldaten;* beide Versionen sind reproduziert in W. George, *Larionov,* Paris 1966, S. 121.

40 Larionow und Gontscharowa arbeiteten in den zwanziger Jahren für Diaghilew, eine Chance, die Chagall nie vergönnt war. (Die beiden lebten seit etwa 1912 zusammen, heirateten jedoch erst viele Jahre später.) In den frühen zwanziger Jahren organisierten die russischen Emigranten in Paris mehrere Kostümbälle zugunsten ihrer Heimat; beliebte Treffpunkte für die russische Kolonie.

9 *Die Gaststube,* Gogol, Blatt 2, Radierung, 22 x 28,5 cm

10 *Frau Korbotschka,* Gogol, Blatt 15, Radierung, 30 x 22,6 cm

Besonders deutlich ist dies in der amüsanten Hühnerhofszene (Tafel 31, Kat. 35): »Durch's Fenster schauend, überblickte [Tschitschikow] das sich ihm darbietende Schauspiel. Das Fenster ging in einen kleinen Hof, der mit Hausgeflügel und anderen Hausthieren angefüllt war. Die Hühner konnte man kaum zählen; zwischen ihnen schritt ein Hahn langsam einher, den Kamm schüttelnd und den Kopf zur Seite drehend, als ob er irgend wohin horche; Schweine mit ihren Familien fehlten auch nicht; ...«[41] Die Tiere auf diesem Hühnerhof sind naturalistischer gezeichnet als die, die er für *Mein Leben* schuf (siehe z. B. Tafel 19, Kat. 20), und die Szene macht den Eindruck, als ob sie – vielleicht von einem Fenster aus – beobachtet worden sei. Die Figur der *Frau Korbotschka* (Abb. 10) in einer weiteren Radierung, die in der Normandie entstand,[42] könnte auf eine französische Wirtin zurückgehen, und das russische Schlafzimmer auf die Zimmer, die die Chagalls auf ihren Reisen durch Frankreich so oft mieteten (S. 222 f., Gogol, Blatt 16, 21). Auch Pelagea, ein barfüßiges, elfjähriges Mädchen, das auf den Kutschbock klettert, um Tschitschikow den Weg zu weisen, fand ihr Vorbild wahrscheinlich unter französischen Bauern (Tafel 29, Kat. 33), obgleich Chagall sie nicht klischeehaft dargestellt hat.

Indem er den Sommer in Ault in der Normandie und auf der Insel Bréhat im Norden der Bretagne verbrachte, nahm er bewußt Abstand von der bretonischen Südküste, wo Gauguin und dessen Freunde in den letzten Jahrzehnten des 19. Jahrhunderts ein Bildrepertoire erfunden hatten, das herausgeputzte Bauern in den traditionellen Trachten der Region Pont-Aven zeigte.[43] Chagall war nicht an stilisierter Folklore interessiert, sondern an individuellen Charakteren, die seine russischen Geschichten bereichern könnten. Besonders deutlich wird dies an der Bauerngruppe, die sich um den Schauplatz drängt, als Tschitschikows Pferde und das Gespann einer entgegenkommenden Kutsche sich ineinander verwickeln (Tafel 37, Kat. 41). Es wird kein Zufall sein, daß die stämmigen Bauern im Vordergrund – möglicherweise die Vorder- und die Rückansicht ein und desselben Modells – einen wilden und grimmigen Eindruck machen, der an die Bauern in der flämischen Kunst erinnert: Chagall hatte den belgischen Kritiker Florent Fels kennengelernt, der in dem westlich von Versailles gelegenen Ort Septeuil ein Haus besaß, und 1925 mietete Chagall Zimmer im Haus eines Polizisten im Nachbardorf Montchauvet.[44] Er wird damals an eine frühere, in *Mein Leben* beschriebene Episode zurückgedacht haben, denn kurz vor seiner Verlobung mit Bella hatte er ein Atelier im Haus eines Polizisten in Witebsk.[45]

41 Gogol (Anm. 34), S. 66.
42 Siehe Meyer (Anm. 14), S. 338.
43 Caroline Boyle-Turner weist darauf hin, daß die Bauern ihre Sonntags- und Festtrachten niemals bei der täglichen Arbeit trugen; siehe C. Boyle-Turner, *Gauguin and the School of Pont-Aven, Prints and Paintings,* London 1989, S. 24.
44 Siehe Meyer (Anm. 14), S. 341.
45 Siehe *Mein Leben* (Anm. 2), S. 76 f.

Auch während der Arbeit an den Gogol-Radierungen malte Chagall weiterhin in Öl; die suggestive Komposition *Bauernleben* (Abb. 12), eine Neuinterpretation des in *Ich und das Dorf* dargestellten Themas, von dem er kurz zuvor eine kleinere Version gemalt hatte (Abb. 11),[46] entstand in Montchauvet. Sicherlich wurde *Bauernleben* mit den im Hintergrund bei ihrer Hütte tanzenden kleinen Bauersleuten von Szenen aus Gogols Roman inspiriert, doch aus der Verwandlung, die der Held seit dem archetypischen »heiligen Narren« aus *Ich und das Dorf* erfahren hat,[47] spricht auch Chagalls Bewunderung für das Werk des Dichters Jessenin.[48] Jessenin war bäuerlicher Herkunft und hatte sich selbst als »Rowdy-Dichter« bezeichnet; sein Selbstmord im Dezember 1925, zu dem sein Kampf gegen den Alkoholismus und seine Verzweiflung über das Sowjetregime geführt hatten, traf die Welt der Künstler wie ein Schock und dürfte Chagall zu dieser grimmigen und gleichwohl fröhlichen Bauerngestalt inspiriert haben. In *Mein Leben* beschrieb er Jessenin, »dessen Lächeln, dessen Zähne etwas Rührendes für mich hatten. Er schrie auch, von Gott berauscht, nicht von Wein … Es kann sein, daß seine Poesie unvollkommen ist; aber ist sie nicht, nach der von Blok, der einzige Schrei der russischen Seele?«[49]

In Montchauvet, wo er auch zwei bemerkenswerte Selbstbildnisse radierte (Kat. 59, 107, Abb.) erlebte Chagall einen wahren Ausbruch kreativer Energie. In dem zweiten Selbstbildnis verband er Radierung mit Aquatinta, und auf diese Technik griff er auch für die zwei Gogol-Illustrationen *Die Flucht ohne Kleider* und *Der Schweizer läßt Tschitschikow nicht eintreten* zurück, die ebenfalls in Montchauvet entstanden (S. 233 f., Gogol, Blatt 69, 76). Chagall arbeitete selten in Aquatinta, die einer Druckgraphik sanfte, graue Farbtonflächen verleiht, indem eine poröse Schicht aus winzigen Harzpartikeln auf die Platte aufgetragen wird, die die Säure durchsickern läßt. Je nachdem, wie tief man die Säure eindringen läßt, werden unterschiedliche Effekte erzielt. Vor dem eigentlichen Druckvorgang wird die Harzschicht von der Platte entfernt. Da mit Hilfe der Aquatintatechnik keine Linien abgebildet werden können, werden normalerweise zunächst nach dem Radierverfahren in undurchlässigen Lack eingekratzte Linien mit Säure eingeätzt. Im Anschluß an diesen ersten Schritt bediente sich Chagall für gewöhnlich der Kaltnadeltechnik, um zwischen Schwarz

46 1924-25 malte Chagall neue Versionen mehrerer früher Bilder; die kleine Version von *Ich und das Dorf*, Philadelphia Museum of Art, reproduziert in Compton (Anm. 21) unter Kat.-Nr. 65 auf Seite 203, ist auf einer Photographie an der Wand von Chagalls Atelier in der Avenue d'Orléans zu sehen.

47 Ausführlich erörtert werden die beiden Versionen von *Ich und das Dorf* in Compton (Anm. 21), Kat.-Nr. 19, S. 167 f. und Kat.-Nr. 65, S. 203, 205.

48 Eine kurze Biographie Jessenins und eine Auswahl von Gedichten in Russisch und Deutsch in: Sergej Jessenin, *Gedichte*, hrsg. von Fritz Mierau, Leipzig 1965.

49 *Mein Leben* (Anm. 2), S. 153 f.

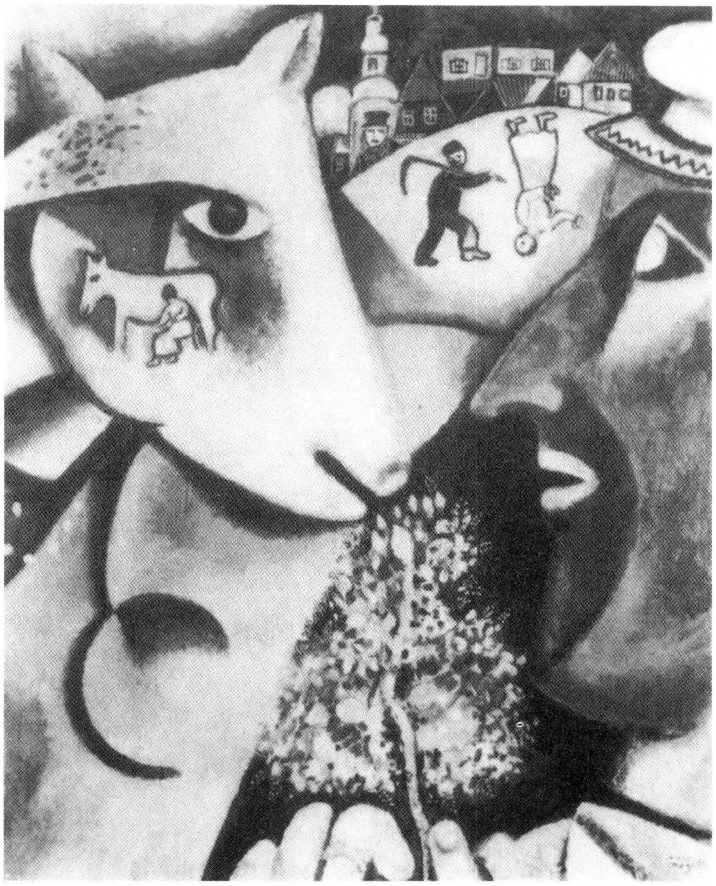

11 *Ich und das Dorf*, 1923-24, Öl auf Leinwand, 55,5 x 46,5 cm, Philadelphia Museum of Art; Geschenk von Mr. und Mrs. Rodolphe M. de Schauensee

12 *Bauernleben*, 1925, Öl auf Leinwand, 100 x 81 cm, Albright-Knox Art Gallery, Buffalo/New York

und Weiß changierende Töne zu erreichen; er arbeitete also mit Nadeln unterschiedlicher Stärke unmittelbar auf der Kupferplatte.[50] Gelegentlich markierte er den Hintergrund mit grob aufgetragenen Strichen – wie sie traditionell benutzt werden, um unerwünschte Platten unkenntlich zu machen – und unterstrich damit etwa den Verdruß des erkrankten Tschitschikow (S. 233, Gogol, Blatt 74) oder baute – mit Kratzern auf Kleidung und Gesichtern – in *Unser Held hält sich bereit* Spannung auf (S. 234, Gogol, Blatt 77). In *Die Troika am Abend* (Tafel 53, Kat. 57) zeigt Chagall den Reisenden und den Kutscher im Schlaf, während die Pferde gemächlich durch eine Landschaft ziehen, die durch das gedämpfte Grau der Aquatinta unscharf geworden ist. Der besondere Charakter einer Fahrt durch die unermeßlichen Weiten Rußlands kann nur mit Hilfe des Gogolschen Textes nachvollzogen werden.

Neben Darstellungen derart verallgemeinerter Erinnerungen und Illustrationen, die von unmittelbarer Beobachtung in Frankreich inspiriert waren, gibt es auch einige ganz typisch russischen Szenen. Bei der Außenansicht des Gebäudes hielt Chagall sich eng an Gogols Beschreibung einer charakteristischen Landschenke: »Das aus bereits geschwärztem Holze gebaute Wirthshaus... [mit] seiner schmalen aber gastfreundlichen Vorhalle, auf alten, Kirchenleuchtern ähnlichen hölzernen Säulen ruhend, ... war nichts weiter als eine russische Bauernhütte in größerm Maßstabe. Grotesk geschnittene Gesimse umgaben Fenster und Dach, und verliehen den finstern Wänden ein buntes Ansehen; auf den Fensterladen waren ganze Krüge mit Blumen aufgemalt.«[51] Diese Radierung (Tafel 27, Kat. 31) war für das Frontispiz des Buches bestimmt, und Chagall malte – ungewöhnlich für diese Zeit – eine Gouache mit dem gleichen Sujet (Tafel 28, Kat. 32); er mag das Bedürfnis gehabt haben, sich für dieses unverkennbar russische Gebäude, das so ganz anders aussah als das typische Hôtel de la Poste, das er oft auf seinen Reisen durch Frankreich malte (siehe Tafel 40, Kat. 44), ein Vorbild zu schaffen.

Von 1926 an führten ihn seine Reisen immer tiefer in den Süden; in diesem Jahr verbrachte er einige Monate in Chambon, südlich von Clermont-Ferrand hoch in den Doré-Bergen in der Nachbarschaft eines Kratersees gelegen. Der Lac Chambon, der eine herrliche Aussicht bietet, war ein guter Ausgangspunkt für Wanderungen in dem hochgelegenen Weideland, wo im Sommer von bissigen Hunden bewachte Viehherden grasten.[52] Das Landleben war die Inspirationsquelle für ein neues Projekt, denn sobald die Druckplatten für *Die toten Seelen* fertiggestellt waren, bat Vollard Chagall, mit der Arbeit an den Illustrationen für die *Fabeln* La Fontaines zu beginnen. Diesmal sollten es Farbillustrationen werden, und Chagall hatte die Aufgabe, Gouachen zu malen, nach denen die Drucker farbige Radierungen anfertigen sollten. Von den geplanten einhundert Gouachen entstanden dreißig in Chambon,[53] wo er verschiedene Ansichten malte (Tafel 38, Kat. 42, und vielleicht Tafel 42, Kat. 46).

Die im Tafelteil dieses Buches einander gegenübergestellten Radierungen und Gouachen spiegeln diesen Kontrast in Chagalls Werk wider. Wann immer er sich auf dem Land aufhielt, scheint er entweder am Tisch an seinen Radierungen gearbeitet oder die Aussicht aus dem Fenster auf der Leinwand festgehalten zu haben; im Freien malte er nur selten. Während er die Szenen seiner Vorlage in Radierungen schöpferisch nachvollzog, ließ er seiner Phantasie freies Spiel, wenn er dagegen am Fenster saß und malte, hielt er sich genauer an das, was er sah. Dieses Studium der Örtlichkeiten bot ihm die Gelegenheit, die Menschen und Tiere in ihrem Alltagsleben genau zu beobachten, was später seine Illustrationen befruchtete. Noch heute kann man in einem Eisenbahnabteil auf Fahrten quer durch Europa – wie Chagall sie in den zwanziger und dreißiger Jahren so oft unternahm – oder an einem Tisch in einer deutschen Weinstube oder einem französischen Café den gleichen ausgeprägten Gesichtszügen begegnen, die auch in Chagalls Illustrationen auftauchen. Chagalls Kunst ist nicht die der Karikatur, sein besonderes Können liegt darin, wie er menschliche Züge festhält, die zugleich ungewöhnlich und alltäglich sind, und damit den Figuren in einer Geschichte Gewicht verleiht.

Gelegentlich hielt Chagall sich in Badeorten auf, so etwa 1927 in Châtelguyon, wo er seinem Landsmann Chaim Soutine begegnete,[54] doch im allgemeinen mied er die Gegenden Frankreichs, die bereits eng mit den Impressionisten und Post-Impressio-

50 Nähere Informationen gibt *Das große Lexikon der Graphik*, Braunschweig 1984. Ernst Rebel erörtert dort die einzelnen druckgraphischen Techniken (S. 26 ff.).

51 Gogol (Anm. 34), S. 86.

52 Eine ausführliche Beschreibung dieser Region gibt Freda White, *Three Rivers of France, Dordogne, Lot, Tarn*, London 1962, S. 66 f.

53 Siehe Meyer (Anm. 14), S. 350.

54 Crespelle (Anm. 27), S. 188.

55 Nach Meyer (Anm. 14), S. 366, fand der Aufenthalt in Collioure, »um Maillol zu besuchen«, während der Autoreise statt, die Chagall zusammen mit Delaunay unternahm; laut Crespelle (Anm. 27), S. 224 f., besuchten die beiden Künstler Maillol dagegen in seinem Haus in Banyuls. Banyuls ist das letzte französische Seebad vor der spanischen Grenze, etwa 10 km südlich von Collioure. Crespelle beruft sich auf Sonia Delaunay. Laut Meyer fand diese Autoreise im Herbst 1927 statt, laut Crespelle im Herbst 1926.

56 Michel Sageloly, ›Marc Chagall et Céret‹, Vorwort zu *Marc Chagall – Été 1978*, Céret 1978 (unpaginiert).

57 Zu Chagall und Dobuschinski siehe Compton (Anm. 21), S. 32-34.

58 M. Dobuschinski, *Kukla* (Die Puppe), Farbreproduktion in *M. V. Dobuzhinskii, Vospominaniya*, hrsg. von G. I. Tschugunow, Moskau 1987; die Reproduktion folgt nach Seite 96.

59 Meyer (Anm. 14), S. 337.

nisten in Verbindung gebracht wurden. Er besuchte weder Arles, wo van Gogh gelebt hatte, noch Aix oder Annecy, die Orte, die Cézanne unsterblich gemacht hatten; nach Collioure, wo die Fauves gemalt hatten, kam er nur, um den Bildhauer Aristide Maillol zu besuchen,[55] und auch hier zog er es vor, weiter landeinwärts in Céret Quartier zu nehmen. Dieser kleine Ort am Fuße der Pyrenäen ist noch heute als das ›Mekka der Kubisten‹ bekannt, weil Picasso und Braque hier zwischen 1911 und 1913 einige ihrer geheimnisvollsten Kompositionen schufen. Mit dem Kubismus hatten die Arbeiten, die Chagall in Céret schuf, natürlich gar nichts zu tun. Ein Bekannter hat berichtet, daß Chagall 1929 hier 28 Kupferplatten für die *Fabeln* vorbereitete und gleichzeitig an einem Stilleben in ähnlicher Manier wie seine ›Fenstergemälde‹ arbeitete (Tafel 78, Kat. 83).[56]

Chagall benutzte in seinen Bildern oft ein Fenster, um eine Szene einzurahmen; manchmal beschränkte er den Blick auf das, was durch das Fenster zu sehen war, und manchmal wurden auch Teile des Zimmers mit in das Bild aufgenommen. In dem in Céret entstandenen Stilleben sind Innen und Außen durch eine phantastische fliegende Ziege oder Kuh miteinander verbunden, die durch die Glasscheibe des geöffneten Fensters auf einen fliegenden Künstler starrt, der die Stelle des geflügelten Engels in anderen Bildern einnimmt. Neben Chagalls Freund Delaunay hat Henri Matisse die bekanntesten Fensterbilder des 20. Jahrhunderts gemalt, und gelegentlich ist die Vermutung geäußert worden, Chagall habe diesen Kunstgriff von ihm übernommen. Es ist jedoch wahrscheinlicher, daß er die Anregung dazu im Werk Mstislaw Dobuschinskis fand, seines Lehrers in St. Petersburg.[57] Dobuschinski hatte 1905 eine Szene mit einer Puppe gemalt, die, achtlos zur Seite geworfen, auf einem Fenstersitz in dem Zimmer liegt, von dem aus der Betrachter den Ausblick des Künstlers durch das Fenster auf die Welt teilt.[58] Einige Jahre später sollte Chagall sein Bild *Paris durch das Fenster* (The Solomon R. Guggenheim Museum, New York) mit Symbolen befrachten, doch als er 1914 nach Rußland zurückkehrte, hatte er mehrere Fensterbilder mit Symbolen gemalt, die in ihrer suggestiven Kraft und Naturalistik Dobuschinskis Puppe sehr ähnlich sind (Abb. 13). Franz Meyer hat Chagalls Bedürfnis, mit Fensterrahmen die innere von der äußeren Welt zu trennen, so interpretiert: »...; es entspricht auch der besonderen Situation des Künstlers, der dem ›Außen‹ nie die Zügel überläßt, sondern der ›Innen und Außen‹ gleichnishaft aufeinander bezieht.«[59] Meyers Interpretation erweitert unsere Lesart eines Gemäldes wie *Land-*

13 *Der Blick in den Garten*, um 1917, Öl auf Leinwand, 46,5 x 61 cm, Slg. Isaak Brodski, Leningrad

schaft bei Peïra-Cava; Die Wolke (Tafel 84, Kat. 89); die im Bildtitel genannte Wolke könnte Raïssa Maritain, die zu Chagalls engsten Freunden zählte, zu diesen Gedichtzeilen inspiriert haben: »Un nuage dans le ciel/L'équipage d'Ezechiel« – frei übersetzt: »Eine Wolke am Himmel/das Gespann des Ezechiel (stürmt dahin)«.[60]

Nach 1928, seitdem Chagall und Bella zusammen mit den Dichtern Jules Supervielle, Paul Eluard und René Schwob regelmäßig an den Sonntagszusammenkünften im Haus von Raïssa und Jacques Maritain teilnahmen, hatte Chagall einiges mit diesen Autoren gemeinsam, ohne deshalb ein ›literarischer‹ Maler zu sein. Supervielles Widmung für seinen 1923 erschienenen Roman hätte zum Beispiel auch Chagalls *Mein Leben* begleiten können: »Traum und Realität, Farce, Qual, ich habe diesen kleinen Roman für das Kind geschrieben, das ich war und das noch immer Geschichten von mir verlangt. Nicht immer entsprechen sie seinem Alter, noch meinem...«[61] Schon Supervielles 1910 veröffentlichtes Gedicht ›Un doux village‹ beschwor das Dorf, das in ihm aufstieg, und nahm die Titel einiger Bilder Chagalls vorweg (siehe Tafel 2, Kat. 3).[62] 1930 schuf Chagall ein Porträtfrontispiz für Gedichte von Pierre Reverdy, und einige Zeilen aus einem dieser Gedichte, ›Les pointes blanches de la montagne‹, beschwören die Ausblicke, die Chagall in den Savoyer Alpen malte: »Un nuage marche/Par la fenêtre passe un cri« (Eine Wolke zieht vorüber/Durch das Fenster dringt ein Schrei).[63] Derartige Zitate zeigen, daß Chagall und die Dichter in seinem Umkreis die gleichen Motive beschäftigten.

Einige Gouachen Chagalls legen eine nüchterne Interpretation nahe; eine, die heute dem Museum in Antwerpen gehört und in der ein Fenster eine Frau und eine Katze von einer Bergszene trennt (Tafel 76, Kat. 81), kann mit den Illustrationen zu den *Fabeln,* an denen er gleichzeitig arbeitete, in Verbindung gebracht werden. Die Katze in *Das Fenster* kann nach drinnen oder draußen springen, während die einsame *In eine Frau verwandelte Katze* (Tafel 58, Kat. 63) gelangweilt an einem Tisch sitzt und sich nach der verlorenen Freiheit der Fensterbank zu sehnen scheint. Diese Fabel gab Chagall die Gelegenheit, eine Schimäre zu erfinden; die Helden der prägnanten Verserzählungen La Fontaines sind für gewöhnlich entweder Menschen oder – häufiger – Tiere. Schon in der Lithographie *Der Futtertrog* und einer verwandten Gouache (Tafel 25, 26, Kat. 29, 30) sowie in zwei Versionen in Öl hatte Chagall Mensch und Tier geschickt miteinander kombiniert und damit seine Raffinesse demonstriert. Als er 1926 mit der Arbeit an den Illustrationen für die *Fabeln* begann, malte er naturalistischere Gouachen von Haus- und Hoftieren: *Die Kuh,*[64] heute *Mutterschaft* genannt (Tafel 32, Kat. 36), die von nahem betrachtete *Kuh* (Tafel 34, Kat. 38) und das frenetische Bild *Bauer und Kuh* (Tafel 72, Kat. 77), das den Menschen und sein domestiziertes Tier in einem exaltierten Kampf zeigt.

Chagall ging an La Fontaines Fabeln auf seine ganz eigene Weise heran und suchte sich aus den zwölf Büchern einhundert Geschichten mit Elementen heraus, die er glaubte darstellen zu können. Ganz offensichtlich war ihm nicht immer daran gelegen, dem Text wortwörtlich zu folgen oder die Tiere realistisch darzustellen. Die Tiere in *Der Affe und der Leopard* beispielsweise (Tafel 77, Kat. 82) machen zwar einen anatomisch korrekten Eindruck, doch in *Die Ratte und der Elefant* (Tafel 67, 68, Kat. 72, 73) etwa ähnelt das Tier eher einem klobigen, langhalsigen Ackergaul als einem Elefanten, wie man ihn aus dem Zoo kennt. In dieser Fabel, in der deutschen Übersetzung als ›Die Maus und der Elefant‹ bekannt, ließ er La Fontaines »Mäuslein« beiseite, das einen Elefanten sieht: »Zu steif und langsam fand es dessen Tritt/für solch ein hohes Tier von solchem Schnitt.« In einer Gouache von bemerkenswerter koloristischer Freiheit beschränkte er sich auf die herausragendsten Details in dieser Geschichte, den prächtigen Turm aus Korbgeflecht auf dem Rücken des Tieres: »Stockwerke trug es eins, zwei, drei;/darin die Sultanin mit einem Reiherstrauß,/.../die alte Zofe, fast ein ganzes Haus;/nach Mekka ging es Schritt um Schritt.«[65] Da er in allen Fabeln die Moral der Geschichte ausließ, ließ er auch La Fontaines ›Hund, Katze, Affe, Papagei‹ beiseite, und in diesem Fall ist die Katze für diese moralische Lehre verantwortlich, indem sie vom Rücken des Elefanten herunterspringt, die Maus jagt und sie damit zwingt, einzusehen, daß ein Elefant wichtiger als eine Maus ist. Wenn man die Fabeln jedoch so gut kennt wie viele Franzosen, die

60 Das Zitat entstammt *Patriarch Tree/Arbre Patriarche,* 30 Gedichte von Raïssa Maritain, englische Übersetzung von einem Benediktiner aus dem Kloster Stanbrook, Worcester 1965 (unpaginiert).

61 »Rêves et verité, farce, angoisse, j'ai écrit ce petit roman pour l'enfant que je fus et qui me demande des histoires. Elles ne sont pas toujours de son âge ni du mien...«, Jules Supervielle, *L'Homme de la Pampa,* Roman, Paris (Nouvelle Revue Française, Gallimard) 1923.

62 »Un doux village en moi s'élève/Et ton sourire est en clocher...«, Jules Supervielle, *Comme des Voiliers,* Paris (Collection de la Poétique) 1910.

63 Pierre Reverdy, *Pierres Blanches,* Carcassonne (Jordy) 1930.

64 Waldemar George, *Chagall,* Paris (Nouvelle Revue Française) 1928; auf S. 17 lautet die Bildunterschrift: »*La Vache,* 1925, Musée du Luxembourg«.

65 La Fontaine, *Die Fabeln,* übersetzt von Rolf Mayr, Düsseldorf, Köln 1964; Buch 8, Fabel 15, *Die Maus und der Elefant,* S. 207.

sie in der Schule auswendig lernen, kann man die Moral der Geschichte manchmal auch aus den Illustrationen ableiten.

Das ist zum Beispiel der Fall in *Der Pfarrer und der Tote* (Tafel 65, 66, Kat. 70, 71). Der Tote wird zu seiner letzten Ruhestätte gefahren und von einem »heitren Pfaffen« begleitet, der »mancherlei Gebete [sprach],/Psalm, Lehre, Vers und Liturgie/mit großem Etepetete« – und soeben sein Buch fallengelassen hat. Vielleicht sagt er: »Herr Toter, laßt mich machen hier,/ich geb Euch was für jede Station,/ es handelt sich schließlich nur um meinen Lohn.« Bei näherer Betrachtung zeigt sich jedoch, daß das Pferd den Leichenwagen nicht vorwärts zieht, sondern sich hin zu seiner Fracht aufbäumt. Und tatsächlich sind ein Kranz und ein Blumengebinde bereits vom Sarg heruntergefallen; dargestellt ist also der Moment, bevor »der Wagen/kippt: Hochwürden Kohler ohne Säumen/ward von dem schweren Sarg erschlagen./Das Pfarrkind zieht den Hirten in den Schragen,/der Pfarrer folgt dem toten Bruder.«[66]

Nach Vollards ursprünglichem Plan sollten die Gouachen für die *Fabeln* nach Methoden reproduziert werden, wie sie in der zweiten Hälfte des 18. Jahrhunderts üblich waren: Kopisten und Koloristen sollten mit dem Drucker zusammenarbeiten, die Konturen umreißen und die Blätter dann mit der Hand kolorieren. Vollard hatte dazu unter der Aufsicht des Druckers Maurice Potin in einem speziellen Atelier eine Gruppe von Künstlern zusammengebracht.[67] Es gab jedoch auch aus jüngerer Zeit ein Beispiel für ein Buch, das in einer Werkstatt entstanden war, denn in den frühen zwanziger Jahren hatte Natalia Gontscharowa in ihrem Atelier in Paris ein Künstlerteam versammelt, um Pochoirs für ein kunstvolles, größtenteils von Hand hergestelltes Buch mit dem Titel *Tsar Saltan* anzufertigen,[68] ein modernes Äquivalent eines illuminierten Buches. Chagall griff für seine Gouachen zu den Fabeln nicht auf Vorbilder zurück, obgleich einige seiner Entwürfe denen Gauguins nicht unähnlich sind, der einige seiner Volpini-Drucke mit der Hand koloriert hatte.[69] Und wie Gauguin in seinen Druckgraphiken hob auch Chagall in seinen Entwürfen für die Fabeln oft eine stark ausgeprägte Diagonale hervor und stellte aus der Nähe gesehene, isolierte Menschen und Tiere in den Vordergrund.

Nach etwa zwei Jahren waren alle einhundert Gouachen fertiggestellt, und Chagall übergab sie Fachleuten, die die Radierungen machen sollten. Nachdem der Versuch gescheitert war, farbige Drucke anzufertigen, bemühten sich zwei Drucker vergeblich, Schwarzweißillustrationen herzustellen. Schließlich übertrug Chagall die Bilder selbst nochmals auf Kupferplatten.[70] Hätte er die Gouachevorlage einfach kopiert, sähe man das gedruckte Bild spiegelverkehrt. Vergleicht man jedoch die beiden Versionen von *Der Pfarrer und der Tote* (Tafel 65, 66, Kat. 70, 71) miteinander, so zeigt sich, daß die Komposition sowohl im Druck als auch in der Gouache seitengleich bleibt, obwohl die Gouache viel größer ist. In dieser Komposition ist die Farbe kein wichtiger Bestandteil, doch manchmal intensivierte Chagall sie, indem er farbiges Papier benutzte – so zum Beispiel in *Der Trunkenbold und seine Frau* (Tafel 60, Kat. 65) wofür er ein schwarzes Blatt nahm. Er arbeitete nicht mit einfacher Wasserfarbe, weil sie ihm vermutlich nicht intensiv genug war; er brauchte für seine Bilderfindungen die Deckfähigkeit der Gouachefarbe (eine auf der Grundlage von Gummi zubereitete, in Wasser vermahlene Farbmischung – einschließlich Weiß) wenngleich er damit zweifellos seine Drucker vor unlösbare Probleme stellte.

Gelegentlich ging seine Phantasie mit ihm durch. Ein besonders deutliches Beispiel dafür ist wiederum *Der Trunkenbold und seine Frau.* Eines Tages sperrt das Weib den betrunkenen Mann in eine Gruft und erscheint ihm als Furie verkleidet. Anstelle von La Fontaines »des Todes Zubehör ... wie Kerzenleuchter und Leichentuch«[71], Motive, die Chagall seinem eigenen *Toten* hätte entnehmen können,[72] griff er auf ein anderes Motiv aus seinen frühen Pariser Jahren zurück, auf *Der Trinker* (Abb. 14). Chagall setzte also La Fontaines »Bacchusdiener« an einen Tisch, von dem eine leere Flasche herunterkippt, und sein Weib tritt nicht wie bei La Fontaine »zu dem Scheintoten an die Bahr'«, sondern an einen Tisch, um »ihm heiße Suppe ..., eigens gekocht von Luzifer«, hinzuhalten.

Zuweilen ließ sich Chagall auch noch von anderen Quellen inspirieren. So lehnte er sich beispielsweise für *Der durch einen Pfeil verwundete Vogel* (Tafel 56, Kat. 61) an

66 Ebenda, Buch 7, Fabel 11. *Der Pfarrer und der Tote,* S. 172 f.

67 Franz Meyer und Hans Bolliger, *Marc Chagall, Das graphische Werk,* Stuttgart 1957, S. xxxvii-xxxviii.

68 Puschkin, *Tsar Saltan,* französische Prosaübersetzung von Claude Anet, gedruckt von Louis Kalder, Paris 1922. Das Buch enthält zwölf ganzseitige Illustrationen von Gontscharowa; außer dem Text wurden nur die roten Umrisse der Illustrationen und die Randornamente gedruckt, die Illustrationen selbst wurden von Hand gemacht. Siehe Mary Chamot, *Goncharova, Stage Designs and Paintings,* London 1979, S. 89. ›Pochoirs‹ sind Pappschablonen zum Kolorieren von Graphiken.

69 Zu Gauguins Volpini-Drucken siehe Boyle-Turner (Anm. 43), S. 37-45.

70 Der Versuch, die Gouachen in farbige Radierungen zu übertragen, der in Maurice Potins Atelier unternommen wurde, mißlang; Chagall fertigte darauf in Louis Forts Atelier 100 Schwarzweißradierungen an, war mit den Ergebnissen jedoch ebenfalls unzufrieden. Nachdem auch ein weiterer Druckversuch im Atelier von Roger Lacourière gescheitert war, fertigte Chagall in Maurice Potins Atelier neue Kupferplatten an. Siehe Meyer und Bolliger (Anm. 67), S. xxxviii.

71 La Fontaine (Anm. 65), Buch 3, Fabel 7, in dieser Übersetzung: *Der Trinker und sein Weib,* S. 71 f.

72 *Le Mort,* 1908, Compton (Anm. 21), Kat.-Nr. 3, S. 31 f.

14 *Der Trinker,* 1911-12, Öl auf Leinwand, 85 x 115 cm, Slg. Hans Neumann, Caracas

15 K. Girardet, *Der durch einen Pfeil verwundete Vogel,* Vignette aus *Fables de La Fontaine,* Tours 1858, Buch II: vi, S. 67

16 K. Girardet, *Der Löwe und die Mücke,* Vignette aus *Fables de La Fontaine,* Tours 1858, Buch II: ix, S. 78

eine radierte Vignette K. Girardets an, der eine 1858 in Tours erschienene ›neue‹ La Fontaine-Ausgabe[73] illustriert hatte (Abb. 15). In Chagalls Gouache erscheint der verwundete Vogel allerdings viel größer und vor einem hellen Hintergrund. Anders als Girardet zeigt er auch den Jäger, dessen gefiederter Pfeil mit dem Federkleid des Vogels verschmilzt. So veranschaulicht er La Fontaines Verse, in denen der Vogel darüber klagt, wie der Jäger grausam seine eigenen Federn für die todbringenden Pfeile verwende. Vielleicht haben die Worte auf dem Titelblatt Chagall auf diese Ausgabe aufmerksam gemacht: »nouvelle édition, dans laquelle on aperçoit d'un coup d'œil la moralité de la Fable« (neue Ausgabe, in der die Moral der Fabel sogleich zu erkennen ist); möglicherweise hoffte er, durch die Anlehnung an Girardets Kompositionen dem Vorwurf zu begegnen, er vernachlässige immer den moralischen Aspekt der Fabeln. Aus welchen Gründen auch immer, er ließ sich wiederholt von Girardets Vignetten anregen – besonders augenscheinlich beim Vergleich der Illustrationen zu *Der Löwe und die Mücke* (Abb. 16, 17).[74]

17 *Der Löwe und die Mücke,* La Fontaine, Blatt 18, Radierung, 25,9 x 24,2 cm

Noch bevor die Arbeit an den Illustrationen zu den *Fabeln* beendet war, malte Chagall in mehreren dem Zirkus gewidmeten Gouachen phantasievoll gestaltete Tiere. Diese Reihe wird heute als *Cirque Vollard* bezeichnet, weil Vollard beabsichtigt hatte, sie in Radierungen zu übertragen und als Mappe zu veröffentlichen. Eine dieser Gouachen, *Die Frau mit dem Tierkopf* (Tafel 98, Kat. 104), scheint ebenfalls auf eine Fabel bezogen zu sein, nicht auf eine Fabel La Fontaines, sondern auf eine des russischen Fabeldichters Krylow. In seinem *Parnaß* erzählt Krylow, wie der angestammte Sitz der griechischen Götter einem Bauern überlassen wurde, der dort seine Esel grasen ließ. Irgendwie war es den Eseln klar, daß sie mit den Musen konkurrieren mußten: »Erhabener als der Musen Chor/dring' unser Lied fortan zum Himmelszelt empor.«[75] Krylow, der im 19. Jahrhundert schrieb, in einer Zeit strenger Zensur, schilderte in seinen Fabeln verdeckt die zeitgenössischen Zustände in Rußland. Verfehlt wäre es jedoch, Parallelen zwischen Krylows »Als man die Griechengötter tat in Acht und Bann, ... da riß sich um das Erbe niedres Volk in Scharen« und den zwanziger Jahren unseres Jahrhunderts zu ziehen, in denen die russischen Großgrundbesitzer enteignet waren. Die Ideale der russischen Revolution hatten für Chagall nach wie vor großes Gewicht, auch wenn er hatte einsehen müssen, daß er in Sowjetrußland nicht leben konnte.

Eine andere Gouache, *Liebende/Dame mit einem Vogel* (Tafel 92, Kat. 98), läßt sowohl an den Zirkus als auch – ganz allgemein – an die Welt der Fabeln denken. Zwei Gestalten in Zirkuskostümen teilen sich ein Waldgebiet mit einem Vogel – die Fabel, die dieser Szene am nächsten kommt, ist La Fontaines *Daphnis und Alcimadura,*[76] obwohl dort kein Vogel vorkommt; dieser bizarre Einfall dürfte auf eine andere Geschichte zurückgehen, die Bella oder auch Ida gelesen hatte.

Für Chagall, der mit Bloks Tragikomödie *Die Schaubude*[77] und mit der traditionellen Gestalt des *Petruschka*[78] vertraut war, war der Clown ein fast schon religiöses Symbol.[79] Dennoch stellte er in einigen seiner Zirkuskompositionen schlicht und einfach Szenen dar, die er im Cirque d'Hiver bequem von Vollards Loge aus beobachtet hatte. In *Clown auf dem Pferd* (Tafel 96, Kat. 102) griff Chagall ein Thema Picassos auf, der in einer von Struck reproduzierten Radierung zwei auf einem Zirkuspferd stehende Akte dargestellt hatte.[80] Chagalls Figur befindet sich jedoch in einer derartigen Schräglage, daß mehr damit gemeint sein muß, als nur ein eleganter Zirkussalto;

73 *Fables de La Fontaine, précédées de la vie d'Esope et accompagnées de notes de Costes,* Tours (Mame) 1858, Buch II: vi, S. 67.

74 Außer für *Der Löwe und die Mücke* (La Fontaine, [Anm. 73], Buch II: ix, S. 71) verwandte Chagall Girardets Vignetten noch für *Der Hase und die Frösche* (Buch II: xiv, S. 78) und für *Die beiden Ziegen* (Buch XII: iv, S. 348). Siehe auch Tafel 73, Kat. 78.

75 I. A. Krylow, *Sämtliche Fabeln,* Deutsch von Rudolf Bächtold, Zürich 1960, S. 20.

76 La Fontaine, Buch 12, Fabel 26.

77 Alexander Bloks Einakter *Balagantschik (Die Schaubude)* wurde in der Spielzeit 1906-07 von Meyerhold in St. Petersburg inszeniert und könnte Chagall, der 1907 dorthin zog, zu seinem Bild *Jahrmarkt auf dem Dorf* inspiriert haben. Siehe Compton (Anm. 21), Kat. Nr. 2, S. 155.

78 Das Ballett *Petruschka* mit seinem tragikomischen Helden wurde im Juni 1911 in Paris von Diaghilew für Les ballets russes inszeniert. Chagall lebte damals in Paris.

79 Siehe Compton (Anm. 21), S. 14 f.

80 Struck (Anm. 20), S. 177: »Picasso, *Zirkus,* mit Genehmigung des Querschnitt Verlags«.

er deutet einen sowohl physischen als auch emotionalen Balanceakt an, indem er befürchten läßt, daß die Figur in den vibrierenden blauen Hintergrund stürzt.

Chagall, der zeit seines Lebens vor allem auch für seine Handhabung der Farbe berühmt war, schuf in den späten zwanziger Jahren einige seiner brillantesten Farbkompositionen auf Papier. *Das Liebespaar mit dem Halbmond* (Tafel 50, Kat. 54) ragt aufgrund seines intensiv blauen Hintergrundes hervor; schon in Rußland hatte er eine Gouache mit den Köpfen zweier Liebender auf blauem Hintergrund gemalt,[81] doch jetzt erweiterte er den Blick auf zwei Figuren in Dreiviertellänge, die sich in leidenschaftlicher Umarmung neigen. Er erreichte hier eine Farbsättigung wie in keinem anderen seiner Ölgemälde aus dieser Zeit, auch wenn der Hintergrund von *Der Traum* (Tafel 52, Kat. 56) ein Blau von äußerster Intensität zeigt.

In diesem wichtigen Gemälde von 1927 sind viele der Hoffnungen erfüllt, die zu Anfang jenes Jahres in einem Artikel über neue Maler in der einflußreichen Pariser Kunstzeitschrift *Cahiers d'art* ausgesprochen worden waren. Der Autor, Tériade, nahm als Ausgangspunkt für seine Überlegungen Picassos letzte Ausstellung, die in seinen Worten den Beginn einer »poetischen Epoche« markiert hatte: »Das wird ohne jeden Zweifel die große unmittelbare Zukunft der modernen Malerei sein, eine glorreiche Renaissance, wenn Maler, die diesen Namen verdienen, auf seinen Appell reagieren.«[82] Insbesondere ein Absatz wird Chagall, der sich seiner Rivalität mit Picasso immer bewußt war und der sich gerade jetzt damit beschäftigte, seine Gouachen zu den Fabeln in farbige Druckgraphiken umzusetzen, haben aufhorchen lassen: »Weil die modernen Reproduktionsmethoden immer vielgestaltiger und perfekter werden, wird sich der Mensch unserer Zeit der wahren Bedeutung der Kunst wieder deutlicher bewußt. Er will sie von falschen naturalistischen Ideen befreien und – indem er sie in einer plastischen und abstrakten Form isoliert – die frische, spontane, schöpferische Poesie des Zeitalters der Einfachheit wiederentdecken ... Den Jungen gebührt es, Sänger, Dichter und vor allem Maler zu sein.«[83]

Chagall, der 1927 das vierzigste Lebensjahr erreicht hatte, konnte sich zwar nicht mehr zu den Jungen zählen, doch er konnte hoffen, daß er, und nicht Picasso, der Jugend den Weg weisen und ihr, so Tériades Worte, zeigen würde, »was bereits erreicht worden ist; poetische Freiheit in der Bildkonzeption, plastische Freiheit in der Ausführung, der architektonische Wert eines kraftvollen konzentrierten, vibrierenden Gleichgewichts, das unsere gegenwärtigen ästhetischen Bedürfnisse und unseren Durst nach Poesie stillt.«[84]

Chagall folgte diesem Aufruf und entwickelte seinen *Traum* unmittelbar aus poetischen Vorstellungen. Der Titel *Das Kaninchen,* unter dem das Bild zum ersten Mal ausgestellt wurde,[85] läßt auf Lewis Carrolls *Alice im Wunderland* als mögliche Inspirationsquelle schließen, weil Alice einem weißen Kaninchen in ein Land der Phantasie folgt.[86] Zweifellos bewohnen das Tier – das mehr an einen Esel erinnert als an ein Kaninchen – und seine menschliche Last eine auf den Kopf gestellte Welt, in der der Mond an die Stelle der Landschaft getreten ist, von der aus kleine Bäume in den ›Himmel‹ hinunterfallen, in einen blauen Hintergrund mit wolkenartigen Formen. Immer wieder ist festgestellt worden, daß Chagall von allen Richtungen aus an seinen Bildern arbeitete; hier jedoch mahnt die ›Unlogik‹ an das für die russischen Futuristen so kennzeichnende ›jenseits des Verstandes‹, das Raïssa Maritain noch weitergeführt hatte, die sich für enge Beziehungen zwischen »der Ordnung des Mystischen und der des Dichterischen« aussprach: »Das Gedicht ist ein Vehikel der dichterischen Eingebung, wie die Flöte ein Vehikel der Musik und der Pinsel ein Vehikel der [malerischen] Schau.«[87] Jeder, der sich in der europäischen Kunstgeschichte näher auskennt, sieht in Chagalls *Traum* auch eine traditionelle Darstellung der ›Entführung der Europa‹ – nur, daß Europa hier nicht von einem Stier, sondern von einem Esel fortgetragen wird. Chagall dürfte diese Deutung beabsichtigt haben, da nach Tériade auch der »ästhetische, malerische, architektonische und poetische Wert eines Renaissancegemäldes konzentriert in die Proportionen eines modernen Bildes eingebracht« werden sollte.[88] Übrigens stellte Chagall dieses Sujet etwa zur gleichen Zeit in einer Gouache dar.[89]

81 Farbreproduktion in Meyer (Anm. 14), S. 239. Dieses Werk ist vor kurzem um 1915 datiert worden; siehe Alexander Kamenski, *Chagall, Die russischen Jahre 1907–1922,* Stuttgart 1989, S. 222, Anm. 76.

82 E. Tériade, ›Les peintres nouveaux: 1. De la formation d'une plastique moderne‹, *Cahiers d'art* Nr. 1, Paris 1927, S. 30f. Englische Übersetzung von P. S. Falla in *A Picasso Anthology: Documents, Criticism, Reminiscences,* hrsg. v. M. McCully, London 1981, S. 164f. Nach dieser Übersetzung wurden dieses und die folgenden Zitate ins Deutsche übertragen.

83 Ebenda, S. 165.

84 Ebenda.

85 *Der Traum* ist unter dem Titel *Das Kaninchen* verkehrt herum reproduziert in *Marc Chagall,* Sélection, 3ème Série, 8ème Année, Cahier No. 6, Chronique de la Vie Artistique VI, Antwerpen, April 1929, S. 128.

86 Lewis Carroll, *Alice's Adventures in Wonderland,* London (Macmillan) 1865 (Erstveröffentlichung mit Illustrationen von John Tenniel).

87 Raïssa Maritain war wie die Chagalls russisch-jüdischer Herkunft. In ihrem Essay *Sinn und Un-Sinn in der Dichtung* setzte sie sich für die religiöse Qualität der Dichtung ein; Jacques und Raïssa Maritain, *Situation der Poesie,* übersetzt von Walter Warnach, Düsseldorf 1950, Zitat auf S. 35f. Französische Originalausgabe *Situation de la Poésie,* Paris 1938.

88 Tériade (Anm. 82), S. 165.

89 Farbreproduktion in: Sotheby's, New York, Verkaufskatalog vom 12. November 1988, Auktionsposten 159.

Chagall malte in den zwanziger Jahren auch zahlreiche Blumenbilder, teils mit und teils ohne menschliche Gestalten. Blumenbilder waren bei den Käufern beliebt, und sie sicherten ihm ein regelmäßiges Einkommen, wie einer seiner Händler berichtete.[90] Ende der zwanziger Jahre erfreute er sich eines bescheidenen Erfolgs. Zwei Jahre lang – bis zur Weltwirtschaftskrise von 1929 – hatte er einen Vertrag für seine Ölgemälde mit den etablierten Kunsthändlern Bernheim-Jeune. In den Jahren 1928 und 1929 wurden drei Monographien und zahlreiche Artikel in der Presse über ihn veröffentlicht.[91] Er muß sich in Paris anerkannt gefühlt haben, auch wenn nicht alle Artikel wohlwollend waren. Er galt als führendes Mitglied der École de Paris – unter diesem Namen wurden in zunehmendem Maße die nach Paris emigrierten Künstler jüdischer Herkunft zusammengefaßt,[92] nicht so sehr alle Emigranten, von denen der berühmteste zweifellos Picasso war.

In der Presse wurde der École de Paris oft die École Française gegenübergestellt, der unter anderen André Derain, Dunoyer de Segonzac, Maurice de Vlaminck und Othon Friesz angehörten, gebürtige Franzosen, die sich vor dem Ersten Weltkrieg einen Namen gemacht hatten. Die Mitglieder dieser Gruppe waren nicht so avantgardistisch wie die Kubisten, und in den zwanziger Jahren sahen sie sich gern als Repräsentanten einer ununterbrochenen Linie der französischen Malerei, die über Cézanne, Courbet, Corot bis zu den Brüdern Le Nain, zu Poussin und Fouquet zurückreichte.[93] Auch Chagall war sich dieser Tradition durchaus bewußt; unter Umgehung Cézannes orientierte er sich an Courbet als Vorbild für die Arbeit mit dem Palettenmesser und an Corot, als er an den Radierungen zu La Fontaines *Fabeln* arbeitete.[94] Selbst weniger bekannte Namen der französischen Kunstgeschichte inspirierten ihn, zum Beispiel Nicolas Tournier, dessen an Caravaggio erinnernder *Schutzengel* in der Kathedrale von Narbonne (Abb. 18)[95] in Chagalls monumentalen *Engel mit der Palette* (Abb. 19) eingegangen zu sein scheint.[96]

Das nächste Projekt, das Chagall mit Vollard vereinbarte, die *Bibel,* war als eine Folge von Schwarzweißillustrationen zu den Büchern der Propheten geplant. Wie schon bei den *Fabeln* begann er auch jetzt mit vorbereitenden Gouachen, weil er glaubte, so die Farbabstufungen für die Radierungen am besten festlegen zu können. Ein sehr großer Unterschied besteht jedoch zwischen der Vielfalt der Arbeitsstile in seinen Gouachen zu den Fabeln und der relativen Einheitlichkeit der etwa vierzig Gouachen, die er zur Bibel schuf. Die Farben waren jetzt gemäßigter, und die Bildgegenstände naturgetreuer als die der Gouachen zu La Fontaine. Gemeinsam sind einer großen Gruppe die dunklen Hintergründe: Die weiße Farbe der Engel und die

90 Klaus Perls in einem 1984 geführten Gespräch mit der Autorin.

91 Zum Beispiel: Pierre Courthion, ›Marc Chagall‹, *Revue Hebdomadaire,* (Paris) April 1928, S. 107; Waldemar George, *Marc Chagall,* Paris (Nouvelle Revue Française) 1928; André Salmon, *Chagall,* Paris (Chroniques du Jour) 1928; G. Aronowitsch, ›The artists of Paris: Marc Chagall‹, *Krasnaia Panorama* Nr. 47, Moskau, 23. November 1928, S. 13 (in Russisch); *Sélection, Cahier No. 6.,* Antwerpen 1929; Paul Fierens, *Marc Chagall,* Paris (Cres) 1929.

92 Am häufigsten genannt wurden Kisling, Jacques Lipchitz und Jules Pascin. Siehe Romy Golan, ›The École Française‹ vs. the ›École de Paris‹, *The Circle of Montparnasse, Jewish Artists in Paris 1905-1945,* The Jewish Museum, New York 1985, S. 89.

93 Siehe Golan, ebenda.

94 Siehe vor allem: Corot, *Paysage normand* aus *Sonnets et eaux-fortes,* Paris (Alphonse Lemerre) 1869, 42 Sonette in einem Mappenwerk mit 41 Radierungen und einer Zeichnung; reproduziert in *The Art of the French Book,* hrsg. von André Lejard, London o. J., Tafel 119, S. 112.

95 Reproduziert in Anthony Blunt, *Art and Architecture in France 1500-1700,* The Pelican History of Art, Harmondsworth 1953, Tafel 119 (A). Chagall passierte das nördlich von Perpignan gelegene Narbonne auf seiner Autoreise mit Robert Delaunay (siehe Anm. 55). Ein Werk der früher ›primitiven‹ französischen Malerei, *Rencontre à la Porte dorée,* um 1500 (Musée Carpentras, ursprünglich in der [dortigen] Kathedrale St. Siffrein), hatte Chagall zu *Le Mariage,* 1917, Tretjakow Galerie Moskau, inspiriert; siehe Mira Friedman, ›*Le Mariage* de Chagall‹, *Revue de l'art* Nr. 52, 1981, S. 37-40.

96 Chagall, *L'Ange à la Palette,* reproduziert in Meyer (Anm. 14), S. 331, datiert auf 1926. Meyer datiert allerdings die Studie zu diesem Bild auf 1927-28; ebenda, Kat.-Nr. 490.

97 *Adam und Eva,* 1912, St. Louis Art Museum, siehe Compton (Anm. 21), Kat.-Nr. 26, S. 72.

98 *Kain und Abel,* 1911, reproduziert in *Marc Chagall* (Anm. 15), Kat.-Nr. 33, S. 107.

18 Nicolas Tournier, *Schutzengel,* Kathedrale von Narbonne, 17. Jh. (Ausschnitt)

19 *Der Engel mit der Palette,* 1927-36, Öl auf Leinwand, 131 x 90 cm

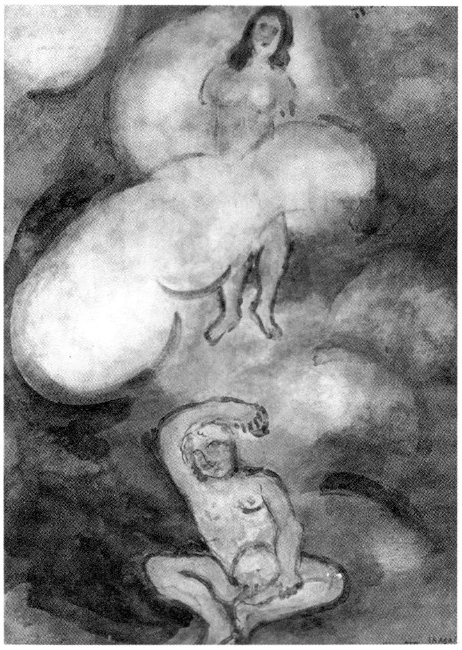

20 *Erschaffung Evas,* 1931, Gouache, 58,5x42 cm, Musée National Message Biblique Marc Chagall, Nizza

Fleischtöne der beiden neu erschaffenen Menschen (Tafel 108, Kat. 115) heben sich von einem tiefen, schwärzlichen Grün ab und markieren, wie auch die in Momenten der Verzweiflung und der Hoffnung aus nächster Nähe betrachteten Gesichter Abrahams und Moses', einen neuen Ansatz in seiner Arbeitweise.

Nach der Erschaffung Adams (Tafel 108, Kat. 115) und der *Erschaffung Evas* (Abb. 20) aus dem zweiten Kapitel der Genesis überging Chagall zwei dramatische Erzählungen, die er vor 1914 in ganz unterschiedlichen Stilen behandelt hatte – den Sündenfall[97] und *Kain und Abel*[98] – und wandte sich direkt den Bünden zu, die Gott mit den Patriarchen geschlossen hatte. Fünf Gouachen widmete er Noah; sie zeigen ihn, wie er die Taube von der Arche aussendet, um nachzusehen, ob die Fluten gesunken sind (Tafel 110, Kat. 117), und – auf dem Höhepunkt der Erzählung – den Regenbogen, das Zeichen des nach der Sintflut geschlossenen Bundes zwischen Gott und dem Menschen (Tafel 114, Kat. 121). In einer unbeschwerteren Szene stellte Chagall Noahs Trunkenheit dar (S. 251, Bibel, Blatt 5), ein Hinweis darauf, daß auch die Heiligen menschliche Schwächen zeigen.

Für Abraham, den nächsten Patriarchen, wählte er als Thema die Beschneidung, die Gott befohlen hatte, um Abraham und seine Kinder als Volk des einen Gottes auszuweisen (Tafel 118, Kat. 125). Schon in St. Petersburg hatte Chagall dieses Thema in Gemälden dargestellt (Abb. 21),[99] in dieser Gouache jedoch hob er die Falten in Saras Gesicht stark hervor, um das Wunder der so späten Geburt eines Sohnes zu betonen. Die Darstellung der drei Engel, die diese Geburt vorhersagten (Tafel 116, Kat. 123), variiert einen bekannten russischen Prototyp, die Dreifaltigkeitsikone von Andrej Rubljow.[100] Chagall unterminierte allerdings das Bildinventar, indem er die Beziehung der Engel zum Betrachter änderte; während sie auf Rubljows Ikone von vorn zu sehen sind, dreht Chagall sie um, und nur der dritte schaut Abraham ins Gesicht. Der Gehorsam Abrahams, der bereit ist, seinen einzigen Sohn Isaak zu opfern, bewegte ihn tief, und die Gouache, die Abraham auf dem Weg zur Opferstätte zeigt (Tafel 120, Kat. 127), ist eines seiner zartesten Bilder. Im Gegensatz dazu ist *Abraham beweint Sara* (Tafel 122, Kat. 129) von der Bitterkeit des Schmerzes erfüllt, verstärkt durch einen dunklen, für die Erzählungen der Genesis charakteristischen Hintergrund.

Diese dunklen Hintergründe können nicht einfach mit dem Hinweis auf die beabsichtigte Schwärze in den Radierungen abgetan werden, denn für viele Gouachen zu den Fabeln hatte Chagall leuchtende Farben verwendet, und die entsprechenden Radierungen sind dennoch oft dunkler als die für die Bibel. Der charakteristische grünlich-schwarze Farbton könnte durchaus auf Delacroix zurückgehen, den

99 Siehe auch Compton (Anm. 21), Kat.-Nr. 8, Reproduktion S. 55, Text S. 159.

100 Andrej Rubljow, *Dreifaltigkeitsikone,* um 1425, Tretjakow Galerie Moskau. »Die Dreifaltigkeit erscheint [dort] in Gestalt der drei Engel, die Abraham aufsuchten. 1425 erklärte das Konzil der Hundert Kapitel diese Darstellung zum Modell für alle künftigen Schilderungen der Dreifaltigkeit, die in der byzantinischen Kunst durchgängig in dieser Gestalt dargestellt wurde.« Philipp Schweinfurth, *Russian Icons,* Iris Books, London und New York 1953, S. 42 und Tafel IX.

21 *Die Beschneidung,* 1908, Kreide und Aquarell auf Papier, 22,5x33,3 cm, Marlborough Fine Art, (London) Ltd.

Chagall anläßlich der großen Retrospektive im Frühjahr 1930 im Louvre als »einen der Götter« bezeichnet hatte.[101] Dessen kleines, aber dramatisches *Selbstbildnis als Ravenswood* in der Sammlung des Louvre hat einen ähnlichen grünen Hintergrund,[102] und die neue Palette mit terrakottafarbenen, blauen, gelben wie auch grünen Tönen, die Chagall für die Gouachen zur Bibel aufgriff, entspricht den Farben Delacroix' weit mehr als den Grundfarben der Gouachen zu den *Fabeln*. Ein Stilleben im Vordergrund von Delacroix' *Jakob im Kampf mit dem Engel* in der Pariser Kirche St. Sulpice zeigt den Zusammenhang besonders deutlich.[103] Viele Gouachen zur Bibel erinnern an Delacroix, an dessen Kunst, Szenen voller Dramatik zu komponieren, doch auch hier gelang es Chagall mit großem Geschick, seine Quellen umzugestalten. Er sah gleichsam die nachfolgenden Bewegungen der Figuren; Delacroix' Jakob im Kampf mit seinem himmlischen Gegner stellte er zum Beispiel in der Schlußposition dar, als der Engel Jakob zu Boden stößt. Man darf die Verwandtschaft allerdings nicht überinterpretieren, denn Chagall gab den Figuren in seiner Radierung *Jakobs Kampf mit dem Engel* (S. 253, Bibel, Blatt 16) völlig andere Gesichtszüge. Dennoch ähnelt unter anderem das Gesicht der Rebecca (Tafel 155, Kat. 162) eher den Gesichtern in Delacroix' *Frauen von Algier* als denen in Chagalls eigenem früheren Werk.[104] Als er das Gemälde des Franzosen zusammen mit den dazugehörigen Skizzen und Entwürfen im Louvre sah, wird er auch die besondere Eigenart des nordafrikanischen Lichtes bemerkt haben, das so viele Werke Delacroix' durchdringt.

Im Jahre 1931 nahm Chagall die Gelegenheit wahr, mit seiner Familie in den Nahen Osten zu reisen, und zwar auf Einladung des Bürgermeisters von Tel Aviv, Meir Dizengoff, der für seine Stadt ein Museum plante. Im Januar hatte Chagall Dizengoff einen begeisterten Brief geschrieben, in dem er die Idee eines Museums für jüdische Kunst unterstützte, »das dazu beitragen könnte, das Ansehen der Juden in der Welt zu verbessern«.[105] Es muß eine ungewöhnliche Reise gewesen sein, denn seine Reisebegleiter waren der zionistische Dichter Bialik, der aus Paris zurückkehrte, und der überaus produktive Autor Edmond Fleg.

Fleg, ein französischsprachiger Jude, mußte in Palästina in Hotels absteigen, weil er Schwierigkeiten hatte, sich zu verständigen. In seinem Buch über die Reise, das er im darauffolgenden Jahr schrieb, bemerkte er, er habe Chagall beneidet, weil dieser Russisch und Jiddisch sprach und deshalb in Jerusalem »bei einem Künstler [leben konnte], mit dem man ihn bekannt gemacht hatte. Er erfreute sich einer Terrasse, die ihm einen Ausblick auf Kuppeldächer bot, eines Ateliers und eines Speisezimmers, das mit byzantinischen Bildern dekoriert war. Wenn er abends ausging, wurde er überall willkommen geheißen.«[106]

Wie es scheint, begegnete Fleg der Vergangenheit und Gegenwart Jerusalems mit sehr viel heftigeren Empfindungen als Chagall. In der Beschreibung seines Besuchs der Klagemauer zitiert Fleg den Thomas-Cook-Reiseführer, aus dem der Tourist erfuhr: »›Das ist die westliche Mauer, im Hebräischen *Kothel Maarabi*, wo Juden die Zerstörung ihres Tempels beklagen. Die Steinblöcke der ersten Schicht sind fünf mal vier Meter groß; darüber folgen fünfzehn weitere Schichten ...‹« Dieser nüchternen Beschreibung stellte er seine eigene bewegende Rückschau auf die Geschichte gegenüber, die mit den folgenden Worten endete: »Unterdessen hören die Juden nicht auf zu klagen: ›Um den zerstörten Palast weinen wir; um den niedergerissenen Schutzwall weinen wir.‹ Und ich spürte, wie es mir kalt den Rücken hinunterlief.«[107] Zweifellos scheint in Flegs Vision die eindringliche Schilderung der Zerstörung des Zweiten Tempels im Jahre 70 nach Christus durch, die Bialik zu Beginn eines seiner berühmtesten (und am häufigsten übersetzten) Gedichte gegeben hatte, ›Die Flammenrolle‹: »Die ganze Nacht wallten lohende Meere und züngelten Flammen über dem Berge des Hauses. Sterne splitterten herab von dem schwelenden Himmel und Gluten um Gluten fielen schmelzend zur Erde.«[108] Chagall war mit Bialiks Gedicht, das zuerst 1905 in Rußland veröffentlicht worden war, wahrscheinlich noch vertrauter als Fleg. Und dennoch ist sein Ölgemälde *Die Klagemauer* (Tafel 104, Kat. 111) sonderbar frei von heftigen Emotionen, wenngleich sogar diese augenscheinlich realistische Darstellung subjektiv anmutet, vergleicht man sie mit der Photographie, die Fleg veröffentlichte (Abb. 22).

101 ›En marge d'une exposition, Delacroix et nos peintres‹, *L'Intransigeant*, 9. Juni 1930, S. 6.

102 Eugène Delacroix, *Selbstbildnis als Ravenswood*, um 1824, Musée du Louvre, Paris; reproduziert in Phoebe Pool, *Delacroix*, London 1969, Tafel 3.

103 E. Delacroix, *Jakob imKampf mit dem Engel*, 1854-61, Kapelle der Heiligen Engel, St. Sulpice, Paris. Detailproduktion in Farbe in: Lee Johnson, *Delacroix*, London 1963, Tafel 67, S. 108; siehe auch Tafel 60, S. 97 und Tafel 68, S. 109.

104 E. Delacroix, *Die Frauen von Algier*, 1834, Musée du Louvre, Paris; ebenda, Tafel 24-26, S. 43 f.; Studie, Tafel 23, S. 42.

105 Ein Bericht über Chagalls Engagement für das Museum in Tel Aviv findet sich im Tami Katz-Frieman, ›Founding the Tel Aviv Museum 1930-1936‹, *The Tel Aviv Museum Annual Review* 1/1982, S. 25-29.

106 Edmond Fleg, *Ma Palestine*, Paris 1932, S. 203 f.

107 Ebenda, S. 91.

108 Chaim Nachman Bialik, *Ausgewählte Gedichte*, Deutsche Übertragung von Ernst Müller, Wien und Leipzig 1922, S. 156.

Fleg beschrieb, wie er Chagall eines Tages in der Nähe von Jerusalem begegnete: »Er stand vor seiner Staffelei, zwischen seiner Frau und seiner Tochter, denn dieser Bohemien des Gettos malt immer inmitten seiner Familie. Auf dem Schiff hatte er mir immer wieder mit seinem boshaften Lächeln erzählt: ›Ich bin ein kleiner Jude aus Witebsk. Alles, was ich male, alles, was ich tue, alles, was ich bin, ist nur der kleine Jude aus Witebsk. Was soll ich also in Palästina?‹ Und dann zeigte er mit dem Pinsel auf den Kaktus, die Türme und Kuppeln, auf die ganze Pracht Jerusalems, und schrie: ›Es ist vorbei mit Witebsk!‹« Im Rückblick gab Fleg dazu seinen eigenen scharfsichtigen Kommentar: »Mein lieber Chagall, ich kenne Ihr Gemüt; ich weiß, in Ihnen und Ihrer Malerei wird immer etwas von Witebsk sein. Doch auch wenn wir noch so gute Zionisten werden, werden wir jemals, auch nur im Scherz, sagen können: ›Es ist vorbei mit Paris?‹«[109]

Weder Fleg noch Chagall wären wohl jemals Zionisten geworden, doch wieder einmal dachte Fleg wahrscheinlich an Bialik, der mittlerweile als Poeta laureatus Palästinas anerkannt war. Als Chagall und Bialik einander in Berlin begegnet waren,[110] wollte es der Zufall, daß die Veröffentlichung der Radierungen zu *Mein Leben* mit der des ersten Kapitels der Autobiographie Bialiks zusammenfiel,[111] und als sie sich 1931 trafen, erschien unmittelbar darauf Chagalls Autobiographie. Zwar waren beide in Rußland geboren, und beider Eltern waren Chassidim, doch Chagalls Erinnerungen an seine Kindheit inmitten einer großen Familie unterschieden sich zutiefst von denen Bialiks, der als Waise aufgewachsen war. Chagalls *Mein Leben* strotzt vor detailliert erzählten alltäglichen Ereignissen, während Bialik seine allgemein gehaltenen Kindheitserinnerungen mit Andeutungen des Göttlichen betrachtete, das ihm hatte helfen sollen, sein Gefühl der Verlassenheit zu überwinden: »Jeder Stein und Kiesel, jeder Holzsplitter war ein unentzifferbarer Text, und in jedem Loch und jedem Graben lauerten ewige Geheimnisse.«[112]

In anderen Passagen findet sich – wie auch oft in seiner Lyrik – der Widerhall biblischer Texte, und diese private Seite Bialiks wird Chagall angesprochen haben; er hatte auf dieser Reise Gelegenheit genug, seine Freundschaft mit Bialik zu erneuern. Auf dem Schiff diskutierten sie zweifellos über Kunst, besonders über die Probleme der jüdischen Kunst (denn Bialik war Ehrenpräsident des vorläufigen Ausschusses für das Museum in Tel Aviv), und es ist mit einiger Sicherheit anzunehmen, daß diese Begegnung Chagalls weiteres Schaffen beeinflußt hat, nicht nur die Illustrationen zur *Bibel,* sondern auch seine Themenwahl in den dreißiger Jahren. Der plötzliche Tod Bialiks im Jahre 1934 könnte mit ein Anstoß für die ungewöhnliche Komposition *Einsamkeit* gewesen sein (siehe Tafel 152, Kat. 159).[113] Zwanzig Jahre später übergab Chagall dieses Bild, das eine ernste Gestalt zeigt, die vor einer russischen Stadt auf einem Feld sitzt und dort wie fehl am Platze wirkt, dem Museum in Tel Aviv. Dort mag

109 Fleg (Anm. 106) S. 142.
110 Siehe oben, S. 16.
111 Chaim Bialik, *Sefiach* (Nachernte), Berlin 1923. Bialik hatte seit Beginn des Jahrhunderts an seiner Autobiographie geschrieben. Die Kapitel 2-8 waren schon einmal 1908, die Kapitel 9-15 im Jahre 1919 veröffentlicht worden.
112 Zitiert nach David Aberbach, *Bialik*, London 1988, S. 91 f.
113 Chaim Bialik starb am 4. Juli 1934 in Wien an einem Herzanfall.

22 Die Klagemauer, Photo aus: Edmond Fleg, *The Land of Promise,* New York 1933

es den Betrachter nicht nur an Chagalls Aufenthalt in Palästina erinnern, sondern auch an die Bedeutung der russischen Geschichte für die Entwicklung des Zionismus.[114] Wären die Juden nicht verfolgt worden, hätten weder Bialik noch gar Chagall das Land Israel, die ursprüngliche Heimat ihres Volkes, zum Ideal erhoben.

Im großen und ganzen spielte Chagall seine eigenen Pogromerfahrungen herunter, und die Erinnerungen an seine frühen Jahre verhalfen ihm zu einer glücklichen und positiven Haltung seiner Arbeit gegenüber. In Palästina malte er das *Innere einer Synagoge in Safed* (Tafel 106, Kat. 113), durchstrahlt von einem Licht, das nicht nur von der Sonne herrührt, sondern von der Heiligkeit eines Ortes, der aufs engste mit seiner chassidischen Herkunft verbunden war. Die Chassidim hatten Schöpfungstheorien übernommen und weiterentwickelt, die der große jüdische Gelehrte Isaak Luria im 16. Jahrhundert in Safed aufgestellt hatte.[115] Die dunklen Hintergrundfarben in den Gouachen zur Schöpfungsgeschichte, die oben mit Delacroix in Verbindung gebracht wurden, können darüber hinaus auch auf die Vorstellungen der Chassidim von der Schöpfung zurückgeführt werden, die von einem Autor, der *Marc Chagalls Welt* beschrieben hat, eindrucksvoll zusammengefaßt wurden:

»Sie stellten sich Gottes ursprüngliche Schöpfungstat... einfach als ein Abnehmen seines Lichtes in gewissen Gebieten [vor], und zwar teilweise zu dem Zweck, das Licht an die Leidensfähigkeit seiner Geschöpfe anzugleichen. ›Heilige Funken‹ lagen also immer noch in jedem Teil der Natur, seien es organische oder anorganische Elemente, und in jedem Menschen, sei er gut oder schlecht. Das Böse in der Welt ist lediglich ein niederer Grad des Guten, und es gibt keine echte Scheidung zwischen dem Heiligen und dem Profanen... Und schließlich hatte jeder Mensch auch schon vor Erscheinen des Messias an der Erlösung der Welt mitzuwirken, denn immer, wenn er etwas heilig benützte – wenn er zum Beispiel ehrlich damit arbeitete... weihte er es und hob es näher ans Licht Gottes; in der kabbalistischen Ausdrucksweise ›ließ er Funken aufsteigen‹«.[116]

Zeit seines Lebens hatte es Chagall immer eilig, Äußerungen über seine Person oder seine Herkunft, mit denen er nicht einverstanden war, zu dementieren oder gar zu unterdrücken, und da er den Druck dieses Textes gestattete, darf man diesen Einsichten in seinen Glauben und seine Haltung zu seinem Werk sicher Vertrauen schenken.

Obwohl Chagall viele Anregungen für seine Illustrationen zur *Bibel* in Palästina gefunden hatte, hinderte ihn dies nicht daran, sich nach seiner Rückkehr nach Paris weitere Inspirationsquellen in der europäischen Kunstgeschichte zu erschließen. Seine Bewunderung für Rembrandt – der bekanntlich einen Zyklus von Radierungen zur Bibel geschaffen hat – hatte er nie verhehlt, und im März 1932 besuchte er Rembrandts Haus in Amsterdam, worüber er später in der Zeitung *L'Intransigeant* berichtete.[117] Tief beeindruckt war er auch deshalb, weil das Haus in den dreißiger Jahren in einem noch intakten jüdischen Viertel lag:

»Gegenüber... verkauften hünenhafte Händler Fisch, Hühner, wie in den Bildern der alten Meister... Rembrandt brauchte nur auf die Straße zu gehen, um sich den ersten Juden, der ihm entgegenkam, als Modell zu sichern. König Saul, die Propheten, die Händler, die Bettler, sie alle sind die gleichen Juden, seine Nachbarn.«[118]

Einigen Kommentatoren zufolge wären die monumentalen Patriarchendarstellungen Chagalls ohne Rembrandts Einfluß gar nicht denkbar, seine Interpretationen jedoch lassen Ähnlichkeiten im eigentlichen Sinne kaum erkennen. Kurz nach seiner Rückkehr aus Amsterdam erzählte er jedenfalls dem Schriftsteller Pierre Courthion, sein Meister und geistiger Führer sei nach wie vor Rembrandt.[119]

In ein oder zwei figürlichen Kompositionen zur Bibel ist eine Spur eines weiteren, unerwarteten Vorbilds zu erkennen. Insbesondere *Mirjam tanzt* (Tafel 140, Kat. 147) erinnert an Tänzergruppen, die Natalia Gontscharowa für Strawinskys Ballett *Les Noces* gezeichnet hatte, das Bronislava Nijinska 1924 für Diaghilews ›Ballets russes‹ inszeniert hatte.[120] Die Verbindung kam 1932 zustande, als die Nijinska, die jetzt ihre eigene Truppe hatte, Chagall bat, die Bühnenausstattung für das Ballett *Beethoven-Variationen* zu entwerfen, das auf drei Teile angelegt war, die der französischen Revolution, der russischen Revolution und Griechenland gewidmet sein sollten. Chagall

114 Siehe dazu Aberbach (Anm. 112), S. 33-36.
115 Isaak ben Salomon Luria, Jerusalem 1534 - Safed 1572.
116 Izis Bidermanas, Photographien, Roy McMullen, Text, *Marc Chagalls Welt*, Stuttgart 1968, S. 65 und 72.
117 Marc Chagall, ›Voyage en Hollande‹, *L'Intransigeant*, 3. Mai 1932, S. 6.
118 Ebenda.
119 Pierre Courthion, ›Impromptus Marc Chagall‹, *Les Nouvelles Littéraires*, 30. April 1932, S. 7.
120 Eine Reihe dieser Zeichnungen befindet sich im Besitz des Victoria and Albert Museum in London, siehe Larissa Salmina-Haskell, *Catalogue of Russian Drawings*, London (Victoria and Albert Museum) 1972, Tafel XXII-XXIV. Zu Bronislava Nijinska siehe Arnold Haskell, *Ballet*, Pelican Special, Harmondsworth 1938, S. 99.

23 *Die Revolution,* 1937, Öl auf Leinwand, 50x100cm, Slg. des Künstlers

fertigte mehrere aquarellierte Skizzen von Bühnen- und Kostümentwürfen »in zarten, hellen Tönen. Kühles, wässeriges Blau, lichtes Grau und delikates Karmin herrschen vor.«[121] Für die Inszenierung wurden sie nicht verwendet,[122] doch sie müssen sein Interesse an grandioseren Themen neu geweckt und ihn an seine großformatigen Arbeiten erinnert haben, die in Moskau entstanden waren. Zum ersten Mal seit 1920, seit den Arbeiten für das Jüdische Staatstheater, nahm er in den folgenden Jahren wieder größere Ölgemälde in Angriff. Insbesondere inspirierten ihn die Bühnenentwürfe zu einer detaillierteren Würdigung der russischen Revolution, an die er in traditioneller Manier heranging, mit mehreren Kompositionsstudien einschließlich einer großen Ölskizze (Abb. 23). Er brachte jedoch dieses Gemälde nicht zu Ende und zerschnitt schließlich die große Version. In einer Zeit, in der der Kommunismus unter den französischen Künstlern und Intellektuellen so viele Anhänger hatte, war es eine kühne Idee, Lenin als Akrobaten darzustellen, der in der Mitte einer Zirkusarena einen Handstand macht. Chagall wird mit gemischten Gefühlen an diesem Bild gearbeitet haben, denn als er sich zum ersten Mal um die französische Staatsbürgerschaft bewarb, wurde sie ihm mit der Begründung verweigert, er habe unter Lenin das Amt eines Kommissars bekleidet; eingebürgert wurde er erst 1937.

Daß die Bildformate größer wurden, zeugt auch von Gefühlen der Reife – nicht zuletzt hervorgerufen durch die große Retrospektive, die 1933 in Basel veranstaltet worden war. Eine Photographie, die in seinem Pariser Atelier aufgenommen wurde, kurz nachdem die Bilder aus der Schweiz zurückgekommen waren, zeigt ihn vor einem großen Gemälde, das er im Salon des Indépendants zeigen wollte.[123] Es handelte sich dabei um die zweite Version des Bildes *Der Engelssturz,* das er 1947 erneut überarbeiten sollte.

Nachdem er einige Jahre in einem Vorort von Paris gelebt hatte, ließ er sich 1936 wieder in der Stadt nieder, in der Nähe des Trocadéro und der neuen Bauten für die Weltausstellung von 1937. Die meiste Zeit des Jahres 1937 verbrachte er auf Reisen, schrieb jedoch eilig aus Südfrankreich einen Brief an den Organisator einer großen Ausstellung mit dem Titel ›Maîtres de l'Art Indépendant‹, um sicherzustellen, daß er mit seinen Arbeiten dort angemessen vertreten war und seine Bilder gut präsentiert wurden. Siebzehn Arbeiten Chagalls wurden schließlich von Privatsammlungen für diese Ausstellung zur Verfügung gestellt, die den Veranstaltern große Probleme bereitete; aufgrund allgemein geäußerter Unzufriedenheit wurden zwischen der Presseführung und der eigentlichen Ausstellungseröffnung viele der insgesamt fünfzehnhundert Arbeiten ausgewechselt.[124] Im gleichen Sommer wurden vier weitere Bilder Chagalls in einer ehrgeizigen Ausstellung im Musée du Jeu de Paume gezeigt, die den Ursprüngen und Entwicklungen der unabhängigen internationalen Kunst gewidmet war. Fauvismus, Kubismus, Abstraktion und Surrealismus waren ebenso in diese Übersicht einbezogen wie afrikanische und ozeanische Bildhauerei;[125] Chagall wurde also als eine der Schlüsselfiguren der Kunst des 20. Jahrhunderts anerkannt.

121 Siehe Meyer (Anm. 14), S. 398.

122 Auf einer dieser Skizzen beruhte offensichtlich ein Bühnenbild von Georges Annenkov, der Chagall als Bühnenbildgestalter ablöste. Chagalls Skizze ist reproduziert in Meyer (Anm. 14), Bildkatalog Nr. 611. Annenkovs Bühnenbilder für Nijinskas *Beethoven Variationen,* 1932, sind reproduziert in Cyril W. Beaumont, *Ballet Design Past & Present,* London 1946, S. 122 f.

123 ›Chagall devant la toile qu'il vient d'achever pour le Salon des Indépendants‹, siehe Raymond Cogniat, ›Visite d'Atelier, Marc Chagall‹, *Beaux-Arts,* 26. Januar 1934.

124 Bernadette Contensou, ›Autour de l'exposition des Maîtres de l'art indépendant en 1937‹, *Paris 1937, L'Art indépendant,* Paris Musées, 1987, S. 11-18.

125 Siehe Michel Hoog, ›Origine et développement de l'art international indépendant‹, ebenda, S. 28.

24 *Komposition*, 1934, überarbeitet 1935, aus: *Cahiers d'art* 10, 1935, Nr. 1-4

Dennoch ließ sich sein Werk in keine dieser Richtungen einordnen; vor allem seine großformatigen Gemälde müssen in den dreißiger Jahren anachronistisch gewirkt haben. Auch veränderte er seine Bilder immer wieder, so zum Beispiel *Komposition*, 1934 (Abb. 24) – ein Gemälde, das ihn heute als einen Vorläufer der Postmoderne erscheinen lassen mag. Diese Klassifizierung muß sich jedoch wegen der großen Zahl später veränderter Bilder vor allem auf zeitgenössische Photographien stützen. *Komposition* beispielsweise schnitt er 1945 entzwei; aus dem einen Teil wurde *Autour d'elle* (Paris, Musée national d'art moderne, Centre Georges Pompidou), aus dem anderen *Lichter der Hochzeit* (Tafel 159, Kat. 166).

Bezeichnenderweise wurden in einem Buch über die französische Malerei des 20. Jahrhunderts, das der Direktor des Petit Palais 1937 veröffentlichte, Chagall, Modigliani und Pascin nicht wie üblich der École de Paris zugerechnet, sondern als ›École Juive‹ zusammengefaßt.[126] Da Modigliani und Pascin 1920 bzw. 1930 gestorben waren, war Chagall der einzige lebende Repräsentant einer Gruppe, die sicherlich um viele Namen hätte erweitert werden können.[127] Daß er sich mit dieser Gruppenbezeichnung einverstanden erklärte, rührte zweifellos daher, daß ihm die ständig steigende Gefahr, der sein Volk sich gegenübersah, immer deutlicher bewußt wurde. Sein Freund Maritain hatte sich inzwischen leidenschaftlich gegen den Antisemitismus geäußert;[128] die Informationen zur Lage der Juden in Polen hatte er wahrscheinlich von Chagall erhalten, der zu seinem Entsetzen miterlebt hatte, wie respektlos jüdische Gelehrte in Wilna behandelt wurden, wo er 1935 an der Eröffnung des Jiddischen Instituts teilgenommen hatte. Dieser Aufenthalt ließ die Erinnerungen an Witebsk wieder aufleben, das jenseits der Grenze in quälender Nähe lag, in einem Land, das den Juden jegliches Recht auf Ausübung ihrer Religion abgesprochen hatte. Schon 1938 hatte Maritain schreiben können: »Unsere Ohren können den unermeßlichen Schrei, der aus den deutschen und auch aus den russischen Konzentrationslagern empordringt, nicht wahrnehmen, doch er durchdringt die geheimen Fasern des Lebens der Welt, und sein unsichtbares Vibrieren zerreißt sie.«[129] Vor diesem Hintergrund müssen Chagalls große Arbeiten aus den späten dreißiger Jahren gesehen werden, insbesondere die kraftvoll tragische *Weiße Kreuzigung*.

Chagall ließ sich jedoch von den politischen Ereignissen nicht lähmen: Wie üblich zog er sich regelmäßig von den Ablenkungen der Pariser Kunstszene zurück und arbeitete an der Aufgabe, die ihm bis 1939 ein regelmäßiges Einkommen sicherte, den *Bibel*-Radierungen. Fünfzehn entstanden 1937 in der Toskana, und später erinnerte er sich: »In Italien fand ich den Frieden der Museen, doch erhellt von einer Sonne, die Leben verkündet.«[130] Im unsicheren politischen Klima der Jahre 1938 und 1939 verließ er Frankreich nicht, sondern verbrachte die Sommermonate auf dem Lande südlich von Orléans. Obwohl inzwischen der Krieg ausgebrochen war, hatte

126 Raymond Escholier, *La Peinture française: XXième siècle*, Paris 1937; zitiert in Catherine Amidon-Kayoun, ›Raymond Escholier, ses écrits, et l'exposition du Petit-Palais‹, ebenda S. 29-34.

127 Kenneth Silver und Romy Golan (Anm. 92) nennen Sonia Delaunay, Louis Marcoussis, Chaim Soutine und andere.

128 Jacques Maritain, ›L'Impossible Antisémitisme‹, *Les Juifs*, Paris 1937.

129 Jacques Maritain, *Antisemitism*, London 1939, S. 56.

130 Aus Chagalls Vortrag ›Quelques impressions sur la peinture française‹, den er 1943 am Holyoke College (USA) hielt; veröffentlicht in *Renaissance*, II & III, New York 1945; dieses Zitat auf S. 52.

er den Mut, anläßlich einer größeren Ausstellung seiner Werke im Mai 1940 nach Paris zurückzukehren. Auf Photographien, die diese Ausstellung dokumentieren,[131] ragen unter kleineren, nicht identifizierbaren Bildern die monumentalen Gemälde *Die weiße Kreuzigung* (Abb. 25) und *Das Brautpaar mit dem Eiffelturm* hervor; in der Nähe hängen *Die Zeit hat keine Ufer* (Tafel 158, Kat. 165) und der magische *Sommernachtstraum* (Tafel 156, Kat. 163), Bilder, in denen sich seine Phantasie in all ihrer poetischen Fülle offenbart.

Chagalls zu Beginn dieses Essays zitierte Antwort auf die Frage nach der wichtigsten Begegnung in seinem Leben war 1933 unter Man Rays Darstellung der »zufälligen Begegnung einer Nähmaschine und eines Regenschirms auf einem Seziertisch«, wie der Dichter Lautréamont die Schönheit definiert hatte,[132] abgedruckt worden. Derartige Zusammenstellungen – Speise und Trank der Surrealisten – konnten Chagall nicht zufriedenstellen. Es kann nicht überraschen, daß ihm, dem russischen Juden aus Witebsk, der in den zwanziger Jahren Klassiker der russischen und französischen Literatur und in den dreißiger Jahren einen großen Teil der Bibel illustriert hatte, die Possen der Surrealisten zu kopflastig waren. Sein eigenes Werk war immerhin von Apollinaire als »übernatürlich« bezeichnet worden – ein bedeutungstieferer Begriff als ›surreal‹. Chagall hätte sich nie damit zufriedengeben können, in seinem Unbewußten herumzufischen oder aus dem Stegreif Zeichen auf die Leinwand zu malen. Die Begegnungen auf seinen Bildern sind nie zufällig: Der Fisch und die Uhr in *Die Zeit hat keine Ufer* stehen zum Beispiel für seinen Vater, der mit Heringen gehandelt hatte, und für seinen Schwiegervater, der zwei Uhrenläden besaß. Magisch miteinander verbunden schweben sie über dem jungen Liebespaar – Bella und ihm selbst – am Flußufer in Witebsk. Seine Begegnung mit der Welt, wie sie in *Mein Leben* beschrieben ist, hatte – wie er 1932 nachdrücklich betonte – nichts mit Memoiren zu tun; er war dem Bedürfnis gefolgt, gewisse Begebenheiten »in ihrer *Tonalität* [sic], unter den verschiedenen Erleuchtungen des Gedächtnisses« zu erzählen. Er fuhr fort mit Worten, in denen die heikle Balance seiner zwischen Traum und Wirklichkeit schwebenden Kreativität Ausdruck fand: »Ich kann zwischen dem Buch und meinen Bildern keinen Unterschied machen... Es ist alles von Chagall... Sehen Sie, wichtig ist nicht, alles zu wissen, sondern im engsten Kontakt zum Leben zu stehen, sich nicht zornerfüllt dem täglichen Gang der Dinge zu widersetzen – der Dinge, die oft die bewegendsten sind.«[133]

131 ›Les expositions‹, *Cahiers d'art,* 15, 1940, Nr. 1-2, S. 33-36.
132 *Minotaure* (Anm. 1), S. 101.
133 Pierre Courthion, ›Impromptus Marc Chagall‹, *Les Nouvelles Littéraires,* 30. April 1932, S. 7.

25 *Die weiße Kreuzigung,* 1938, in der Ausstellung *Marc Chagall, Œuvres récentes,* Galerie Mai, Paris. Photo aus: *Cahiers d'art* 15, 1940, Nr. 1-2

Tafeln

1 **Der Vater,** Mein Leben, Blatt 1. *Kat. 2*

2 **Mein Dorf**, 1923-24. *Kat. 3*

3 **Die Großmutter,** Mein Leben, Blatt 4. *Kat. 4*

4 **Essender Bauer,** um 1913. *Kat. 5*

5 **Speisezimmer,** Mein Leben, Blatt 10. *Kat. 6*

6 **Im Gefängnis,** 1914-15. *Kat. 7*

7 **Mutter und Sohn,** Mein Leben, Blatt 2. *Kat. 8*

8 **Der Stubenwagen,** Wandbildentwurf, 1916-17. *Kat. 9*

9 **Hochzeit,** Mein Leben, Blatt 16. *Kat. 10*

10 **Purim,** Wandbildentwurf, 1916-17. *Kat. 11*

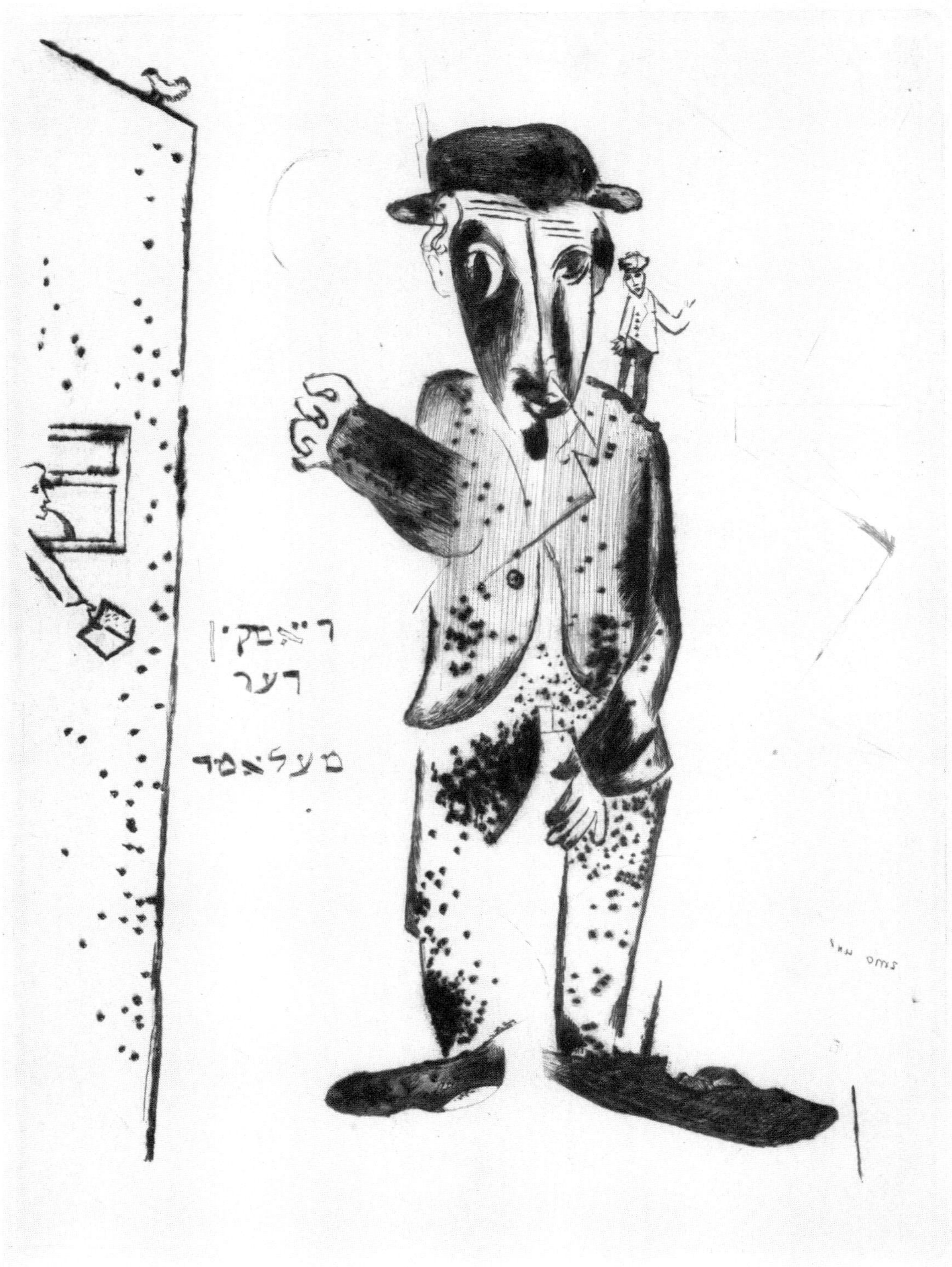

11 **Der Talmudlehrer,** Mein Leben, Blatt 9. *Kat. 12*

12 **Die Synagoge**, 1917. *Kat. 13*

13 **Haus in Witebsk,** Mein Leben, Blatt 11. *Kat. 14*

14 **Das rote Tor,** 1917. *Kat. 15*

15 **Die Großväter,** Mein Leben, Blatt 3. *Kat. 16*

16 **Erinnerung,** um 1918. *Kat. 17*

17 **Haus in Peskowatik,** Mein Leben, Blatt 8. *Kat. 18*

18 **Die roten Häuschen,** 1922. *Kat. 19*

19 **Pokrowskaja in Witebsk,** Mein Leben, Blatt 5. *Kat. 20*

20 **Blaue Kuh vor weißem Haus,** um 1923-26. *Kat. 21*

21 **Grab des Vaters,** Mein Leben, Blatt 20. *Kat. 22*

22 **Im Schnee**, 1922/um 1930. *Kat. 23*

23 **Die Erscheinung 1**, 1924-25. *Kat. 27*

24 **Die Erscheinung,** 1924-25/um 1937. *Kat. 28*

25 **Der Futtertrog,** 1924. *Kat. 29*

26 **Das trinkende Schwein,** um 1925. *Kat. 30*

27 **Das Gasthaus,** Gogol, Blatt 20. *Kat. 31*

28 **Die Taverne (Traktir),** 1923-24. *Kat.* 32

29 **Das Erklären des Weges,** Gogol, Blatt 19. *Kat. 33*

30 Montchauvet, 1925. *Kat. 34*

31 **Der Hühnerhof,** Gogol, Blatt 17. *Kat.* 35

32 **Mutterschaft**, 1925. *Kat. 36*

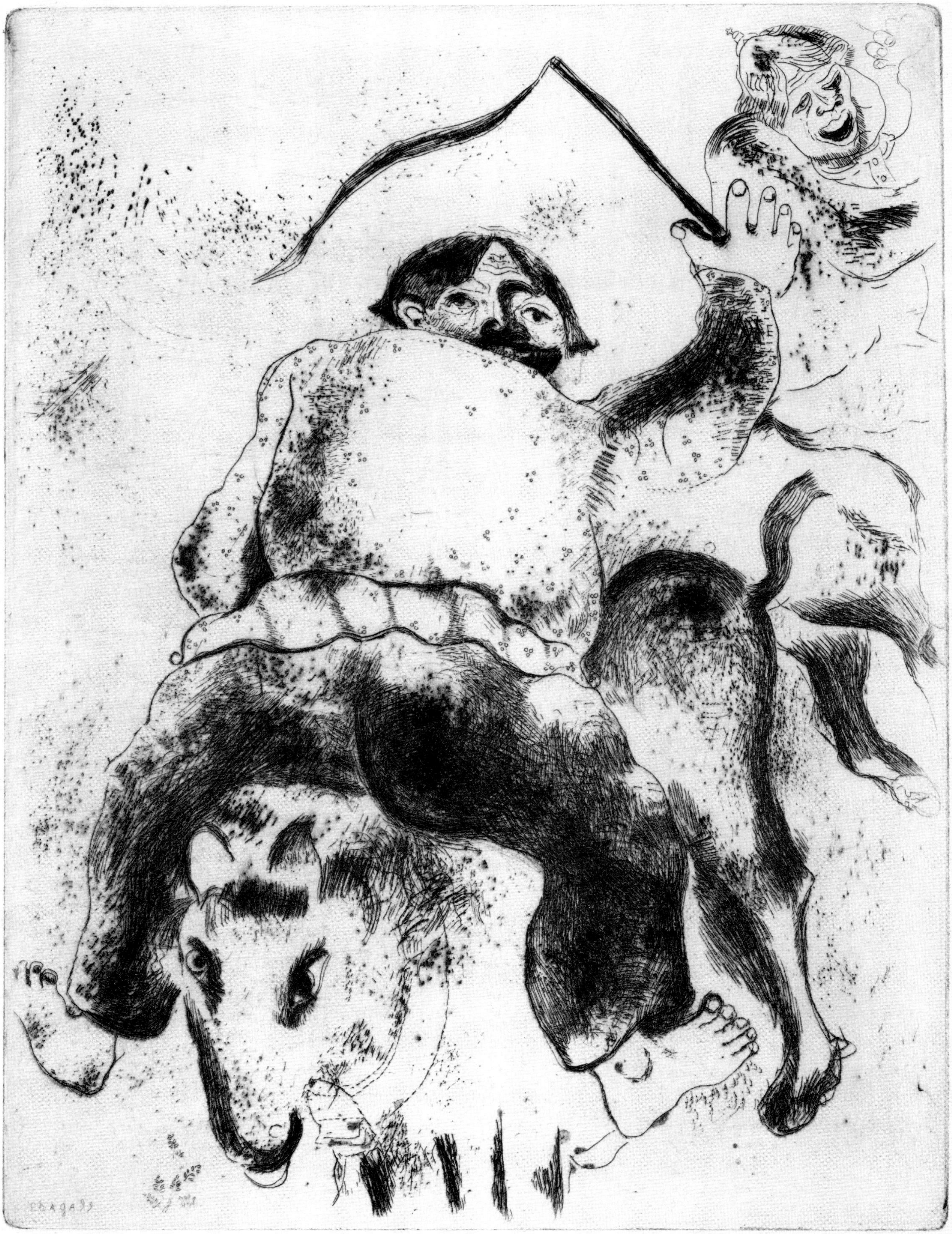

33 **Vater Mitjai und Vater Minjai,** Gogol, Blatt 29. *Kat. 37*

34 **Die Kuh,** 1926. *Kat. 38*

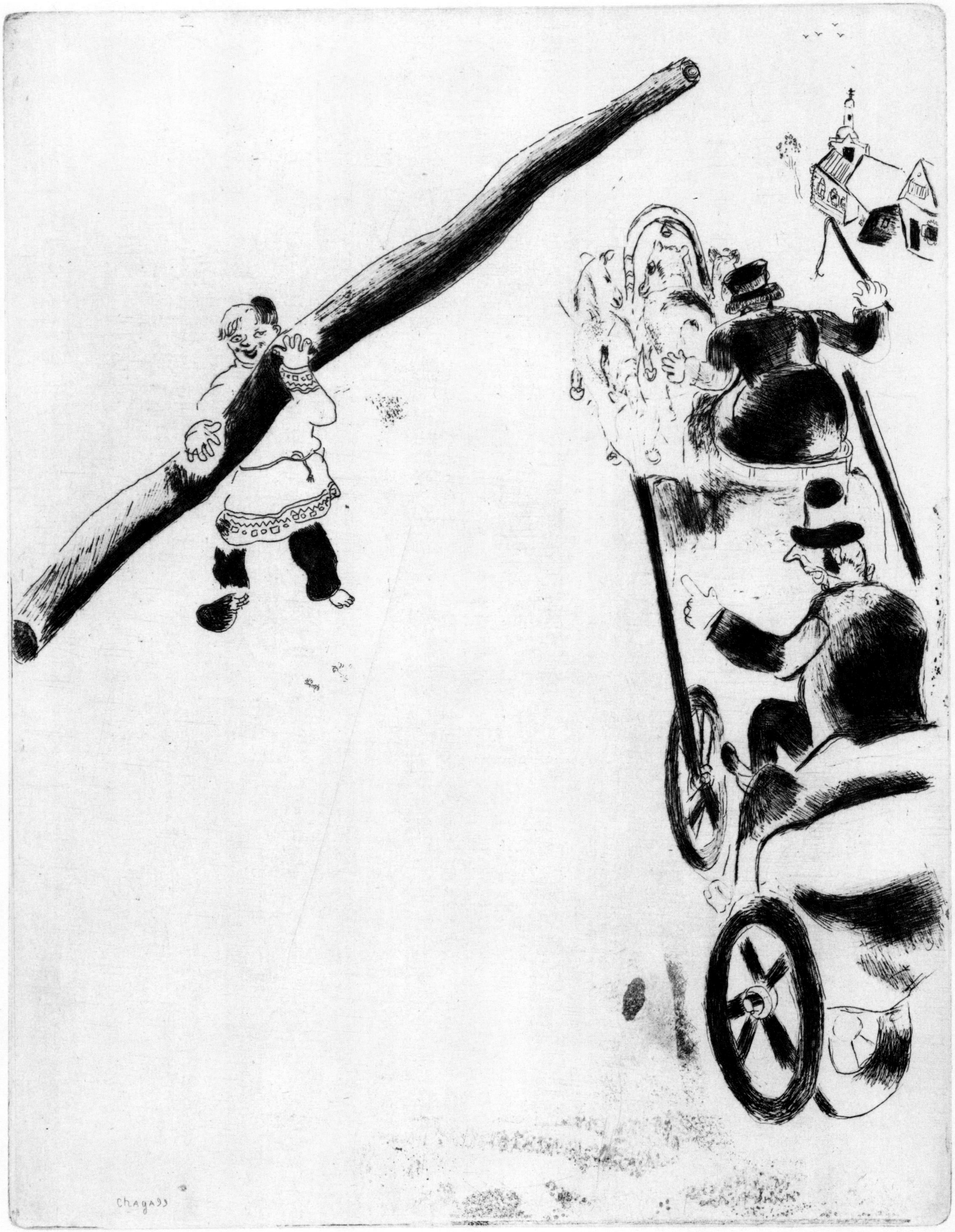

35 **Begegnung mit einem Bauern,** Gogol, Blatt 37/4. *Kat. 39*

36 **Die Ziege auf den Schultern,** 1926-27. *Kat. 40*

37 **Auflauf der Bauern,** Gogol, Blatt 28. *Kat. 41*

38 **Französisches Dorf,** um 1926. *Kat. 42*

39 **Proschka,** Gogol, Blatt 43. *Kat. 43*

40 **Hôtel de la Poste,** 1926. *Kat. 44*

41 **Sabakowitsch beim Sessel,** Gogol, Blatt 37/2. *Kat.45*

42 **Die Kirche,** 1926. *Kat. 46*

43 **Tschitschikow und Sabakowitsch reden über Geschäfte,** Gogol, Blatt 37. *Kat. 47*

44 **Die Lektüre,** 1925. *Kat. 48*

45 **Sabakowitsch,** Gogol, Blatt 32. *Kat. 49*

46 **Der Geigenspieler,** 1926. *Kat. 50*

47 **Das Haus Sabakowitschs,** Gogol, Blatt 31. *Kat. 51*

48 **Der Geigenspieler,** 1926-27. *Kat.* 52

49 **Pluschkins alter Park,** Gogol, Blatt 39. *Kat. 53*

50 **Das Liebespaar mit dem Halbmond,** um 1926-27. *Kat. 54*

51 **Der Kutscher Selizhan,** Gogol, Blatt 6. *Kat.* 55

52 **Der Traum,** 1927. *Kat. 56*

53 **Die Troika am Abend,** Gogol, Blatt 85. *Kat.* 57

54 **Dorffest**, 1929. *Kat. 58*

55 **Der durch einen Pfeil verwundete Vogel,** La Fontaine, Blatt 15. *Kat. 60*

56 **Der durch einen Pfeil verwundete Vogel,** um 1927. *Kat. 61*

57 **Die in eine Frau verwandelte Katze,** La Fontaine, Blatt 25. *Kat. 62*

58 **Die in eine Frau verwandelte Katze,** um 1928-31/1937. *Kat. 63*

59 **Der Trunkenbold und seine Frau,** La Fontaine, Blatt 33. *Kat. 64*

60 **Der Trunkenbold und seine Frau,** um 1926-27. *Kat. 65*

61 **Der Wolf, die Mutter und das Kind,** La Fontaine, Blatt 48. *Kat. 66*

62 **Der Wolf, die Mutter und das Kind,** 1926. *Kat. 67*

63 **Der Satyr und der Wanderer,** La Fontaine, Blatt 57. *Kat. 68*

64 **Der Satyr und der Wanderer,** 1926-27. *Kat. 69*

65 **Der Pfarrer und der Tote,** La Fontaine, Blatt 76. *Kat. 70*

66 **Der Pfarrer und der Tote,** 1926. *Kat. 71*

67 **Die Ratte und der Elefant,** La Fontaine, Blatt 85. *Kat. 72*

68 **Die Ratte und der Elefant,** um 1926-27. *Kat. 73*

69 **Der Bär und die zwei Burschen,** La Fontaine, Blatt 63. *Kat. 74*

70 **Der Bär und die zwei Burschen,** um 1926-27. *Kat. 75*

71 **Das Pferd, das sich am Hirsch rächen wollte,** La Fontaine, Blatt 45. *Kat. 76*

72 **Bauer und Kuh**, 1926-27. *Kat. 77*

73 **Der Schäfer und seine Herde,** La Fontaine, Blatt 92. *Kat. 78*

74 **Der Metzger**, 1928-29. *Kat. 79*

75 **Das Auge des Herrn,** La Fontaine, Blatt 50. *Kat. 80*

76 **Das Fenster,** 1927-28. *Kat. 81*

77 **Der Affe und der Leopard,** La Fontaine, Blatt 88. *Kat. 82*

78 **Stilleben am Fenster,** 1929. *Kat. 83*

79 **Der verliebte Löwe,** La Fontaine, Blatt 40. *Kat. 84*

80 **Das Liebespaar,** 1929. *Kat. 85*

81 **Der Hahn und die Perle,** La Fontaine, Blatt 11. *Kat. 86*

82 **Im Gebirge**, 1930. *Kat. 87*

83 **Die zwei Papageien, der König und sein Sohn,** La Fontaine, Blatt 96. *Kat. 88*

84 **Landschaft bei Peïra-Cava; Die Wolke,** 1930. *Kat. 89*

85 **Die Schildkröte und die beiden Enten,** La Fontaine, Blatt 93. *Kat. 90*

86 **Bella und Ida in Peïra-Cava,** 1931. *Kat. 91*

87 **Der Akrobat mit der Geige,** 1924. *Kat. 93*

88 **Mann mit einer Geige,** um 1920. *Kat. 94*

89 **Die Schildwache,** 1923-24. *Kat. 95*

90 **Clown mit Pferd,** 1925. *Kat. 96*

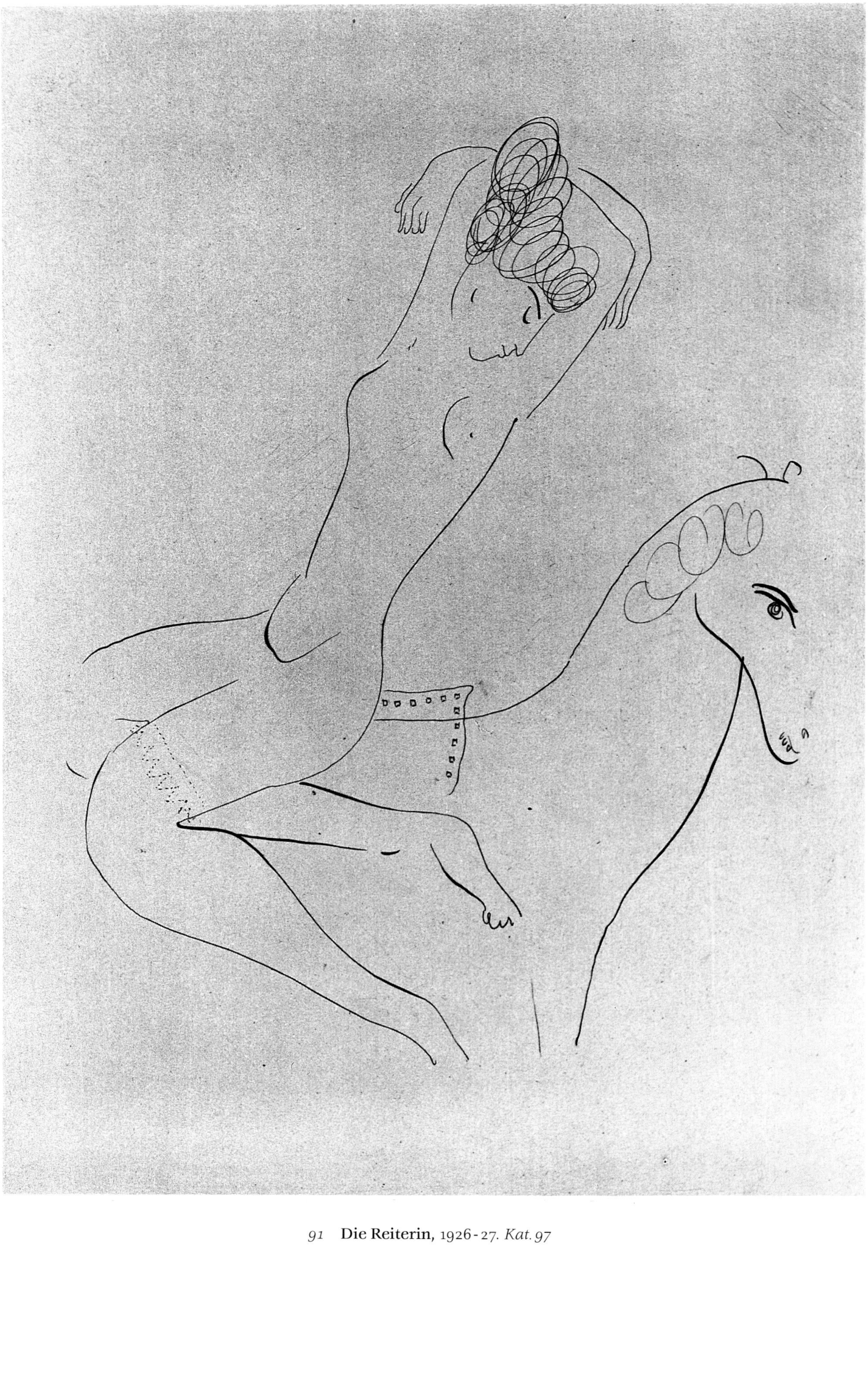

91 **Die Reiterin,** 1926-27. *Kat. 97*

92 **Liebende / Dame mit einem Vogel,** um 1926-27. *Kat. 98*

93 Der Mann mit dem Regenschirm, 1926-27. *Kat. 99*

94 **Das Huhn (Cirque Vollard)**, 1926-27. *Kat. 100*

95 **Das Pferd mit dem Regenschirm,** 1930. *Kat. 101*

96 **Clown auf dem Pferd,** 1927. *Kat. 102*

97 **Der Hochmut I,** 1925. *Kat. 103*

98 **Die Frau mit dem Tierkopf,** um 1927. *Kat. 104*

99 **Drei Akrobaten,** 1923. *Kat. 105*

100 **Die Akrobatin,** 1930. *Kat. 106*

101 **Der brennende Busch,** Bibel, Blatt 27. *Kat. 108*

102 **Jude mit Thora,** 1925. *Kat. 109*

103 **Das Grab der Rahel,** Bibel, Blatt 17. *Kat. 110*

104 **Die Klagemauer**, 1932. *Kat. 111*

105 **Begegnung zwischen Moses und Aaron,** Bibel, Blatt 29. *Kat. 112*

106 Inneres einer Synagoge in Safed, 1931. *Kat. 113*

107 **Die Erschaffung des Menschen,** Bibel, Blatt 1. *Kat. 114*

108 **Die Erschaffung des Menschen,** 1930. *Kat. 115*

109 **Noah entsendet die Taube,** Bibel, Blatt 2. *Kat. 116*

110 **Noah entsendet die Taube,** 1931. *Kat. 117*

111 **Das Opfer des Noah,** Bibel, Blatt 3. *Kat. 118*

112 **Das Opfer des Noah,** 1932. *Kat. 119*

113 **Der Regenbogen,** Bibel, Blatt 4. *Kat. 120*

114 Der Regenbogen, Zeichen des Bundes zwischen Gott und der Erde, 1931. *Kat. 121*

115 **Abraham bewirtet die Engel,** Bibel, Blatt 7. *Kat. 122*

116 **Abraham bewirtet die drei Engel,** 1931. *Kat. 123*

117 **Die Beschneidung,** Bibel, Blatt 6. *Kat. 124*

118 **Die Abraham von Gott befohlene Beschneidung**, 1931. *Kat. 125*

119 **Opferung Isaaks,** Bibel, Blatt 10. *Kat. 126*

120 Abraham und Isaak auf dem Wege zur Opferstätte, 1931. *Kat. 127*

121 **Abraham beweint Sara,** Bibel, Blatt 11. *Kat. 128*

122 **Abraham beweint Sara,** 1931. *Kat. 129*

123 **Die Jakobsleiter,** Bibel, Blatt 14. *Kat. 130*

124 **Jakobs Traum**, 1930-32. *Kat. 131*

125 **Joseph, der junge Hirt,** Bibel, Blatt 18. *Kat. 132*

126 **Joseph, der Hirt**, 1931. *Kat. 133*

127 **Der Traum des Pharao,** Bibel, Blatt 22. *Kat. 134*

128 **Joseph erklärt den Traum des Pharao,** 1931. *Kat. 135*

129 **Joseph empfängt seine Brüder,** Bibel, Blatt 23. *Kat. 136*

130 **Joseph gibt sich seinen Brüdern zu erkennen,** 1931. *Kat. 137*

131 **Jakobs Reise nach Ägypten,** Bibel, Blatt 24. *Kat. 138*

132 **Jakob verläßt sein Land und begibt sich nach Ägypten,** 1931. *Kat. 139*

133 **Aussetzung des Mosesknaben,** Bibel, Blatt 26. *Kat. 140*

134 **Aussetzung des Mosesknaben,** 1931. *Kat. 141*

135 **Die Finsternis über Ägypten,** Bibel, Blatt 31. *Kat. 142*

136 Moses breitet die Finsternis aus, 1931. *Kat. 143*

137 **Das Passah-Mahl,** Bibel, Blatt 32. *Kat. 144*

138 Die Israeliten essen das Osterlamm, 1931. *Kat. 145*

139 **Tanz der Mirjam,** Bibel, Blatt 35. *Kat. 146*

140 **Mirjam tanzt,** 1931. *Kat. 147*

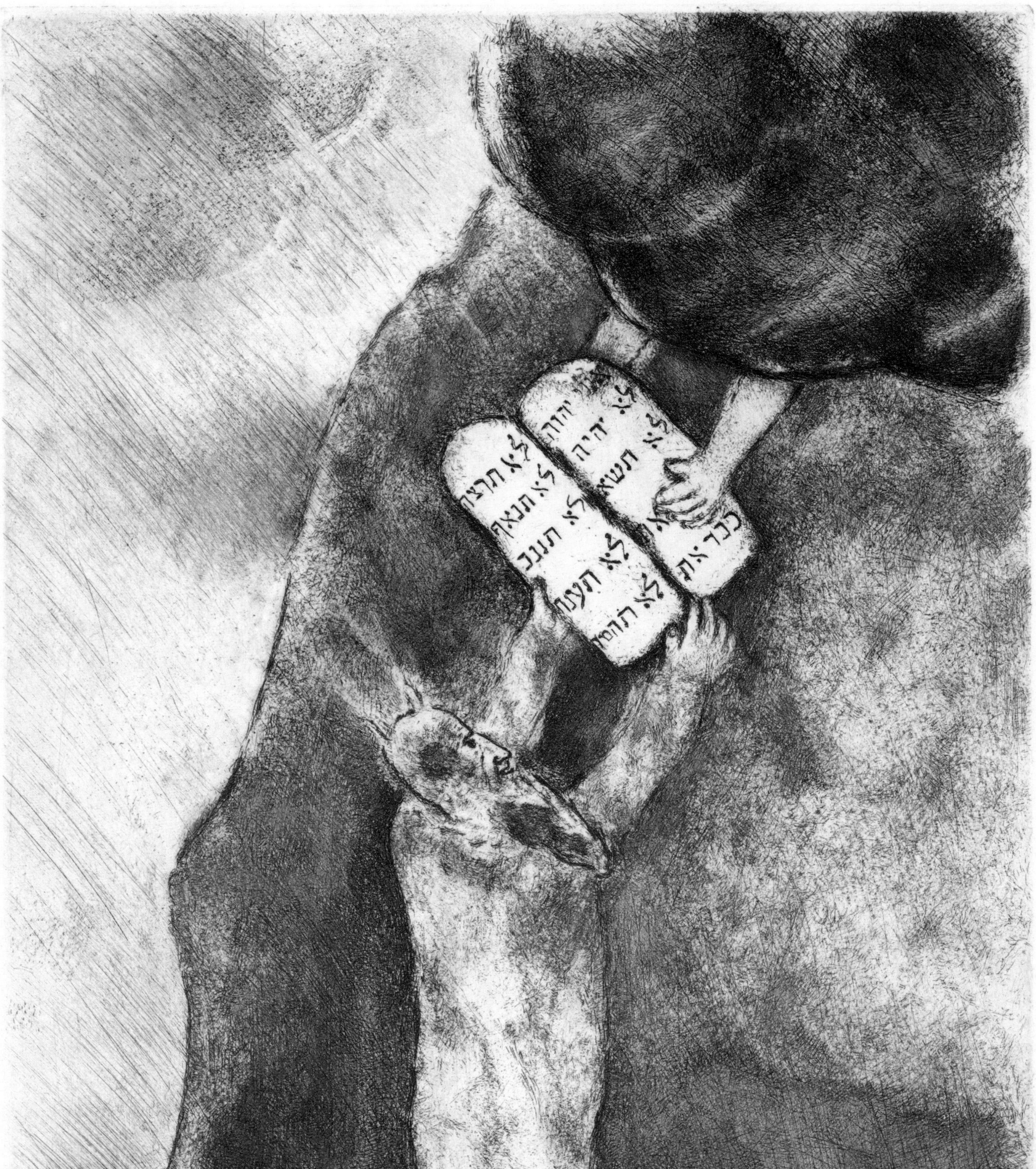

141 **Moses empfängt die Gesetzestafeln,** Bibel, Blatt 37. *Kat. 148*

142 Moses empfängt die Gesetzestafeln, 1931. *Kat. 149*

143 **Das goldene Kalb,** Bibel, Blatt 38. *Kat. 150*

144 **Die Hebräer beten das goldene Kalb an,** 1931. *Kat. 151*

145 **Moses zerbricht die Gesetzestafeln,** Bibel, Blatt 39. *Kat. 152*

146 **Moses zerbricht die Gesetzestafeln,** 1931. *Kat.* 153

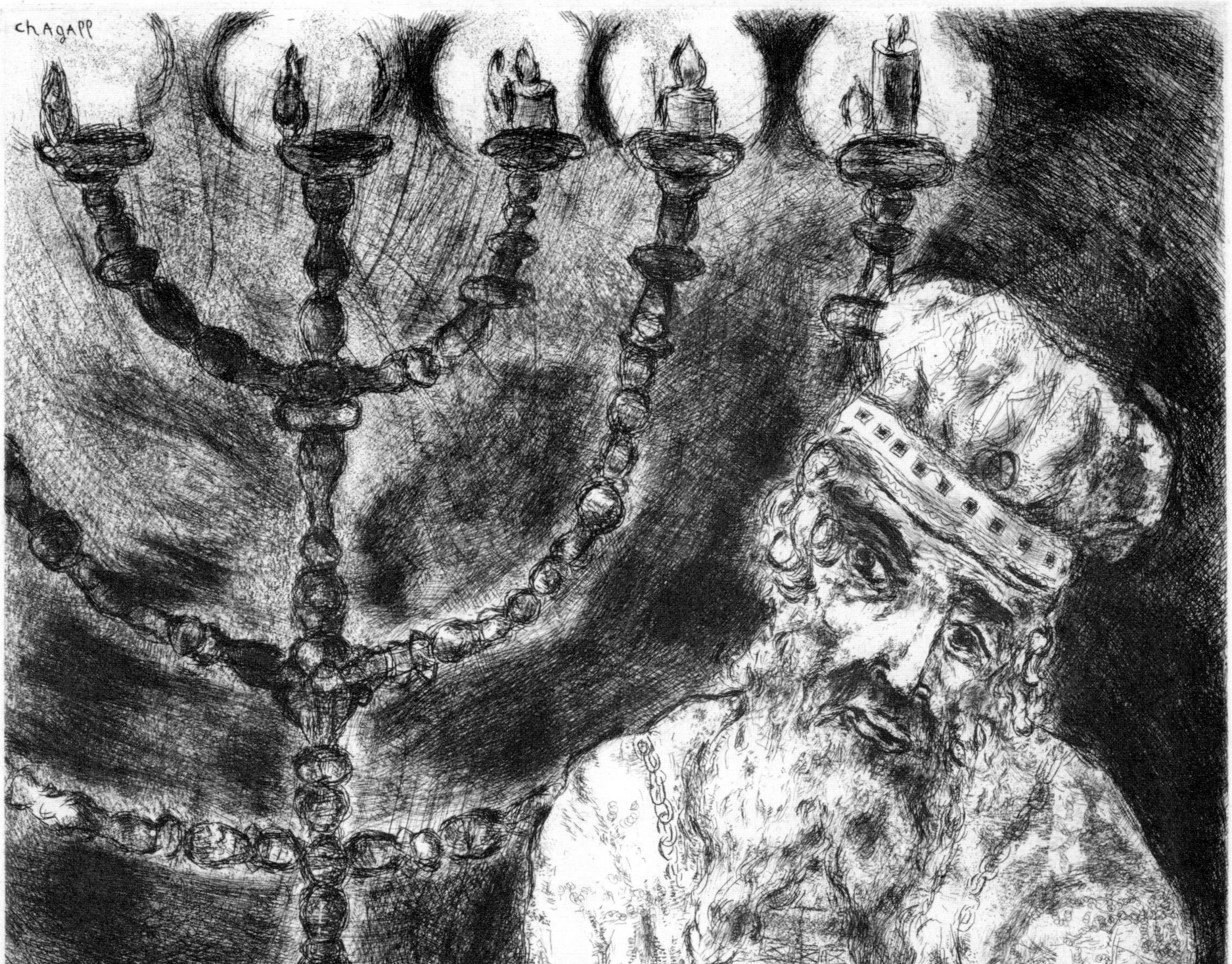

147 **Aaron und der siebenarmige Leuchter,** Bibel, Blatt 40. *Kat. 154*

148 Aaron vor dem siebenarmigen Leuchter, 1931. *Kat. 155*

149 **Josua verkündet das Gesetzbuch,** Bibel, Blatt 47. *Kat. 156*

150 **Der Betende,** 1934-35. *Kat. 157*

151 **Jakob beweint Joseph,** Bibel, Blatt 20. *Kat. 158*

152 **Studie zu ›Einsamkeit‹**, 1933. *Kat. 159*

153 **Begegnung zwischen Jakob und Rahel,** Bibel, Blatt 15. *Kat. 160*

154 **Der Blumenstrauß,** 1937. *Kat. 161*

155 **Rebecca am Brunnen,** Bibel, Blatt 12. *Kat. 162*

156 **Sommernachtstraum,** 1939. *Kat. 163*

157 **Josua vor Jericho,** Bibel, Blatt 46. *Kat. 164*

158 **Die Zeit hat keine Ufer,** 1930-39. *Kat. 165*

159 **Lichter der Hochzeit,** 1934/1945. *Kat. 166*

Katalog

Vorbemerkung

Alle Maße sind in Zentimeter angegeben, wobei immer Höhe vor Breite steht.
Wenn nicht anders vermerkt, befinden sich die Radierungen im Besitz des Sprengel-Museums Hannover. Die Titel der Radierungen wurden aus dem Bestandskatalog des Museums übernommen.
Die deutschen Bildtitel aller anderen Arbeiten richten sich nach der Chagall-Monographie von Franz Meyer (s. u.), sofern sie dort verzeichnet sind.
Den Angaben zu La Fontaines *Fabeln* wurde die deutsche Übersetzung von Rolf Mayr, Düsseldorf und Köln 1964, zugrunde gelegt.
Die *Bibel*-Zitate sind folgender Ausgabe entnommen: *Die Heilige Schrift,* hrsg. von V. Hamp, M. Stenzel und J. Kürzinger, Aschaffenburg 1962.
Folgende Literaturangaben sind in den Katalogtexten abgekürzt:

Compton, 1985: Susan Compton, *Chagall,* London und New York 1985

Kamenski: Alexander Kamenski, *Chagall, Die russischen Jahre 1907-1922,* Stuttgart 1989

Haftmann, 1972: Werner Haftmann, *Marc Chagall,* Köln 1972

Kornfeld: E.W. Kornfeld, *Verzeichnis der Kupferstiche, Radierungen und Holzschnitte von Marc Chagall.* Bd. I: Werke 1922-1966, Bern 1970

Amishai-Maisels: Ziva Amishai-Maisels, ›Chagall and the Jewish Revival: Center or Periphery?‹ in *Tradition and Revolution, The Jewish Renaissance in Russian Avant-Garde Art 1912-1928,* Jerusalem (The Israel Museum) 1987

Mein Leben: Marc Chagall, *Mein Leben,* aus dem Französischen von Lothar Klünner, Stuttgart 1959

Meyer: Franz Meyer, *Marc Chagall, Leben und Werk,* Köln 1961

Jean Bloch Rosensaft: Jean Bloch Rosensaft, *Marc Chagall and the Bible,* New York (Jewish Museum New York) 1987

Mein Leben und verwandte Arbeiten, Berlin 1922–23

Im Jahre 1923 veröffentlichte der Galerist Paul Cassirer zwanzig der Radierungen Chagalls, die unter Anleitung Hermann Strucks entstanden waren, des Meisterradierers, der ihn diese Technik während seines einjährigen Aufenthalts in Berlin gelehrt hatte. Die Radierungen erschienen als Mappe mit dem Titel *Mein Leben* in einer numerierten Auflage von 110 Exemplaren. Zusammen mit sechs Supplementblättern (Kat. 24 und S. 16, Abb. 8) und einigen Lithographien (S. 13, Abb. 3) war diese Mappe das wichtigste Werk, das Chagall in Deutschland schuf. Einige der Radierungen sind in diesem Buch zusammen mit verwandten früheren und späteren Arbeiten reproduziert; sie alle zeigen, wie die lebendigen Erinnerungen an seine Jugend Chagalls schöpferische Phantasie befruchteten.

Der Titel »Mein Leben« wurde den autobiographischen Schriften entnommen, die Chagall aus Rußland mitgebracht hatte: Einsetzend mit Zeichnungen seiner Eltern (Tafel 1, 7, Kat. 2, 8) stellen die Radierungen wichtige Stationen seines Lebens dar, zum Beispiel seine Geburt (S. 217, Mein Leben, Blatt 6); sein Geburtshaus (Tafel 17, Kat. 18); den Brand, dessentwegen seine Mutter mit dem Neugeborenen am Fußende des Bettes auf die Straße getragen werden mußte (S. 217, Mein Leben, Blatt 7); sein Werben um und schließlich seine Heirat mit seiner Liebsten, Bella Rosenfeld (S. 14, Abb. 5 und Tafel 9, Kat. 10). Identifiziert werden können diese unbetitelten Szenen anhand von *Ma Vie,* der 1931 veröffentlichten französischen Ausgabe seiner Autobiographie, die Bella aus dem Russischen übersetzt hatte. Zeile für Zeile war sie den Text mit ihm durchgegangen, um eine Version zu erreichen, die ihn zufriedenstellte.

Wie bereits erwähnt, war es Cassirer 1923 nicht gelungen, zusammen mit den Radierungen eine deutsche Übersetzung des Textes zu veröffentlichen, weil Walter Feilchenfeldt, Cassirers Geschäftsführer, mit Chagalls ungewöhnlichem literarischen Stil nicht zurechtgekommen war. Seit der Erstausgabe von 1931 ist *Ma Vie* in verschiedene Sprachen übersetzt worden, unter anderem 1959 ins Deutsche[1] und 1960 ins Englische[2]. Niemand hat sich jedoch an eine Neuübersetzung aus dem Russischen herangetraut, und einige Passagen sind in späteren Ausgaben weggelassen worden. Der Text von 1931 ist vor kurzem von Ziva Amishai-Maisels analysiert worden, die in vielen Fällen von Chagall erwähnte Kontakte in Rußland identifizieren konnte.[3] Ihr Aufsatz und der Ausstellungskatalog, für den er geschrieben wurde, machen deutlich, daß Chagalls Werk der letzten russischen Jahre im Zusammenhang mit den Bemühungen um eine genuin jüdische moderne Kunst gesehen werden sollte, an denen damals zahlreiche Künstler und Kritiker beteiligt waren. So muß zum Beispiel *Die Synagoge* von 1917 (Tafel 12, Kat. 13) im Kontext zeitgenössischer Dokumentationen von El Lissitzky und Issachar Ber Ryback[4] betrachtet werden, die dekorative Details von Synagogenbauten sammelten, wenngleich Chagall – kennzeichnenderweise – Historisches in persönliche Erinnerungen umsetzte. *Die Synagoge* ist hier der Radierung *Der Talmudlehrer* aus *Mein Leben* gegenübergestellt, in der er seinen Lehrer in eine clowneske Figur verwandelte (Tafel 11, Kat. 12).

Chagall hatte seine Haltung zu ›jüdischer‹ Kunst vor seiner Abreise aus Rußland in einem Artikel verdeutlicht, der in einer damals neu gegründeten jiddischen Zeitschrift erschienen war.[5] Dort stellte er fest, daß seit der Renaissance nationale Grenzen in der Kunst zunehmend an Bedeutung verloren hätten und daß es jetzt darauf ankomme, internationale Kunst zu schaffen. Paradoxerweise – und kennzeichnend für Chagall – endet der Artikel so: »Und dann denke ich mir: Wäre ich kein Jude (mit dem Inhalt, den ich diesem Wort gebe), wäre ich nie Künstler geworden, oder meine Kunst sähe doch zumindest anders aus.«[6] Diese gemischten Gefühle mögen ein Grund dafür gewesen sein, daß in dem Berliner Jahr nur so wenige neue Werke entstanden. Es gab jedoch auch ganz praktische Gründe: Viermal zog er in diesem Jahr um, er hatte kein Atelier, und sehr viel Zeit kostete ihn der Versuch, die Bilder zurückzuerlangen, die er 1914 in Herwarth Waldens Galerie ›Der Sturm‹ zurückgelassen hatte (siehe S. 16 und S. 261).

Inhaltlich können die in *Mein Leben* gesammelten Arbeiten als Versuch interpretiert werden, die Erinnerungen an das Leben in Witebsk, wo sechzig Prozent der Bevölkerung Juden waren, lebendig zu erhalten. Ebenso wichtig für das Zustandekommen dieser Mappe war jedoch, daß er in Berlin eine traditionelle druckgraphische Technik erlernt hatte, die damals in Westeuropa und Rußland aus der Mode gekommen war. Chagall hatte schon vorher in Schwarz und Weiß gearbeitet: *Essender Bauer* (Tafel 4, Kat. 5) beispielsweise beweist seine Fähigkeit, aussagekräftige Bilder zu gestalten, die gut auf mechanischem Wege (mit Hilfe des Lichtdrucks) reproduziert werden konnten. Die meisten russischen Zeitgenossen Chagalls benutzten jedoch zwischen 1910 und 1920 für ihre Illustrationen die Umdrucklithographie, eine Technik, die ihre – auf einen Stein oder eine Zinkplatte übertragenen und in einigen hundert Exemplaren gedruckten – Zeichnungen eher nach Kunstwerken als nach maschinell gefertigten Reproduktionen aussehen ließ. In Berlin beschäftigte sich Chagall mit dieser Technik (Kat. 25), doch ganz offensichtlich sagte ihm das Radieren weit mehr zu. Die Tafeln von *Mein Leben* zeigen die große Vielfalt origineller Markierungen, die er mit Nadeln unterschiedlicher Größe unmittelbar in die Kupferplatte gekratzt hatte. Sie wirkten im Druck frischer und lebendiger, als ihm dies mit der Lithographie – an der er in Berlin ebenfalls festhielt (siehe *Erinnerung,* Tafel 16, Kat. 17) – oder in Federzeichnungen möglich gewesen wäre.

Die Radierungen der Mappe *Mein Leben* erwiesen sich als Wendepunkt in seiner Laufbahn, da sie den Pariser Kunsthändler Ambroise Vollard dazu veranlaßten, Chagall mit Buchillustrationen zu beauftragen. Obwohl dies eher das Ergebnis als das Ziel seiner Beschäftigung mit der Radiertechnik war, hatte er sich so eine Fertigkeit zu eigen gemacht, die ihm und seiner Familie in den folgenden achtzehn Jahren in Paris den Lebensunterhalt sicherte.

Kat. 1

1 Marc Chagall, *Mein Leben,* aus dem Französischen von Lothar Klünner, Stuttgart 1959.
2 Marc Chagall, *My Life,* New York 1960.
3 Ziva Amishai-Maisels, ›Chagall and the Jewish Revival: Center or Periphery?‹, in *Tradition and Revolution, The Jewish Renaissance in Russian Avant-Garde Art 1912-1928,* Jerusalem (The Israel Museum) 1987, S. 71-100. Die Ausstellung wurde 1989 auch in Frankfurt am Main und 1990 in Los Angeles gezeigt.
4 Ebenda, Kat. Nrn. 67-71 und 119.
5 Marc Chagall, ›Bletlakh‹, in *Shtrom* Nr. 1, 1922, S. 44-46; mit geringfügigen Änderungen neu abgedruckt unter dem Titel ›Eygens‹ in *Die Zukunft,* Juni 1925, S. 409-10 (Beide Veröffentlichungen in Jiddisch).
6 Vollständige englische Übersetzung in Ziva Amishai-Maisels (Anm. 3), S. 71-72; dieses Zitat auf S. 72.

1 Selbstporträt

Mein Leben, Blatt 17
Radierung und Kaltnadel
27,5 x 21,5 auf Bütten, 44,5 x 35

In diesem Selbstporträt gibt Chagall Einblick in sein innerstes Wesen: Er hat sich zusammen mit denen dargestellt, die ihm am nächsten standen und seine Kunst zeit seines Lebens inspirierten. Es ist ein modernes ›Gruppenporträt‹, das mit Photographie nichts zu tun hat, dafür um so mehr mit jener Freiheit im Umgang mit Formen und Maßstäben, wie sie von zeitgenössischen abstrakten Künstlern praktiziert wurde. Und dennoch wird der Betrachter getäuscht, denn obwohl es sich um eine moderne Komposition handelt, lassen die einzelnen Elemente an Deutlichkeit nichts zu wünschen übrig. Chagalls Kopf taucht über den winzigen Figuren seiner Eltern auf; neben ihnen hält seine Frau seine kleine Tochter. Indem er Bella und Ida – die zwei, die sich mit ihm zusammen in Berlin befinden – auf Kopf und Schultern reduziert, deutet er leise die gegenwärtige Familiensituation an. Psychologisch war er immer noch an Witebsk gebunden, denn statt eines Hutes trägt Chagall ein bescheidenes Haus auf dem Kopf, das Haus seiner Kindheit.

2 Der Vater *Tafel 1*

Mein Leben, Blatt 1
Radierung und Kaltnadel
27,8 x 21,8 auf Bütten, 44,5 x 35

3 Mein Dorf, 1923-24 *Tafel 2*

Gouache, 48,6 x 61,9
Sammlung Katz, Milwaukee/Wisconsin

Die Ansicht in dieser Gouache steht den realistischen Gemälden nahe, die 1914-15 nach Chagalls Rückkehr in Witebsk entstanden (Kamenski, S. 154 f.), ist hier jedoch mit einer kindlichen Mißachtung der Gesetze der Schwerkraft und der Perspektive nachvollzogen. Die Wirkung ist traumatisch, insbesondere dort, wo ein Mann auf dem Dach eines Hauses mit schiefen Fenstern sitzt. Das bartlose Gesicht gleicht eher dem des Künstlers als dem seines Großvaters – der sich auf das Dach zurückzuziehen pflegte (siehe S. 218, Mein Leben, Blatt 12). Die Gouache ist hier einem radierten Porträt seines Vaters gegenübergestellt, der in Witebsk bei einem Verkehrsunfall von einem Lastwagen überfahren und tödlich verletzt worden war. Chagall litt doppelten Schmerz, denn »Man hat mir den Brief verheimlicht, der seinen Tod mitteilte« (*Mein Leben*, S. 145). Selbst wenn es sich bei dem Mann auf der Straße nicht um eine Beschwörung dieses Ereignisses handelt, sondern einfach um einen torkelnden Betrunkenen, beschwört die Szene die Dramen, die Chagalls Erinnerungen an seine Heimatstadt bevölkerten.

4 Die Großmutter *Tafel 3*

Mein Leben, Blatt 4
Radierung und Kaltnadel
20,9 x 16 auf Bütten, 37,3 x 26

5 Essender Bauer, um 1913 *Tafel 4*

Tusche, 29 x 22
Sammlung Marcus Diener, Basel

Diese Zeichnung belegt Chagalls meisterhaften Umgang mit Schwarzweißwirkungen, lange bevor er sich mit Radiertechniken befaßte. Mit Tusche, Feder und Pinsel gab er eine lebendige Schilderung einer alltäglichen Szene, obgleich er viele Elemente – die Ärmel, den Tisch und sogar den Löffel – in modernistische Formen umwandelte. Diese Stilisierungen sind eng verwandt mit denen in seinem Ölgemälde *Die Erscheinung* (siehe Kat. 28), das heute im allgemeinen auf 1917-18 datiert wird. Der *Bauer* und die *Großmutter* dokumentieren seine Versuche, Realismus und moderne Stilelemente miteinander zu verbinden; die Radierung wirkt jedoch intimer. Der Künstler hat hier dem kleinen Tier spielerisch seine eigenen Züge gegeben, um ein jiddisches Kosewort für Kinder – mein Äffchen – zu veranschaulichen. Eine Gouache-Version dieses Motivs befindet sich im Hiroshima Museum of Art (Abb. im Ausstellungskatalog *Chagall*, Bunkamura Museum of Art, Tokio 1989-90, Kat. Nr. 20). Obwohl mit 1914 datiert, lassen Format und Stil vermuten, daß sie in den zwanziger Jahren gemalt wurde.

6 Speisezimmer *Tafel 5*

Mein Leben, Blatt 10
Radierung und Kaltnadel
27,6 x 21,7 auf Bütten, 35,5 x 44,5

7 Im Gefängnis, 1914-15 *Tafel 6*

Gouache, 37,5 x 48,9
Privatsammlung

Chagall war einmal als Student in St. Petersburg eingesperrt worden, weil er keine Aufenthaltsgenehmigung für die russische Hauptstadt besaß, die er als Jude benötigte. Später erinnerte er sich, daß er im Gefängnis in Ruhe arbeiten und sich satt essen konnte und »Lebensrecht« hatte (*Mein Leben*, S. 83 f.). In dieser ruhigen Szene blickt der Künstler selbst aus dem vergitterten Fenster in die Freiheit hinaus, während drei andere grübelnde und in Tagträumen versunkene Gefangene in ihr Schicksal ergeben zu sein scheinen. Merkwürdigerweise erinnerte er sich der Mahlzeiten im Familienkreis als ebenso bedrückend; in der Radierung hat er die klaustrophobische Wirkung des Speisezimmers verstärkt, und die Szene strahlt eine Langeweile wie im Gefängnis aus (siehe auch die Parallele zu Munch, S. 15).

8 Mutter und Sohn *Tafel 7*

Mein Leben, Blatt 2
Radierung und Kaltnadel
27,8 x 21,8 auf Bütten, 44 x 35

9 Der Stubenwagen, Wandbildentwurf, 1916-17 *Tafel 8*

Tusche, laviert, 46,5 x 63
Ida Chagall, Paris

Diese Gouache ist einer von drei – nicht ausgeführten – Wandbildentwürfen für eine Mittelschule, die der Hauptsynagoge in Petrograd angeschlossen war (Meyer, S. 247). In diesem Aquarell gibt Chagall ein bezauberndes Bild einer Familienszene. Der Vater, dessen Hand auf dem Kinderwagen liegt, trägt die Züge Chagalls, die Frau, die am Tisch sitzt und eine Ziege zeichnet, dagegen die seiner Frau Bella; ein ironischer Rollentausch, zumal Chagall in *Mein Leben* eingestand, er habe keine Geduld für kleine Kinder (S. 148). Seiner Mutter erinnerte er sich mit Zuneigung und Bewunderung, und er gab ihr einen wichtigen Platz in dem Radierzyklus. Er stellt sie dar, wie sie voll Stolz eine kleine Gestalt vorzeigt, in der er selbst als Kind zu erkennen ist, und dabei von einem über ihrer Schulter sichtbaren bärtigen Profil neugierig beobachtet wird.

10 Hochzeit *Tafel 9*

Mein Leben, Blatt 16, Zustand III
Radierung und Kaltnadel
14,4 x 16,2 auf Japanpapier, 27 x 35,5

11 Purim, Wandbildentwurf, 1916-17 *Tafel 10*

Tusche, laviert, 47,5 x 64,5
Ida Chagall, Paris

Wie Tafel 8, Kat. 9 ist diese farblich präzise Komposition einer von drei Wandbildentwürfen, die Anfang 1917 für die der Hauptsynagoge in Petrograd angeschlossene Mittelschule in Auftrag gegeben wurden. Er zeigt die Feier des Purimfestes, das zur Erinnerung an die Rettung der persischen Juden begangen wird. Das ›Pur‹ (Los) war geworfen worden, um die Juden zu vernichten, doch durch den Mut der Königin Ester und ihres Onkels Mordekaj wurden sie gerettet: »Daher begehen die Juden auf dem Lande in den offenen Ortschaften den 14. Tag des Monats Adar als einen Tag fröhlicher Gelage, als einen Festtag, an dem man sich gegenseitig Geschenke schickt.« (Altes Testament, Buch Ester, 9, 19.) Dieses Fest war bei den Kindern in Witebsk sehr beliebt, weil zur Feier des Tages kleine Pferde, Puppen und Fiedeln aus Zuckerwerk verschenkt wurden.
Es gibt ein verwandtes Gemälde im Philadelphia Museum of Art (Abb. in Compton, 1985, S. 89), doch diese einfachere Version mit ihren groß- und kleinformatigen Figuren nimmt die räumlichen Erfindungen in den Radierungen zu *Mein Leben* vorweg; auch dort finden sich ›stenographische‹ Schilderungen von Festlichkeiten, doch die Stilisierungen sind andere. In *Hochzeit* zum Beispiel sind die Figuren rechts ohne Umrißlinie dargestellt, und das Kleid der Braut hebt sich einfach als Silhouette von den schwarzen Gewändern des Bräutigams und der Mutter ab. Mit wenigen Details vermittelt Chagall dieses Ereignis, das er in seiner Autobiographie als Enttäuschung für die wohlhabende Familie Rosenfeld beschrieben hat; sie hatten für ihre einzige Tochter eine bessere Partie erhofft (*Mein Leben*, S. 118 ff).

12 Der Talmudlehrer *Tafel 11*

Mein Leben, Blatt 9
Radierung und Kaltnadel
24,6 x 18,8 auf Bütten, 44,5 x 35

13 Die Synagoge, 1917 *Tafel 12*

Gouache, 40 x 35
Sammlung Marcus Diener, Basel

Die Synagoge spielte früh in Chagalls Leben eine wichtige Rolle; er hatte eine gute Stimme und sang bei den Gottesdiensten (*Mein Leben*, S. 35 ff.). Hier hat er sich im Vordergrund neben einem anderen Kind sitzend dargestellt. In den dreißiger Jahren schuf er noch getreuere Synagogendarstellungen, in denen jegliche anekdotischen Bezüge fehlen (siehe Tafel 106, Kat. 113). 1917 engagierte sich Chagall für jüdische Kunst; zusammen mit El Lissitzky und Nathan Altman wurde er in einer Zeitung als Organisator einer Ausstellung genannt, die im April von der ›Vereinigung Moskauer Juden‹ in der Galerie Lemercier veranstaltet wurde (*Utro Rossii*, Januar 1917). Im gleichen Jahr entstanden auch Wandbildentwürfe für die Schule in Petrograd (siehe Tafel 8, 10, Kat. 9, 11); er war also intensiv am Leben der jüdischen Gemeinde beteiligt, dessen er sich in *Mein Leben* voll Humor erinnerte, als er eine witzige Darstellung seines Talmudlehrers schuf, den er auf dem Blatt geheimnisvoll als »Raskin der Melamed« bezeichnete.

14 Haus in Witebsk *Tafel 13*

Mein Leben, Blatt 11
Radierung und Kaltnadel
18,9x24,9 auf Bütten, 35x45

15 Das rote Tor, 1917 *Tafel 14*

Öl auf Karton, 49,5x66
Staatsgalerie Stuttgart

In dem Bild von 1917 hat sich Chagall auf ein typisches Merkmal Witebsker Straßenszenen konzentriert: die Toreinfahrt, durch die die Fuhrwagen in den Hof gelangen konnten, den man in der Radierung durch eine offene Tür sieht. Ein ähnliches, wenn auch weniger imposantes Tor findet sich in der Straßenszene *Pokrawskaja in Witebsk* (Tafel 19, Kat. 20). *Das rote Tor* und *Das graue Haus* am Stadtrand von Witebsk (Slg. Thyssen-Bornemisza, Lugano), das ebenfalls mit 1917 datiert ist, sind stilistisch eng miteinander verbunden. In der Radierung kombinierte Chagall das Haus mit dem Motiv eines fliegenden Wagens.

16 Die Großväter *Tafel 15*

Mein Leben, Blatt 3
Radierung und Kaltnadel
27,8x21,7 auf Bütten, 44x35

17 Erinnerung, um 1918 *Tafel 16*

Gouache, Tusche und Bleistift, 31,7x22,3
The Solomon R. Guggenheim Museum, New York,
Geschenk von Solomon R. Guggenheim

Alexander Kamenski glaubt, daß *Erinnerung* 1922 in Berlin entstanden ist (Kamenski 1989, S. 211). Die Signatur und die Datierungen scheinen später hinzugefügt worden zu sein, obgleich die sorgfältig geschriebenen Buchstaben des Wortes »Erinnerung« bekunden könnten, daß Chagall erst noch mit dem lateinischen Alphabet vertraut werden mußte. Kamenski verknüpft das Sujet mit einem alten Sprichwort: »Ich trage alles, was ich besitze, bei mir.« Ein ähnliches Motiv, das Chagalls eigene Gesichtszüge zeigt, findet sich im *Selbstporträt* (Kat. 1, Abb.); stilistisch gleicht *Erinnerung* jedoch mehr der Radierung *Die Großväter.* Im Text von *Mein Leben* wird deutlich, wie wichtig die beiden für ihn waren – sein Großvater väterlicherseits war Religionslehrer; der Vater seiner Mutter hatte die angesehene Stellung des rituellen Schlächters inne. Chagall verlieh jedem sein Emblem: dem einen die ledernen Armriemen und die Schatulle mit heiligen Schriften (Phylakterien), dem anderen ein winziges Beil und ein Tier als Sinnbild des Schlachtens.

18 Haus in Peskowatik *Tafel 17*

Mein Leben, Blatt 8
Radierung und Kaltnadel
17,9x21 auf Bütten, 35,5x44,5

19 Die roten Häuschen, 1922 *Tafel 18*

Öl auf Leinwand, 80x90
Australian National Gallery, Canberra,
Leihgabe aus Privatsammlung

Dieses ist eins der wenigen Gemälde aus dem Jahr 1922, das wahrscheinlich in Berlin entstanden ist und ungefähr die gleiche Komposition wie die Radierung spiegelverkehrt zeigt. In kräftigen Farben gemalte häusliche Details unterscheiden das Gemälde von der Radierung, die seltsamerweise die russische Aufschrift ›TUT‹ (›hier‹) trägt. Der Titel der Radierung identifiziert das kleine Haus als das, in dem Chagall geboren wurde, und das er in *Mein Leben* (S. 5f.) als »dieses Häuschen nah an der Straße von Peskowatik« beschrieb, das er »vor kurzem« gesehen hatte: »Kaum war mein Vater reich geworden, verkaufte er es. Es erinnert mich an die Beule am Kopfe des Rabbis in Grün, den ich gemalt habe, oder an eine Kartoffel, in eine Heringstonne geworfen, von Salzlake benetzt. Betrachte ich dieses Häuschen von der Höhe meiner heutigen ›Größe‹, krümme ich mich und frage: ›Wo konnte ich hier eigentlich geboren werden? Wie atmet man hier?‹« Aus der verschwenderischen Verwendung roter Farben für das Haus und den Hof in der Ölversion spricht das Trauma des Brandes, der sich kurz nach seiner Geburt ereignet hatte (S. 217, Mein Leben, Blatt 7).

20 Pokrawskaja in Witebsk *Tafel 19*

Mein Leben, Blatt 5
Radierung und Kaltnadel
17,9x21 auf Japanpapier, 35x44,5

21 Blaue Kuh vor weißem Haus, um 1923-26 *Tafel 20*

Aquarell, 19,5x30
Sprengel-Museum Hannover

Chagall kehrte immer wieder zu seinen Themen zurück, und hier hat er in einer wie eine Skizze wirkenden Gouache eine Straßenszene dargestellt, die der der Radierung ähnelt. In einem Brief an W. Grosshennig schrieb er später zu diesem Aquarell: »Diese Skizze ist von mir, sie ist um 1923/26 entstanden, glaube ich. Zu dieser Zeit hatte Louis de Vauxelles, ein französischer Kunstkritiker, die Idee, eine Ausstellung von Bildern zu veranstalten, die Firmenschilder darstellten. Jeder Künstler konnte seine Spezialität wählen: ich wählte die Milchhandlung...« (Slg. Sprengel I, 37). Laut seiner Autobiographie hatte Chagall sich als Schildermaler ausbilden lassen – nach Kamenski in St. Petersburg – und sich gefreut, wenn er seine Schilder an den Fassaden der Geschäfte hängen sah. Als er in Witebsk Kunst-Kommissar war, hatte er für den Ersatz der traditionellen Schilder durch moderne gesorgt. Seine unbestimmte Straßenszene sieht ganz und gar nicht wie ein Ladenschild aus; die blaue Kuh und die Enten auf dem Dach lassen jedoch an einen privaten Scherz denken, der vielleicht mit den vielen anderen Kuhdarstellungen der frühen zwanziger Jahre zusammenhängt (siehe Tafel 32, 34, 72, 74, Kat. 36, 38, 77, 79).

Der Mann mit dem Buch, 1922,
Lithographie, 13,6x21,1 cm,
Paris, Bibliothèque Nationale, Cabinet d'Estampes

22 Grab des Vaters *Tafel 21*

Mein Leben, Blatt 20
Radierung und Kaltnadel
11x14,9 auf Bütten, 26,5x35

23 Im Schnee, 1922/um 1930 *Tafel 22*

Gouache über Lithographie-Kreide, 23,6x31,4
The Solomon R. Guggenheim Museum, New York,
Geschenk von Solomon R. Guggenheim

Während seines Berliner Jahres schuf Chagall mehrere Entwürfe in Lithographie-Kreide auf Papier für Umdrucklithographien. Vivian Barnett, Kustodin am Guggenheim Museum, glaubt, daß diesem Blatt die Lithographie *Der Mann mit dem Buch* (Abb.) zugrunde liegt, der Chagall Umrißlinien und Gouache hinzufügte und die er durch Details wie das kleine Tier, den Schlitten und die Häuser ergänzte. Der Kopf des merkwürdig proportionierten alten Mannes entspricht mehreren anderen Köpfen, die in Berlin entstanden, wo Chagall zweifellos Heimweh nach Witebsk hatte. Die Gouache gehörte Hilla Rebay, und Vivian Barnett erinnert sich, daß man sie im Guggenheim Museum auf 1930 datierte, möglicherweise im Hinblick auf die Ergänzungen. Hier ist sie der am Schluß von *Mein Leben* stehenden Radierung gegenübergestellt, in der Chagall das *Grab des Vaters* heraufbeschwor. Er schrieb: »Später werde ich dein Grab sehen... Ich werde mich neben dein Grab legen. Du wirst trotzdem nicht auferstehen. Und wenn ich alt bin (oder vielleicht auch vorher), werde ich mich zu dir legen.« (*Mein Leben,* S. 145). So schloß er seine Erinnerungen an Witebsk ab, die in seinen Träumen mit der Radiernadel so lebendig veranschaulicht worden waren.

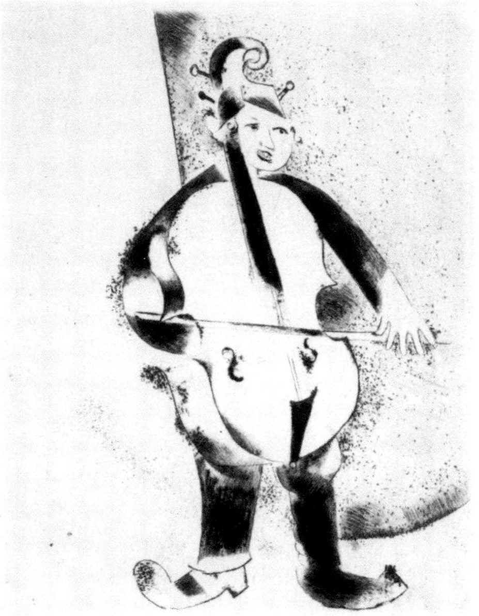

Kat. 24

24 Der Musiker, 1922

Supplementblatt zu Mein Leben
Auflage: 110 Exemplare
Radierung und Kaltnadel
27,5x21,6 auf Bütten, 44,5x35

25 Bauer mit Schwein, 1922-23

Lithographie
46,5x32,5 auf Japanpapier, 55,5x45
Sprengel-Museum Hannover

Kat. 25

Diese große Lithographie wiederholt das Motiv der unteren rechten Ecke des riesigen Bildes, das Chagall für das Jüdische Staatstheater in Moskau geschaffen hatte (vgl. S. 12, Abb. 2). In *Mein Leben* beschrieb er, wie er es malte (S. 158); unter härtesten Arbeitsbedingungen schuf er solch humorvolle Bilder wie dieses, auf dem ein Bauer auf ein Schwein uriniert, ein für Juden unreines Tier. Der Bildaufbau der Lithographie entspricht dem der Originalvorlage, da der Drucker Chagalls mit Lithographie-Kreide auf Spezialpapier gezeichneten Entwurf auf den Stein übertrug, der dann eingefärbt wurde, bevor das Papier bedruckt wurde. In Berlin hatte Paul Cassirer Chagall Umdruckpapier für die Illustrationen zu seiner Autobiographie gegeben. Nur wenige Lithographien sind erhalten geblieben, da er bald das Radieren erlernte, eine Technik, der er offensichtlich den Vorzug gab.

Dorfszene, Gouache, 65 x 51 cm, ehemals Museum der Stadt Zagreb, seit 1968 verschollen

Radierungen zu Nikolai Gogol, *Die toten Seelen,* und verwandte Arbeiten, Paris 1923-27

Nach Chagalls Ankunft in Paris im September 1923 traf er mit Ambroise Vollard die Vereinbarung, Illustrationen zu Gogols *Die toten Seelen* auf Kupferplatten anzufertigen. Das Honorar betrug 500 Francs für jede abgelieferte Platte, und damit war Chagall und seiner Familie ein regelmäßiges Einkommen gesichert. Er arbeitete schnell an diesem Projekt; bis Dezember 1924 waren mindestens 37 Illustrationen fertiggestellt, und bis Ende 1925 alle 96. Die Radierungen wurden jedoch erst 1948 zusammen mit dem Text bei Tériade in Paris veröffentlicht: Nicolas Gogol, *Les Âmes Mortes,* aus dem Russischen von Henri Mongault.
Wie für die Folge zu *Mein Leben* griff Chagall auch für die meisten dieser Illustrationen auf die Radier- und die Kaltnadeltechnik zurück. Kombiniert man diese beiden Techniken miteinander, werden die Linien mit Nadeln verschiedener Größe auf eine polierte Kupferplatte gezogen, die zunächst mit einer Lackschicht versehen und dann mit Rauch geschwärzt wird, so daß der Künstler seine Markierungen sehen kann. Sobald die erste Zeichnung steht, wird die Platte in Salpetersäure eingetaucht, die die Markierungen im Lack durchdringt. Darauf wird der Lack mit Terpentin entfernt und ein Probedruck gemacht. Um Schattierungen einzuzeichnen, können jetzt noch weitere Markierungen unmittelbar in das Kupfer gekratzt werden – daher der Name ›Kaltnadel‹. Der Aquatinta- oder Tuschmaniertechnik, die großflächige Tönungen gestattet, bediente sich Chagall nur in der zweiten Hälfte der Gogol-Folge; ein gutes Beispiel dafür ist die letzte Illustration, *Die Troika am Abend* (Tafel 53, Kat. 57).
Verglichen mit den Berliner Radierungen, die kurz nach der Abreise aus Witebsk und noch unter dem Eindruck seiner jüdischen Herkunft entstanden, zeigen die Gogol-Blätter ausgeprägt russische Züge. Chagall wird gewußt haben, daß Gogol seinen Roman im italienischen Exil geschrieben hatte, und auch ihm gelang es, seine Erinnerungen an St. Petersburg und Witebsk fern der Heimat eindringlich zu verarbeiten. Seiner Phantasie vertrauend, versetzte er seine Gestalten ins 19. Jahrhundert, belebte sie jedoch durch die Beobachtungen, die er in Frankreich machte (siehe auch S. 17). Offensichtlich begann er sofort nach seiner Ankunft in Paris mit der Arbeit, und bald darauf besserten sich auch die Arbeitsbedingungen, als Chagall mit seiner Familie ein traditionelles Künstleratelier mit einem Entresol bezog. Eine in der Dokumentation auf S. 261 abgebildete Photographie zeigt das Atelier mit den Gemälden, die Chagall aus Rußland mitgebracht hatte. Hinter ihnen sind die Wandbehänge zu sehen, mit denen Bella schon Chagalls Zimmer in Witebsk belebt hatte, das in einer Neufassung von *Der Geburtstag* (The Solomon R. Guggenheim Museum, New York) aus der Erinnerung festgehalten ist. Neben den Radierungen entstanden in den Jahren 1923 bis 1924 zahlreiche neue Versionen auf Papier und Leinwand von früheren Arbeiten.
In den Arbeiten auf Papier scheint Chagall einen ganz neuen Weg eingeschlagen zu haben, als er Montchauvet entdeckte, ein kleines Dorf in dem er für einige Monate zwei Zimmer mietete. Er setzte dort die Arbeit an den Gogol-Radierungen fort, malte in farbenfrohen Gouachen aber auch das, was er täglich beobachten konnte, wie etwa den Bauernhof in *Montchauvet* (Tafel 30, Kat. 34). Ausgedehnte Reisen durch Frankreich spielten in den folgenden Jahren eine wichtige Rolle im Leben der Chagalls. Jedes Jahr verließen sie Paris für einige Monate und hielten sich vornehmlich in kleinen Städten und Dörfern auf, die Chagall immer wieder zu phantasievollen Gouachen inspirierten, wobei er weniger die Landschaft als vielmehr einzelne Gebäude malte. Besonders angezogen fühlte er sich von Chambon-sur-Lac, wo 1926 Ansichten in einem offenkundig traditionellen Stil entstanden, der den extremen Variationen in Textur und Farbgebung eine um so überraschendere Wirkung verleiht. Phantasievoll wußte er die Perspektive zu nutzen, insbesondere wenn er Kirchtürme zeichnete. Chagall hat mehrere verschiedene Kirchen dargestellt, auch wenn zahlreiche Gouachen immer wieder mit der Kirche in Chambon in Verbindung gebracht worden sind. Die Ansicht in der Sammlung des Israel Museum in Jerusalem (Tafel 38, Kat. 42) zeigt zweifellos dieselbe Kirche wie die Gouache, die sich im Museum Boymans-van Beuningen in Rotterdam befindet, doch handelt es sich bei dieser Kirche wiederum nicht unbedingt um die, die in einer Nahansicht auf der Gouache des Museums in Grenoble zu sehen ist und für gewöhnlich als die Kirche in Chambon identifiziert wird (Tafel 42, Kat. 46). Eine weitere Kirche ist in einer Gouache dargestellt, die sich früher im Museum der Stadt Zagreb befand, seit 1968 jedoch leider verschollen ist (Abb.).
Obschon sämtliche Platten zu Gogol offensichtlich bis Ende 1925 fertiggestellt und Ausstellungskatalogen zufolge von allen abgelieferten Platten ganze Stöße von Blättern abgezogen worden waren, unternahm Vollard keine Anstrengungen, sie zusammen mit dem Text zu veröffentlichen oder auch nur vollständige Blattfolgen zu verkaufen. 1927 übergab Chagall eine Folge der Tretjakow-Galerie in Moskau, und 1931 eine weitere (unvollständige) Folge dem Tel Aviv Museum. Edna Moshenson, Kuratorin für Druckgraphik und Zeichnungen in diesem Museum, hat die Blätter von 1931 mit der Folge verglichen, die Tériade dem Museum 1948, nach der Veröffentlichung der Buchausgabe, überlassen hatte, und stellte einige Unterschiede fest. Es ist bekannt, daß Chagall einige der Kupferplatten überarbeiten mußte, nachdem Tériade sie aus Vollards Nachlaß erworben hatte, doch bislang gab es keine systematische Untersuchung der – geringfügigen – Unterschiede. Chagalls zunehmende Meisterschaft der Synthese wird in den Arbeiten offenkundig, die nach der Gogol-Serie entstanden, etwa in *Der Traum* (Tafel 52, Kat. 56), ein Vorbote einer neuen Stufe poetischer Erfindung in seinem Œuvre.

Kat. 26

26 Gogol und Chagall
Gogol, Blatt 48
27,5x21,1

Da diese Radierung auf der Platte mit »Marc Chagall« signiert ist, könnte sie 1948 umgearbeitet worden sein; sie diente bei der Veröffentlichung als Frontispiz für den zweiten Band. Sie gehört jedoch auch zu den 96 Bildern, die 1927 gedruckt worden waren, und bietet sich als Einführung in den zweiten Teil dieses Katalogs geradezu an. Indem er sein eigenes Profil zeichnete, was er normalerweise vermied (vgl. Kat. 59, 107), glich er sein eigenes Bildnis so weit wie möglich dem Gogols an. In seinem *Selbstporträt* (Kat. 1, Abb.) hatte er das Zentrum, seinen Kopf, mit Bildern umgeben; hier sind willkürlich anmutende, an Rußland erinnernde Zeichen diagonal über die Mitte des Blattes verstreut, so als hätten Gogol und er selbst sie heraufbeschworen. Wie es für seine späteren Gogol-Radierungen charakteristisch ist, hat Chagall die Kupferplatte frei mit Markierungen und Bilddarstellungen geritzt und kaum weiße Flächen übriggelassen.

27 Die Erscheinung 1, 1924-25 *Tafel 23*
Radierung und Aquatinta
37,2x27,3 auf Velin d'Arches, 57,5x45
Zustand III a

28 Die Erscheinung, 1924-25/um 1937 *Tafel 24*
Radierung und Aquatinta, handkoloriert in Gouache und Pastell, 36,6x26,7 (Blatt 48,8x38,3)
The Trustees of the Tate Gallery, London

Wie so viele von Chagalls Druckgraphiken aus den frühen zwanziger Jahren beruht auch *Die Erscheinung* auf einem Ölgemälde desselben Titels (Slg. Sinaïda Gordejewa, Leningrad), das heute meist auf 1917-18 datiert wird. Stilistisch weist dieses Bild, eine der kubistischsten Kompositionen Chagalls, enge Bezüge zu Nathan Altmans *Porträt Anna Achmatowa* auf. In der Radierung nahm er die Stilisierungen zurück und betonte damit die Abhängigkeit seiner Darstellung von früheren ›Erscheinungen‹, die die Originalversion inspiriert haben dürften. Chagalls ernster Engel erinnert an den *Schutzengel* Nicolas Tourniers in der Kathedrale von Narbonne (S. 26, Abb. 18), der ihn einige Jahre später zu seinem *Engel mit der Palette* inspirierte (S. 26, Abb. 19). Um 1937 kolorierte Chagall die heute der Tate Gallery gehörende Radierung für Lady Clerk, die Frau des britischen Botschafters in Paris, der er Zeichenunterricht gab; die kräftigen Farben – Dunkelgrün und Purpurrot – entfernen die Kompositon noch weiter vom ursprünglichen Ölgemälde, das ganz in Blau und Weiß gemalt ist.

29 Der Futtertrog, 1924 *Tafel 25*
Lithographie, 30x24
Veröffentlicht bei der Galerie Jeanne Bucher, Paris, Exemplar 7/100
Sammlung E. W. K., Bern

30 Das trinkende Schwein, um 1925 *Tafel 26*
Gouache, 63x48
Stedelijk Museum, Amsterdam, Sammlung P. A. Regnault

Chagall hat diese Komposition vor 1922 geschaffen, dem Jahr, als eine Version (wahrscheinlich eine Gouache), die einem Sammler namens Garvens gehörte, in der Monographie von Theodor Däubler reproduziert wurde (*Marc Chagall*, Rom 1922; Abb.); in Anlehnung an Meyer behauptet Haftmann, daß sie 1912 entstand (Haftmann, 1972, S. 104). Die Lithographie zeigt die Komposition spiegelverkehrt; sie wurde demnach wahrscheinlich auf den Stein gezeichnet. 1924 wurde sie in einer Pariser Galerie veröffentlicht, und im Jahr darauf verarbeitete Chagall dieses Thema in zwei Ölgemälden (Vicomtesse de Noailles, Paris, und Philadelphia Museum of Art, Slg. Louis E. Stern). In den Ölbildern läßt das weiße Kleid der Bäuerin kaum etwas von der Musterung der Lithographie erkennen; alle drei folgen jedoch der früheren Komposition. Die von rechts eintretende männliche Figur findet sich nur in der Amsterdamer Gouache; zusammen mit der Mondsichel, die durch den Baum hindurch scheint, auf dem ein kleiner Vogel hockt, verleiht sie der Komposition etwas von Geist einer Fabel.

Le beuvrage (Die Tränke), 1912 (?), Slg. Garvens, publiziert in Theodor Däubler, *Chagall*, Rom 1922

31 Das Gasthaus *Tafel 27*
Gogol, Blatt 20
27,9x20

32 Die Taverne (Traktir), 1923-24 *Tafel 28*
Gouache, 66x51
Privatsammlung, Monte Carlo

Bei dieser Gegenüberstellung ist die Gouache eine vergrößerte und ausgeschmückte Version der Radierung, die als Frontispiz für Gogols *Die toten Seelen* gedacht war. Die dargestellte Szene spielt sich in einem schon späteren Teil des Romans ab; nach einer ermüdenden Reise kommt Tschitschikow in einem bescheidenen Landgasthaus an. In der Gouache bietet das grüne Gras einen willkommenen Kontrast zu den Details – einschließlich des Wirtes –, die Chagall purpurrot hervorgehoben hat. Die reduzierte Farbpalette deutet darauf hin, daß möglicherweise an ein farbiges Frontispiz gedacht war; für die Gouachen zu La Fontaines *Fabeln* benutzte er allerdings ein weit umfangreicheres Farbspektrum. Nichts in dieser imaginären russischen Szene erinnert an Chagalls Beobachtungen in französischen Wirtshäusern in den zwanziger Jahren (siehe Tafel 40, Kat. 44).

33 Das Erklären des Weges *Tafel 29*
Gogol, Blatt 19
28,4x22,3

34 Montchauvet, 1925 *Tafel 30*
Gouache und Aquarell, 63x47,8
Sammlung Marcus Diener, Basel

Chagall ergriff in der Gouache die Gelegenheit, typisch französische Gebäude wie dieses Bauernhaus festzuhalten. Wie sich seine Tochter erinnert, malte er sie, als er 1925 zwei Zimmer im Haus eines Polizisten in Montchauvet gemietet hatte. Dieses kleine Dorf lag viel näher bei Paris als die Normandie und die Bretagne, wo er sich im Jahr zuvor mit seiner Familie aufgehalten hatte. Die Szene könnte er von einem Fenster aus gemalt haben, das den Blick auf den Bauernkarren und den Hof dahinter bot. Typisch für Chagall sind die der Szene Lebendigkeit verleihenden Details wie das kleine Kind, das sich aus dem Fenster im Erdgeschoß hinauslehnt, und das abgeschnittene Pferd, dem die kopflosen Tiere in der Gogol-Radierung entsprechen. Indem er die Köpfe der Pferde wegließ, hat Chagall die Beschreibung der Beziehung, die er zwischen Kutscher und Bauernmädchen entstehen ließ, betont; ihre verzerrten Gestalten drücken »das Erklären des Weges« aus.

35 Der Hühnerhof *Tafel 31*
Gogol, Blatt 17
22,5x29,3

36 Mutterschaft, 1925 *Tafel 32*
Gouache, 51x66
Musée national d'art moderne, Centre Georges Pompidou, Paris

Verglichen mit vielen der phantasievoll dargestellten Haustiere sind die Tiere in der Radierung und die Kuh und ihr Kalb vergleichsweise naturalistisch dargestellt. Chagall liebte es, Paris zu verlassen, um die Ruhe des Landlebens zu genießen, und zweifellos auch, um Kindheitserinnerungen an die Ferien aufzufrischen, die er bei seinem Großvater in Liosno verbracht hatte. Dort hatte man die Kühe vor dem Schlachten im Hof angebunden; in Montchauvet wurden sie in jenen Höfen gehalten, die Chagall zu der Radierung des Hühnerhofes inspirierten, den Tschitschikow durch das Fenster betrachtet, nachdem er im Haus der Korbotschka aufgewacht ist. Der französische Staat erwarb 1926 diese Gouache als erste seiner Arbeiten; als sie 1928 von Waldemar George unter dem Titel *La vache* und der Datierung 1925 reproduziert wurde, befand sie sich im Musée du Luxembourg (Waldemar George, *Marc Chagall*, Paris 1928).

37 Vater Mitjai und Vater Minjai *Tafel 33*
Gogol, Blatt 29
27,8 x 21,6

38 Die Kuh, 1926 *Tafel 34*
Gouache, 64 x 49
Privatsammlung, Schweiz

Hier hat Chagall auf gelbbraunem Papier einen aus der Nähe gesehenen mythischen Kuhkopf frei skizziert; ein sonnengebräunter Bauer hält das eine Horn und den Hals fest umfaßt. Das grinsende Gesicht des Bauern ist genauso karikiert wie die Matrosen, die Chagall im Sommer 1926 in Toulon zeichnete, oder sein *Selbstbildnis mit Grimasse* (Kat. 59, Abb.). Unter der frei aufgetragenen Gouache sind außer der blauen Vorzeichnung auch noch Spuren eines ebenfalls in Blau gezeichneten groben Gitternetzes zu sehen. Hier ist die Gouache mit einer Radierung aus Gogols *Die toten Seelen* zusammengestellt, die ebenfalls ein Pferd und seinen Herrn mit gleich trockenem Humor darstellt. Man hätte *Die Kuh* jedoch genausogut in Zusammenhang mit einer vorbereitenden Gouache zu La Fontaines *Fabeln* bringen können, denn die Farbflecken sind auch hier mit extremer Freiheit aufgetragen.

39 Begegnung mit einem Bauern *Tafel 35*
Gogol, Blatt 37/4
27,8 x 21,5

40 Die Ziege auf den Schultern, 1926-27 *Tafel 36*
Gouache, 50,5 x 35,5
Privatsammlung, Schweiz

Ein Bauer, der eine Ziege trägt, ist ein vertrauter Anblick auf dem Land; hier jedoch schwebt die blaue Ziege über den Schultern eines Mannes, dessen grünes, von einem roten Bart verdecktes Gesicht auf die Juden verweist, die Chagall 1914-15 in Witebsk gemalt hatte, Bildnisse, die von Amishai-Maisels (Teil I, Anm. 3) mit Prototypen von Josef Israel, Rembrandt und auch von Chagalls Lehrer Jehuda Pen in Verbindung gebracht worden sind. Anfang 1927 widmete Chagall Pen in der Pariser russischen Zeitung einen Artikel mit dem Titel ›Mein erster Lehrer‹ (*Rassviet* Nr. 4, 1927, S. 6 f.). Auch wenn es vielleicht kein bestimmtes Vorbild für diese Gouache gibt, so steht sie doch Chagalls fortwährenden Bemühungen, seine jüdischen Wurzeln in Bildern zu reflektieren, näher als den russischen Gestalten, die er für *Die toten Seelen* schuf. Dies wird besonders in der Radierung deutlich, in der ein komischer Bauer mit einem riesigen Balken, den er kaum tragen kann, den Weg zu versperren droht.

41 Auflauf der Bauern *Tafel 37*
Gogol, Blatt 28
27,7 x 21,3

42 Französisches Dorf, um 1926 *Tafel 38*
Gouache, 52,5 x 66,5
The Israel Museum, Jerusalem,
Geschenk von Oscar Fischer, Tel Aviv

Die Ansicht dieser hinter einer zerfallenen Scheune gelegenen Kirche entspricht weitgehend einer ebenso frischen Gouache im Museum Boymans-van Beuningen in Rotterdam (Meyer, Kat. Nr. 404), die als eine Darstellung der Kirche identifiziert worden ist, die Chagall auch in Tafel 42, Kat. 46 gemalt hat. Um diese Übereinstimmung zu verifizieren, müßte man selbst nach Chambon-sur-Lac reisen. Wie in der Rotterdamer Gouache hat Chagall auch hier die Beschaffenheit des unebenen Bodens und des Mauerwerks liebevoll herausgearbeitet, und überdies hat er seine Stilisierungen hier auch in den blauen Himmel hineingetragen, den wiederholte Pinselstriche beleben. Die Gestalten im Vordergrund nahe der Leiter – sie gehen zweifellos auf Dorfbewohner aus Chambon zurück – entsprechen stilistisch denen in der Radierung: Dort zeigt Chagall eine Bauerngruppe, die zusammenläuft, als sich Tschitschikows Dreigespann mit den Pferden eines entgegenkommenden Fuhrwerks verheddert.

43 Proschka *Tafel 39*
Gogol, Blatt 43
27,6 x 21

44 Hôtel de la Poste, 1926 *Tafel 40*
Gouache, 65 x 50
Privatsammlung, Monte Carlo

Chagall ließ in dieser Gouache eine Kuh auf dem Dach herumstreunen, statt sie auf den grünen Wiesen weiden zu lassen, die im Hintergrund zu sehen sind. Zudem stellte er ein ausgerissenes Tier auf den Dorfplatz, das die Leute allerdings gar nicht wahrnehmen. Genauso verblüffend ist seine Behandlung des Himmels – unregelmäßige, den Postimpressionisten entlehnte Farbstreifen. Wie die entlaufenen Tiere werden auch sie kaum bemerkt, da der größte Teil der Ansicht einen so konventionellen Eindruck macht. Viele Gouachen dieser Jahre scheinen von einem Fenster aus gemalt, und in der Radierung stellt Chagall Tschitschikows Diener Proschka dar, wie er durch eine Öffnung (bei der es sich sowohl um eine Tür als auch um zwei Fenster handeln kann) auf eine Szene in einem dahinterliegenden Raum blickt. Zweifellos fand Chagall sein Modell in der schlichten Gaststube eines französischen Provinzhotels.

45 Sabakowitsch beim Sessel *Tafel 41*
Gogol, Blatt 37/2
27,8 x 21,5

46 Die Kirche, 1926 *Tafel 42*
Gouache, 67 x 52
Musée de Peinture et de Sculpture, Grenoble

Diese romanische Kirche mit ihrem prächtigen Turm erinnerte Chagall sicherlich an die Kirche in Witebsk, die so viele seiner frühen Kompositonen beherrscht hatte, vor allem die zahlreichen Versionen von *Über Witebsk* (Kamenski, S. 214 f.). Obwohl das Musée de Grenoble mehrere Bilder der Kirche von Chambon anführt (Meyer, Kat. Nrn. 404, 409, 413), unterscheidet sich diese Ansicht, die die Kirche allein zeigt, von den anderen (siehe auch Tafel 38, Kat. 42). Die Gouache wurde im Juni 1928 bei einer Ausstellung in der Galerie Portique gekauft. Chagall scheint es nicht schwergefallen zu sein, in Frankreich Modelle für seine Gogol-Gestalten zu finden, so für den stattlichen Sabakowitsch in dieser Radierung, den er, umgeben von einem unwirklichen Interieur, auf eine entfernte Szene blicken läßt.

47 Tschitschikow und Sabakowitsch reden über Geschäfte *Tafel 43*
Gogol, Blatt 37
21,2 x 27,8

48 Die Lektüre, 1925 *Tafel 44*
Gouache, 44,5 x 28,5
Privatsammlung

Chagall hat sich in dieser merkwürdig proportionierten Gouache ganz auf die Gestalt des Lesenden konzentriert. Auf den ersten Blick könnte man meinen, sie sei aus einer größeren Arbeit herausgeschnitten, doch ihre Asymmetrie gewährt einen Blick auf ein Hausfenster oberhalb der linken Schulter des Modells und bringt Witebsk ins Gedächtnis zurück. Bei diesem Leser, Rabbi oder Gelehrten (die Gouache hat alle drei Titel getragen) klingt van Goghs Postbote an – *Der Briefträger Roulin* (Rijksmuseum Kröller-Müller, Otterlo) –, von dem Chagall später in seinem Atelier eine Farbreproduktion aufbewahrte. Wie üblich formte er aber auch hier sein Vorbild um. Die komplexe dekorative Oberfläche, die er mit Farbe und darauf aufgetragenem Weiß hervorgebracht hat, steht in deutlichem Kontrast zu den Mustern, die seine graphischen Arbeiten aus dieser Zeit zeigen. Für diese wählte er auch ganz andere Physiognomien: in dieser Radierung scheinen die beiden aus der Nähe gesehenen Personen im einen Fall die Derbheit, im anderen die Verfeinerung, die für Gogols Charakter so typisch sind, zu verkörpern.

49 Sabakowitsch *Tafel 45*
Gogol, Blatt 32
27,8 x 21,1

50 Der Geigenspieler, 1926 *Tafel 46*
Gouache, 49 x 49
Sammlung Marcus Diener, Basel

Chagalls Onkel Neuch hatte Geige gespielt; als Junge hatte auch Chagall einige Stunden genommen, in der Hoffnung, sein musikalisches Talent könne ihn aus der Tretmühle immer gleicher Plakerei befreien, die ihm in Witebsk vorherbestimmt war (*Mein Leben*, S. 20, 36). 1923-24 hatte er eine Variante seines kraftvollen Fiedlers mit dem Titel *Musik* (Tretjakow-Galerie, Moskau), den *Grünen Geigenspieler* (Solomon R. Guggenheim Museum, New York), geschaffen. In der Gouache hat er Motive aus diesem Bild, das kleine Tier, das aus der linken Ecke hinaufschaut, den Baum und den Zaun rechts aufgegriffen und überraschenderweise eine Öllampe und eine Teekanne hinzugefügt. Im Zusammenhang mit Chagalls Vorliebe für das Geigenspiel zitiert Kamenski Sholom Alejchems Beschreibung eines Violinisten: »Er nahm seine Geige, streichelte sie mit dem Bogen. Und die Geige begann, mit einer menschlichen Stimme zu sprechen. Und in dieser Stimme vernahm man Beten und Vorwürfe, Seufzer und Schreie…« (Kamenski, S. 145). Im Kontrast dazu greift sich

Sabakowitsch in der Radierung in einer Willkommensgeste ans Herz, einer Geste, die durch die kapriziöse Position seiner im Profil gezeigten Beine in Verwirrung gerät. Chagall setzt hier die Radiertechnik in souveräner Weise ein, er kombiniert Flecken und Spritzer mit schwungvollen Linien. Er zögert nicht, der Figur den Kopf abzuschneiden, so daß er Platz gewinnt, neben seiner Signatur ein albernes kleines Tier unterzubringen.

51 Das Haus Sabakowitschs *Tafel 47*

Gogol, Blatt 31
21,1 x 27,6

52 Der Geigenspieler, 1926-27 *Tafel 48*

Gouache, 49 x 64
Privatsammlung, Schweiz

Diese Gouache zeigt die Öllampe und das kleine Tier, die auch in dem vorhergehenden Geigenspielerbild zu sehen sind (Tafel 46, Kat. 50). Der schwarze Mantel des Musikers ist hier jedoch über einem kleinen, smaragdgrünen Haus gemalt, so daß er der gebeugten Figur auf dem Blatt *Erinnerung* ähnelt, die ihre Familie auf dem Rücken trägt (Tafel 16, Kat. 17). Bei näherer Betrachtung erweist sich das Bild als Allegorie: Der Geigenspieler beugt sich über einen kleinen Lebensbaum in einem blauen Himmelreich; seine in das Bild hineinskizzierte Angebetete ist dagegen hinter dem Zaun eingezwängt. Lockt der Musiker sie mit irdischen oder himmlischen Melodien? Die Anwort überläßt der Künstler eindeutig dem Betrachter. Auch in der Radierung ist die Anordnung von Menschen und Häusern unkonventionell, da eine traditionelle Perspektive fast völlig fehlt. Das Ergebnis ist eine unwirkliche Welt, wie sie Gogols grotesker Geschichte entspricht.

53 Pluschkins alter Park *Tafel 49*

Gogol, Blatt 39
27,6 x 21,1

54 Das Liebespaar mit dem Halbmond, um 1926-27 *Tafel 50*

Gouache, 63 x 40
Stedelijk Museum, Amsterdam

Mit einem Minimum an Farben schuf Chagall seine bezaubernde Phantasie, die auf das Thema der von nahem betrachteten Liebenden zurückweist, mit dem er sich in Rußland mindestens fünfmal auseinandergesetzt hatte (Kamenski, S. 225, 233, 252, 253). Hier hat er auf dem blauen Hintergrund mit weißer Gouache einen kleinen Vogel am Himmel umrissen und der Frau eine Baskenmütze aufgesetzt. Mit Hilfe eines feinen Pinsels parodierte er dabei die Spuren der Radiernadel, mit der er fein gezeichnete Muster auf Kupferplatten gestaltete. In den Gogol-Radierungen sind dies normalerweise Linien, die sich schwarz auf weiß vom Hintergrund abheben, wie die unzähligen Linien, aus denen in *Pluschkins alter Park* die Bäume gebildet sind.

55 Der Kutscher Selizhan *Tafel 51*

Gogol, Blatt 6
22,1 x 28,6

56 Der Traum, 1927 *Tafel 52*

Öl auf Leinwand, 81 x 100
Musée d'Art Moderne de la Ville de Paris

Der Traum, 1927; als *Le lapin (Das Kaninchen)* auf dem Kopf stehend reproduziert in *Sélection* VI, 1929

Als das Ölgemälde 1929 unter dem Titel *Le lapin* auf dem Kopf stehend reproduziert wurde (Abb.), machte die Landschaft einen ›normalen‹ Eindruck, und die Figur schien das übergroße Tier hochzuhalten und mit ihm zu Boden zu fallen. In dieser Form könnte der Traum auf den in Lewis Carrolls Buch zurückgehen, als Alice das ›Wunderland‹ erreicht, indem sie durch ein Loch fällt, in das sie einem Kaninchen nachgesprungen ist: »Es kann natürlich sein, daß ich durch die Erde hindurchfalle! Das kann ja lustig werden, wenn ich bei den Menschen herauskomme, die mit dem Kopf nach unten laufen!«, sagt sie. Chagalls wunderliches Paar spottet der Logik wie der Schwerkraft. Er arbeitete oft von allen Seiten aus an seinen Bildern, doch hier ist die Zweideutigkeit möglicherweise beabsichtigt, weil er es mit zeitgenössischen Bildern surrealistischer Künstler aufnehmen wollte, die völlig aus dem Unbewußten heraus zu schaffen versuchten. Chagalls Bilderfindung steht dem ›Über-Sinn‹ der russischen futuristischen Dichter nahe, die darum bemüht waren, die Gesetze, denen die Sprache normalerweise unterliegt, zu brechen und auszuweiten und damit über die konventionellen Reaktionen hinauszugelangen. In *Der Kutscher Selizhan* verstieß Chagall ähnlich gegen Bildkonventionen: Die Gestalt des Kutschers überdeckt den Umriß eines Pferdes, das dadurch hinter ihm zu stehen scheint. Daneben plaziert der Künstler jedoch einen Tragekorb in einem Winkel zum Betrachter, der auf subtile Weise Tiefe in die sonst zweidimensional wirkende Bildfläche bringt.

57 Die Troika am Abend *Tafel 53*

Gogol, Blatt 85
21 x 27,5

58 Dorffest, 1929 *Tafel 54*

Gouache, 50 x 65
Sammlung Marcus Diener, Basel

Die meisten französischen Fenster öffnen sich nach innen, doch in dieser Gouache griff Chagall auf die Aussichten durch Fenster zurück, die er in Rußland gemalt hatte, wie zum Beispiel *Das Fenster* von 1914-15 (Slg. Sinaïda Gordejewa, Leningrad), wo eine ähnliche Blumenvase auf der Fensterbank steht und die geöffneten Fenster über einen Bretterzaun hinaus auf einen grünen, von kleinen Häusern gesäumten Rasen blicken (Kamenski, S. 38). Die dunklen Farben dieser Aussicht stehen jedoch im Kontrast zu den hellen Farben dieser Phantasie. Kleine Gestalten, der Künstler und seine Frau, umarmen sich, von einer sanften Kuh beobachtet, in einem imaginären Innenraum, durch den Fensterrahmen gehalten, während draußen der Kutscher Selizhan durch die Straßen eines archetypischen russischen Dorfes fährt. Erinnerungen an die Straßen in *Mein Leben* werden wach, bevölkert sind diese Straßen jedoch mit Charakteren aus Gogols *Toten Seelen.* In der letzten Illustration zu Gogols Roman zeigt Chagall mit Hilfe der Aquatintatechnik (vgl. S. 19 f.) eine Nahsicht des Helden, der des Nachts durch die russische Landschaft gefahren wird. Dies entspricht dem Text, in dem Gogol sein Vaterland heraufbeschwört. Sowohl in der Radierung als auch in der Gouache träumt Chagall ebenfalls von seiner verlorenen Heimat.

Radierungen zu La Fontaines *Fabeln* und Arbeiten der Jahre 1926-31

Im Jahre 1926, als Chagall die Kupferplatten zu Gogol fertiggestellt hatte, schlug Vollard ihm vor, als nächstes La Fontaines *Fabeln* zu illustrieren. Chagall war mit diesem Genre vertraut; aus Rußland kannte er die Fabeln, die Iwan Krylow Anfang des 19. Jahrhunderts geschrieben hatte. Nur wenige dieser Fabeln sind allerdings identisch mit den Versen La Fontaines aus dem 17. Jahrhundert. Außerdem waren Krylows Verse in Rußland zwar bekannt, gehörten jedoch bei weitem nicht derart zum Allgemeingut wie La Fontaines *Fabeln* in Frankreich, wo sie auch in diesem Jahrhundert noch in der Schule auswendig gelernt wurden. Jedes der zwölf Bücher La Fontaines umfaßt durchschnittlich zwanzig Fabeln; insgesamt sind es etwa 240, von denen Chagall eine Auswahl illustrierte. Als bekannt wurde, daß Vollard für dieses Projekt einen Ausländer engagiert hatte, waren viele Franzosen empört. Vollard verteidigte seine Entscheidung jedoch, indem er auf La Fontaines Quellen verwies, zu denen auch asiatische und antike Fabeln gehören.

Da Vollard die *Fabeln* mit farbigen Illustrationen herausbringen wollte, malte Chagall zunächst einhundert Gouachen als Reproduktionsvorlagen für handgefertigte Drucke. An welche Reproduktionsmethoden Vollard dabei gedacht hatte, ist nicht genau belegt, doch wir wissen, daß er Techniken des 18. Jahrhunderts neu beleben wollte. Diese Methoden – und die entsprechenden Fehlschläge – sind im Essay beschrieben worden (siehe S. 23, vor allem Anm. 70). Der Plan, die Fabeln mit Farbillustrationen auszustatten, wurde fallengelassen, doch auch die Schwarzweißradierungen, die in Druckwerkstätten angefertigt wurden, konnten den Ansprüchen nicht genügen, so daß Chagall die Radierungen schließlich selbst anfertigte. Wir wissen nicht, ob er dabei ganz von vorn begann, oder ob er die bereits vorhandenen Kupferplatten bearbeitete. Chagalls Biograph Crespelle berichtet, daß Chagall für jede einzelne Gogol-Platte fünfhundert Francs erhielt, und daß Vollard ihm für jede einzelne Illustration zu den Fabeln tausend Francs zahlte; ob damit die Gouachen oder die Kupferplatten gemeint sind, bleibt unerwähnt. Noch komplizierter wird die Entstehungsgeschichte dadurch, daß Vollard schon 1930 damit begann, die zuvor in einer Ausstellung gezeigten Gouachen zu verkaufen, mehr als ein Jahr bevor Chagall alle Radierungen fertiggestellt hatte. Möglicherweise benutzte er Schwarzweißphotographien der Gouachen als Vorlagen für die Radierungen, die in den dreißiger Jahren nicht ausgestellt wurden. Erst 1952 wurden sie von Tériade zusammen mit dem Text in zwei Bänden veröffentlicht. Außerdem wurden zahllose Abzüge als lose Blattfolgen verkauft.

Es überrascht, daß der Bildverlauf der Radierungen dem der Gouachen entspricht; sie müssen also spiegelverkehrt auf die Kupferplatten aufgetragen worden sein. Bevor die Photographie aufkam, war das das gebräuchliche Verfahren, um Gemälde mit Hilfe der Radiertechnik seitenrichtig zu reproduzieren. Wenn es um Originalgraphiken ging, war diese Methode jedoch eher unüblich, zumal im 20. Jahrhundert. Im allgemeinen arbeitete Chagall nach Skizzen, die er häufig mit einer Quadrierung versah; die Gouache *Die Kuh* (Tafel 34, Kat. 38) weist zum Beispiel Spuren eines blauen Gitternetzes auf, die auf eine beabsichtigte Reproduktion schließen lassen. Sie wurde 1926 gemalt, als Chagall mit den Gouachen zu den Fabeln begann. Diese Gouachen zeigen keine Quadratnetzspuren, doch da die Radierungen nur halb so groß sind, mußten die Umrisse in beträchtlich reduziertem Maßstab von den Gouachen auf die viel kleineren Kupferplatten übertragen werden. Da die Kompositionen selbst bemerkenswert übereinstimmen, benutzten Chagall oder auch einer der Drucker dazu möglicherweise ein mechanisches Hilfsmittel wie etwa ein Epidiaskop.

Was die Radierungen so einzigartig macht, sind jedoch die erstaunlich malerischen Effekte, die Chagall hier mit Schwarz und Weiß erreichte. Es war das erste Mal, daß er alle Möglichkeiten des Schwarz so umfassend auszuschöpfen wußte; die Markierungen sind von einer außerordentlichen Vielfalt. Die gleiche gestalterische Freiheit findet sich auch in anderen Gouachen, die in dieser Zeit entstanden; einige davon sind im Tafelteil dieses Buches zu sehen. Chagall schuf in jenen Jahren keineswegs nur Arbeiten auf Papier; die hier besprochenen Ölgemälde machen deutlich, daß er sich auch in diesem Medium mit vielen verschiedenen Techniken beschäftigte. In der Wahl seiner Themen spiegelten sich die Freundschaften mit Dichtern und Schriftstellern wider, von denen im Essay ausführlicher die Rede ist. Aus mehreren Kompositionen spricht seine neu entdeckte Liebe für dramatische Gebirgsszenerien; 1927 entdeckte er die Mont-Blanc-Region, und in den folgenden Jahren reiste er immer wieder ins Hochgebirge.

Kat. 59

59 Selbstbildnis mit Grimasse, 1924-25

Radierung und Aquatinta,
37,4 x 27,4, äußerer Rand Facette,
auf Velin d'Arches, 58 x 45,7
Zustand VI 93/100

Dieses Selbstporträt entstand nach der mit einem Quadratnetz überzogenen Bleistiftzeichnung von 1917 (Musée national d'art moderne, Centre Georges Pompidou, Paris). Eine andere Version wurde 1931 als Umschlagmotiv für *Ma Vie* verwendet (siehe S. 11, Abb. 1). Von der 1924 begonnenen Radierung existieren sechs Stadien. Alle sind durch Probeabzüge belegt, die Eberhard W. Kornfeld beschrieben hat (S. 94, Nr. 43). Durch die Aquatinta erhält dieses Porträt verschiedene Grauschattierungen und eine gleichmäßigere Hintergrundstruktur; die meisten Blätter zu den *Fabeln* weisen dagegen eine größere Vielfalt von Markierungen auf, die Chagall in die Oberfläche der Kupferplatte kratzte, um der Schwarzweißdarstellung Leben zu verleihen. Dafür bediente er sich nicht der Aquatinta, sondern der Kaltnadeltechnik. Die Schlaglichter auf dem Gesicht und im Haarschopf machen dieses Porträt zu einer der bemerkenswertesten und malerischsten Druckgraphiken, die Chagall je schuf.

60 Der durch einen Pfeil verwundete Vogel — *Tafel 55*

La Fontaine, Blatt 15
29,4 x 23,5

61 Der durch einen Pfeil verwundete Vogel, um 1927 — *Tafel 56*

Gouache, 51,4 x 41,1
Stedelijk Museum, Amsterdam

Die Ähnlichkeit des verwundeten Vogels, den Chagall für La Fontaines Fabel 6 aus Buch 2 zeichnete, mit einer Vignette von K. Girardet ist im Essay erörtert worden (siehe S. 24, Abb. 16). In beiden Versionen wandelte Chagall die Vorlage jedoch um – in der Gouache durch die unvergleichliche Verwendung der Farben, in der Radierung durch die Strukturen auf der Kupferplatte. Girardet hatte sich für seine Vignetten des Stahlstichs bedient, einer billigen Reproduktionsmethode, die im 19. Jahrhundert erfolgreich für große Druckauflagen angewandt wurde. Der Stahlstich hat den Nachteil, daß das Ergebnis immer mechanisch wirkt, auch wenn der Künstler originelle Ideen hat. Chagall und Vollard hatten sich für ihr Projekt – geplant war ein luxuriös illustriertes Buch in einer Auflage von wenig mehr als hundert Exemplaren – für die Technik der Radierung entschieden.

62 Die in eine Frau verwandelte Katze *Tafel 57*

La Fontaine, Blatt 25
29,7 x 24

63 Die in eine Frau verwandelte Katze, um 1928-31/1937 *Tafel 58*

Radierung und Kaltnadel, handkoloriert in Öl, 29,5 x 24,1
The Trustees of the Tate Gallery, London

Diese Fabel (Buch 2, Nr. 18) erzählt die Geschichte eines Mannes, dessen geliebte Katze in eine Frau verwandelt wird. Chagall ist es gelungen, die Frustration des Katzenwesens einzufangen, dessen Verderben es in der Geschichte ist, von den Mäusen nicht mehr als Katze erkannt zu werden. In der handkolorierten Version hat er die Radierung weitgehend mit Ölfarbe überdeckt und damit die Materialstruktur verhüllt, die für die Radierungen zu den *Fabeln* und für die Gouachen, die ihnen vorangingen, von so großer Bedeutung ist. Nur einen Rest des Musters auf dem Rock und auf der Wand hat er freigelassen. Chagall bediente sich hier der satten, dunklen Farben, die in den dreißiger Jahren typisch für ihn waren. Wie Tafel 24, Kat. 28 kolorierte er auch diese Radierung für Lady Clerk, die Frau des englischen Botschafters in Paris, der er in den dreißiger Jahren Zeichenstunden gab.

64 Der Trunkenbold und seine Frau *Tafel 59*

La Fontaine, Blatt 33
29,6 x 23,7

65 Der Trunkenbold und seine Frau, um 1926-27 *Tafel 60*

Gouache auf schwarzem Papier, 51,3 x 40,8
Galerie Rosengart, Luzern

Chagalls düster kolorierte Gouache auf schwarzem Papier fängt die Stimmung der 7. Fabel des 3. Buches ein, die oben auf Seite 23 beschrieben ist. Wie *Der Satyr und der Wanderer* (Tafel 63, 64, Kat. 68, 69) spielt auch diese Fabel an einem finsteren Ort, in diesem Fall in einer Gruft, deren Boden Chagall mit wolkengleichen Formen belebt hat, auf denen die maskierte Ehefrau schreitet wie der Engel in *Die Erscheinung* (Tafel 24, Kat. 28). Geschickt hat er in der Radierung die Finsternis wiedergegeben, durchdrungen vom schwachen Schein einer Hängelampe und von einem helleren, übernatürlichen Licht, das von der als Furie Alekto verkleideten Frau des Trunkenboldes ausgeht.

66 Der Wolf, die Mutter und das Kind *Tafel 61*

La Fontaine, Blatt 48
29,1 x 23,3

67 Der Wolf, die Mutter und das Kind, 1926 *Tafel 62*

Gouache, 50,5 x 40,5
Privatsammlung, Genf

Wölfe spielen eine wichtige Rolle in La Fontaines Repertoire sprechender Tiere, da der Mensch von alters her eine tief verwurzelte Angst vor diesem hundeähnlichen Geschöpf hat. In Fabel 16 des 4. Buches läßt er die Mutter ihrem Kind sagen, sie werde es dem Wolf geben, wenn es nicht zu schreien aufhöre. Im nächsten Atemzug verspricht sie ihm jedoch, den Wolf zu töten, falls er kommt. Die Gouache mit der ungewöhnlich realistischen Darstellung der Mutter und des Kindes in einfachen, hellen Farben erinnert an die Zeichnungen Chagalls aus der Zeit, als seine Tochter ein Baby war. Die Radierung, in der die Farbblöcke so meisterhaft ins Schwarzweiß übertragen sind, übertrifft seine frühen Versuche in diesem Medium bei weitem.

68 Der Satyr und der Wanderer *Tafel 63*

La Fontaine, Blatt 57
29,5 x 23,9

69 Der Satyr und der Wanderer, 1926-27 *Tafel 64*

Gouache, 51,5 x 41,3
Privatsammlung, Monte Carlo

Zwar hat Chagall seinen Spaß daran gehabt, den sich sichtlich unbehanglich fühlenden Menschen in einer Grotte auf eine Satyrfamilie treffen zu lassen, doch bei allem Witz seiner Darstellung konnte er nicht hoffen, Inhalt und Sinn der Geschichte (La Fontaine, Buch 5, Fabel 7) Ausdruck zu geben. Der frierende Wanderer bläst zuerst auf seine Finger, um sie zu wärmen, und dann auf die ihm dargebotene Suppe, um sie zu kühlen. Entrüstet wirft ihn sein halbmenschlicher Gastgeber hinaus, weil er seine Grotte nicht mit jemandem teilen möchte, »der beides, Heißes und Kaltes, bläst«. Chagall malte die Gouache auf farbigem Papier, um die Farben zu intensivieren; in der Radierung stellte er die Düsterkeit der Grotte mit Hilfe großer, kreuzweise schraffierter Flächen dar, und die Kleidung des Wanderers gab er mit noch schwärzeren Flächen wieder.

70 Der Pfarrer und der Tote *Tafel 65*

La Fontaine, Blatt 76
29,3 x 23,8

71 Der Pfarrer und der Tote, 1926 *Tafel 66*

Gouache, 50 x 40
Musée d'Art Moderne de la Ville de Paris

Chagall hat so gut wie jedes farbige Detail der Gouache in das Schwarzweiß seiner Radierung zu La Fontaines Fabel 11 aus Buch 7 übertragen; in beiden Fassungen fehlen dem Priester die Zehen des rechten Fußes, und nur der Blumenstrauß hat in der Radierung an Überzeugungskraft verloren. Die Fabel wird im Essay besprochen (siehe S. 23), wo auch die verblüffende Tatsache erwähnt wird, daß in allen Radierungen Chagalls die Kompositionsrichtung die gleiche ist wie in den Gouachen, vielleicht ein Indiz für die früheren Versuche anderer Radierer, Farbdruckplatten für diese Folge anzufertigen. Möglicherweise wurde eine photographische Methode verwendet, um die Umrisse zu übertragen. Aus irgendeinem Grund hat Chagall diese Platte zweimal signiert, einmal – wie in der Gouache – in der Ecke, und einmal am unteren Rand.

72 Die Ratte und der Elefant *Tafel 67*

La Fontaine, Blatt 85
29,4 x 24,1

73 Die Ratte und der Elefant, um 1926-27 *Tafel 68*

Gouache, 51 x 40
Privatsammlung

Diese Fabel (Buch 8, Nr. 15) ist im Essay besprochen worden (siehe S. 22 f.). Ein Vergleich der Gouache mit der Radierung zeigt, wie meisterhaft Chagall die leuchtenden Farben in Schwarzweiß übertrug. Ähnlich wie in *Bauer und Kuh* (Tafel 72, Kat. 77) unterbrechen in der Gouache willkürlich aufgetragene Farbbereiche die schwarzen Umrisse von Mensch und Tier. Hier jedoch bediente sich Chagall einer umfangreicheren Palette mit roten, orangefarbenen, gelben, grünen und blauen Farbtönen, um die orientalische Pracht zu unterstreichen.

74 Der Bär und die zwei Burschen *Tafel 69*

La Fontaine, Blatt 63
29,7 x 23,8

75 Der Bär und die zwei Burschen, um 1926-27 *Tafel 70*

Gouache, 51 x 41
Privatsammlung

In dieser ungewöhnlich detailgetreuen Illustration zu La Fontaines 20. Fabel aus Buch 5 zeigt Chagall, wie der Bär den verängstigten Jäger umdreht, der sich totgestellt hat, um sich zu retten, während sein Freund sich auf einem Baum versteckt – die Männer haben das Bärenfell verkauft, bevor sie das Tier erlegt haben, und sind entsetzt, als sie sehen, wie groß es ist. In der Gouache wie in der darauf beruhenden Radierung hat Chagall die Figur des Jägers mitleidlos zurechtgestutzt, um ihn gänzlich der Lächerlichkeit preiszugeben. Seine meisterhafte Beherrschung der Kaltnadeltechnik beweisen die Texturen des Bärenfells und des Waldes, die er in scheinbar willkürlich aufgetragenen Markierungen eingefangen hat; sie ermöglichten ihm einen Wettstreit mit den Freiheiten der Abstraktion, ohne die Kontrolle über seinen Bildgegenstand zu verlieren.

76 Das Pferd, das sich am Hirsch rächen wollte *Tafel 71*

La Fontaine, Blatt 45
30,8 x 24,7

77 Bauer und Kuh, 1926-27 *Tafel 72*

Gouache, 50 x 65,5
Nationalmuseum, Belgrad

In dieser bemerkenswert frei gemalten Gouache stellte Chagall einen Bauern dar, der sich mit allen Kräften bemüht, eine starrsinnige Kuh fortzubewegen; in der auffallend dynamischen Radierung zeigte er einen Mann, der auf einem Pferd steht, das ihn bereitwillig trägt. Hier geht es um die 8. Fabel aus dem 4. Buch La Fontaines: in grauer Vorzeit zog ein Pferd den Menschen zu Hilfe, um seinen Feind, den Hirsch, zu töten, und verlor dabei seine Freiheit. Chagalls Tiere auf ihrem tiefschwarzen Hintergrund scheinen sich aus einer alten Handschrift oder einem Gobelin hierher verlaufen zu haben; sie stehen in scharfem Kontrast zu den heftigen Pinselstrichen der Gouache. Gelegentlich erreichte Chagall in diesem Medium eine weitaus fließendere Linienführung als in seinen Radierungen und Ölgemälden.

78 Der Schäfer und seine Herde *Tafel 73*

La Fontaine, Blatt 92
29,4 x 26,5

79 Der Metzger, 1928-29 *Tafel 74*

Tempera auf Karton, 65 x 53
Kunsthaus Zürich

Diese beiden Kompositionen zeigen den Menschen und seine Haustiere: in der Radierung beschützt der Mensch seine Tiere, in der Gouache werden sie vom Metzger geschlachtet. Der Schäfer hütet unerklärlicherweise verschiedene Tierarten; möglicherweise sollte das Blatt ursprünglich die Fabel ›Das Schwein, die Ziege und das Schaf‹ – die alle in einem Karren transportiert werden – illustrieren (Buch 8, Nr. 12), und nicht Fabel 19 aus dem 9. Buch. In der Gouache erinnerte sich Chagall lebhaft an die Ferien, die er als Kind im Haus seines Großvaters verbracht hatte (*Mein Leben*, S. 15): »Doch der Schlächter, in Weiß und Schwarz, hält das Messer in der Hand, krempelt sich die Ärmel hoch. Dann, kaum hört man die Gebete, dreht er ihr den Kopf zurück und bohrt ihr den Stahl in die Kehle... Ringsum lauern die Hunde und Hühner auf einen Tropfen Blut, auf ein Stück, das zufällig auf den Boden fällt.« Die Farbe vermittelt die Stimmung und verleitet den Betrachter dazu, das Dargestellte als natürlich hinzunehmen: frei aufgetragenes Rot verhüllt das Gemetzel; ein komplementäres Blau-Grün erzeugt Schatten; Farbtupfen schmücken die Vögel auf dem Balken; das Rot auf dem Gesicht und den Händen des Großvaters wird dekorativ. Zweifellos basiert Chagalls Komposition auf der traditionellen Behandlung des Themas, das zur gleichen Zeit von Chaim Soutine erkundet wurde. Sie nimmt Chagalls *Der gehäutete Ochse* (Ida Chagall, Paris) von 1947 vorweg, eine bewegende Allegorie des Leidens und des Todes, in der ein unschuldiges Tier sein eigenes Blut zu trinken scheint.

80 Das Auge des Herrn *Tafel 75*

La Fontaine, Blatt 50
29,9 x 23,9

81 Das Fenster, 1927-28 *Tafel 76*

Gouache, 65 x 50
Koninklijk Museum voor Schone Kunsten, Antwerpen

In dieser dramatischen Radierung scheint Chagall die Augen der unwilligen Ochsen, in deren Stall der Hirsch Schutz sucht, stärker zu betonen als die ihres Herrn, der der Fabel La Fontaines den Titel gibt (Buch 4, Nr. 21). Auch *Das Fenster* ist voller Dramatik, die zugrundeliegende Geschichte ist allerdings unbekannt. Sicherlich geht es um eine Frau, die ihr verspieltes Kätzchen um irgend etwas anfleht, doch alles ist unbestimmt. Wird die Szene vom Mond oder von der Sonne beleuchtet? Spielt sie im Schnee oder im Sommer? Befindet sich der winzige Mann auf dem Fenstersims oder neben dem Baum? Wo genau befindet sich sein Gefährte, im Fall zwischen dem Fenster und der Wand? Die größere, geflügelte Figur, blau umrissen, muß magischer Natur sein – sie durchquert die Wand und die obere Ecke des Fensters. Die Gouache ist mit roten, blauen und weißen Farbtupfen verziert, die an die gemusterten Flecken auf zahlreichen Radierungen zu den Fabeln erinnern.

82 Der Affe und der Leopard *Tafel 77*

La Fontaine, Blatt 88
29,8 x 24,5

83 Stilleben am Fenster, 1929 *Tafel 78*

Öl auf Leinwand, 100 x 81
Göteborgs Konstmuseum

Der springende Affe und der fliegende Pflanzenfresser verbinden diese zwei Bilder miteinander. Beide enthalten zudem Figuren, die erst bei näherer Betrachtung auszumachen sind. Im Stilleben fliegt Chagall selbst mit einem Blumenstrauß hinunter, um sich in das Blumenarrangement auf dem Tisch einzubringen; in der Radierung zur 3. Fabel des 9. Buches beobachten drei winzige Clowns den Affen bei seinen Kunststücken. Chagall arbeitete an 28 Kupferplatten zu den Fabeln, während er in Céret dieses Stilleben malte (siehe S. 2). Offensichtlich machte es ihm Vergnügen, einerseits mit der Radiernadel zu arbeiten, um Kupferplatten mit Texturen zu versehen, und andererseits parallel dazu dünne Ölfarbschichten mit Pinseln aufzutragen, um auf der Leinwand ähnliche Texturen hervorzubringen.

84 Der verliebte Löwe *Tafel 79*

La Fontaine, Blatt 40
29,8 x 24,2

85 Das Liebespaar, 1929 *Tafel 80*

Öl auf Leinwand, 55 x 38
The Tel Aviv Museum of Art, Geschenk von Oscar Fischer, 1940

Im Gegensatz zu zwei ähnlichen Liebespaaren in den Radierungen 14 und 15 aus *Mein Leben* (siehe S. 218 und S. 14, Abb. 5), die Chagall mit spärlichen Linien andeutete, lassen diese späteren Liebespaare der Phantasie des Betrachters weniger Spielraum. In der Fabel-Radierung, in der Chagall die Kupferplatte mit einem dichten Liniennetz überzogen hat, ist die Schäferin von der Inbrunst ihres Verehrers überwältigt. Es ist eine phantasievolle Illustration, denn La Fontaine erzählt in der 1. Fabel des 4. Buches, daß der vor Liebe blinde Löwe dem Vater der Schäferin erlaubt, ihm die Klauen und Zähne zu stutzen, damit er sie mit seinen Liebkosungen nicht versehentlich verletzen kann. Die Liebenden in dem Gemälde, die von einem Engel oder Cupido beobachtet werden, sind sentimentalerer Stimmung. Mit Ausnahme der Hände sind die blauen Umrisse der Gestalten übermalt. Die Textur spielt in beiden Werken eine wichtige Rolle; im Gemälde ist sie mit Tropfen dicker, rötlich-orangener und gelber Farbe hervorgehoben, die mit dem dünn aufgetragenen Purpur und Grün kontrastiert. Ende der zwanziger Jahre setzte sich Chagall in mehreren Gemälden mit Komplementärfarben auseinander; ein Interesse, das sicherlich durch seinen Freund Robert Delaunay angeregt worden war.

86 Der Hahn und die Perle *Tafel 81*

La Fontaine, Blatt 11
30,1 x 22,8

87 Im Gebirge, 1930 *Tafel 82*

Öl auf Leinwand, 71,9 x 59,4
Allen Memorial Art Museum, Oberlin College, Ohio, Geschenk von Joseph und Enid Bissett, 1956

Chagalls Tiere sind oft nur schwierig zu identifizieren, doch in diesen beiden Kompositionen sind der Hahn und die Kuh eindeutig als solche dargestellt. Daß der Hahn leicht zu erkennen ist, liegt an der Vorlage, die Chagall benutzte und der er sogar den Besen entnahm – eine Vignette von K. Girardet aus einer früheren La Fontaine-Ausgabe (*Fables*, Tours 1858, S. 57). Im Gegensatz zu Girardet hat Chagall seinen Vogel jedoch in eine hügelige Landschaft gesetzt. In einer ähnlichen Landschaft befindet sich der Vogel, der in dem Gemälde *Im Gebirge* vom Fenster aus zu sehen ist – eine meisterhaft gemalte zerklüftete Landschaftsszene, die er mit seinen poetischen Figuren belebt.

88 Die zwei Papageien, der König und sein Sohn *Tafel 83*

La Fontaine, Blatt 96
29,4 x 23,7

89 Landschaft bei Peïra-Cava; Die Wolke, 1930 *Tafel 84*

Öl auf Leinwand, 73 x 60,3
Marlborough Fine Art, (London) Ltd.

Die reine Landschaftsmalerei und die ornithologische Studie sind ungewöhnliche Genres im Œuvre Chagalls, und so kann es nicht überraschen, daß bei beiden Werken der erste Eindruck trügt. Das Motiv der Wolke und des Fensters wurde schon im Essay mit der Dichtung in Verbindung gebracht (siehe S. 22), und der Zusammenhang mit sprachlichen Bildern aus der Lyrik Pierre Reverdys und Raïssa Maritains erweitert Chagalls Landschaft um eine unsichtbare Dimension. Fast ebenso flüchtig ist der Zusammenhang zwischen der Illustration und der 12. Fabel aus dem 10. Buch La Fontaines. Denn wir können zwar erkennen, daß der farbenprächtige Papagei einem König gehört, und sein Sohn einem Prinzen, doch nur die gespenstische Dunkelheit deutet das furchtbare Ende an – der Prinz tötet seinen jungen Papagei, weil er sich mit einem Spatzen gestritten hat. Der Kopf des Königs, der mit seiner Krone und dem krausen Bart dem Gefieder des Papageis kaum nachsteht, erinnert an den des Gelehrten in dem Bild *Die Lektüre* (Tafel 44, Kat. 48), der mit gleichem Recht mit dieser Radierung zusammengestellt werden könnte.

90 Die Schildkröte und die beiden Enten *Tafel 85*

La Fontaine, Blatt 93
29,3 x 24,2

91 Bella und Ida in Peïra-Cava, 1931 *Tafel 86*

Öl auf Leinwand, 45 x 60
Ida Chagall, Paris

Der Künstler versteckt sich in dichtem Laubwerk über seiner Frau und seiner Tochter, die vor dem Hintergrund der Berge von Peïra-Cava dargestellt sind. Falls es zu diesem Bild eine verborgene Geschichte gibt, so könnte sie mit Rußland zusammenhängen, denn der merkwürdig gesehene Tisch erinnert an die Stillebenkompositionen seines Freundes David Schterenberg. Es handelt sich um ein ungewöhnlich privates Gemälde mit einer naiven Aura, die auch aus der Illustration zur 3. Fabel des 10. Buches von La Fontaine spricht; einer einzigartig malerischen Radierung mit großen weißen Flecken, die sowohl den Hintergrund als auch die Enten beleben. Das Arrangement erinnert an dekorative Keramik, wenngleich die Enten an eine Reise zur Schildkröte denken lassen, von der wenig mehr als ein schwarzes Zeichen auszumachen ist.

Der *Cirque Vollard,* 1926-27, und andere Zirkusdarstellungen

Noch während Chagall mit den Illustrationen zu den Fabeln beschäftigt war, machte Vollard ihm den Vorschlag, eine Folge von Radierungen zu Zirkusthemen zu gestalten. Chagall hatte schon einmal Gouachen gemalt, die als Vorlagen für Farbradierungen dienen sollten (siehe S. 23), und den Zirkusgouachen könnte die gleiche Absicht zugrunde gelegen haben. Im Winter 1926-27 entstanden neunzehn Gouachen, von denen einige auf Skizzen beruhten, die Chagall in Vollards Loge im Cirque d'Hiver gezeichnet hatte. Mehrere davon wurden von André de Ridder in der Chagall gewidmeten Nummer der Antwerpener Zeitschrift *Sélection* (VI, 1929) reproduziert. Sie alle sind mit »Le Cirque« betitelt, und da in den Bildunterschriften Vollard als Besitzer angegeben ist, muß er die Zirkusgouachen also ebenso erworben haben wie die zu den Fabeln. Normalerweise wird behauptet, daß keine von ihnen als Vorlage für eine Radierung diente, doch in diesem Buch ist eine der in *Sélection* abgebildeten Gouachen zusammen mit einer entsprechenden Radierung (Kat. 101, Abb.) reproduziert. Schon bevor er Rußland zum ersten Mal verließ, hatte Chagall in *Jahrmarkt auf dem Dorf*[1] Trapezkünstler gemalt, und 1920-21 hatte er in seiner *Einführung ins jüdische Theater* Clowns mit Tieren dargestellt (siehe Kat. 105). Mit der Arbeit an diesem Bild begann er, bald nachdem der Künstler Jurij Annenkow in Petrograd Clowns und Trapezkünstler in ein Stück von Tolstoi eingebracht und unter dem Pseudonym B. Till sein Varietétheatermanifest *Fröhliches Sanatorium* veröffentlicht hatte, in das auch Gedanken aus Marinettis Manifest *Il Teatro di Varietà* von 1913 eingegangen waren.[2] Die Zirkusthematik beschäftigte Chagall auch nach seiner Übersiedlung nach Paris, wo ein anderer Künstler aus Vollards Umkreis, Georges Rouault, ebenfalls Clowns und Zirkusgestalten malte, die eher tragischer als komischer Natur zu sein scheinen.

In späteren Jahren äußerte Chagall, er empfinde Zirkusdarsteller als tragisch; sie erschlössen ihm ›andere Horizonte‹. 1967 schrieb er einige autobiographische Passagen über den Zirkus mit einer Erinnerung an seine Kindheit, als er in Witebsk einen Mann mit einem kleinen Jungen in einem rosafarbenen Trikot und einem Mädchen, das ein kunterbuntes Kleid trug, gesehen hatte, die auf einer Straße vor einigen Zuschauern ihre Vorstellung gaben. Der Mann im Akrobatenkostüm lag auf einer erdfarbenen Matte, die den staubigen Boden bedeckte, und hielt auf seinem Gürtel eine drei oder vier Meter hohe Stange fest, an der zuerst der Junge, dann das Mädchen hochkletterte. Ein anderes Mal sah er ein kleines Mädchen in einem durchsichtigen Trikot, das wie eine Zirkusreiterin ohne Pferd aussah. Diese frühen ›Visionen‹ prägten sich in sein Gedächtnis ein – wenngleich ein zynischer Kunsthistoriker gleich an Picassos Harlekingemälde aus der rosa Periode denken wird. Wie dem auch sei, Chagalls Zirkusbilder weisen oft ein ausgesprochen satirisches Element auf, das ihnen eine unerwartete Härte verleihen kann.

1 Reproduziert in Susan Compton, 1985, Kat. Nr. 2, S. 54.

2 Veröffentlicht 1919 in *Zhizn iskusstva*; englische Übersetzung von Lynn Ball unter dem Titel ›Merry Sanatorium‹, in *The Drama Review,* Bd. 19, Nr. 4 (T-68), Dezember 1975, S. 110-12.

Kat. 92

92 Selbstbildnis mit dem verzierten Hut, 1928

Radierung, 20,5 x 14,5 auf Bütten, 28,5 x 22,5
The Tel Aviv Museum of Art

Im Jahre 1922 – noch ohne festen Wohnsitz – hatte Chagall sich mit einem Haus auf dem Kopf dargestellt (Kat. 1, Abb.); als er etwa 1927 diese Radierung schuf, hatten er und seine Familie gerade zum ersten Mal ein Haus bezogen, und er griff auf einen verzierten Hut zurück, um dieses Ereignis zu würdigen. Die Spitze des Hutes ist zum Dach eines Hauses geworden, auf dem ein Schornstein kauert; Liebende küssen einander; die Krempe verbirgt einen Zaun; statt einer Feder ist die kleine Kirche von Witebsk zu sehen, und auf der anderen Seite hat sich eine Stuhllehne in eine Person verwandelt, die eine Geige spielende nackte Gestalt betrachtet. Bei der zuletzt genannten Szene könnte es sich auch um ein Bild handeln, das hinter dem Künstler mit seiner gestreiften Jacke – die er auch auf zeitgenössischen Photographien trägt (S. 262 f.) – an einer Wand hängt oder auf einer Staffelei steht. Der zweite Kopf – wahrscheinlich der Bellas –, der sich auf der rechten Seite in Chagalls Haar schmiegt, kann leicht übersehen werden. Das Blatt trägt zwar die Numerierung 80/100, doch E. W. Kornfeld, der ausgewiesene Experte auf dem Gebiet der Druckgraphiken Chagalls, gibt die Auflagenhöhe mit sechzig an und schreibt alle vor 1957 gedruckten Exemplare dem Frontispiz der Vorzugsausgabe der Monographie zu, die André Salmon 1928 über Chagall veröffentlichte.

93 Der Akrobat mit der Geige, 1924 — *Tafel 87*

Radierung und Kaltnadel
41,8 x 31,8 auf Velin, 57,5 x 45,2
Zustand IIIb – »Bon à tirer, Marc Chagall«

94 Mann mit einer Geige, um 1920 — *Tafel 88*

Bleistift und Aquarell, 31,9 x 22,9
The Tel Aviv Museum of Art,
Geschenk von Arieh Shenkar, 1951

Das Motiv des Akrobaten mit Geige nahm wohl seinen Ausgang von einer mit Feder und Tusche gezeichneten Version, die in Rußland entstand und meist auf 1918 datiert wird (reproduziert in Haftmann, 1972, S. 50, Abb. 66). Auch die Seite aus dem Skizzenbuch entstand in Rußland; sie ist am oberen Rand mit »utrom« (»Morgen«) beschriftet und weist am rechten Rand weitere mit Bleistift geschriebene, verblaßte Vermerke in russischer Sprache auf. Die Farbstreifen scheinen auf das Wandbild für das Jüdische Theater hinzuweisen, und tatsächlich sind auf einem Entwurf, der auf einem Blatt gleichen Formats gezeichnet ist und ähnlich gekleidete Clowns zeigt, links von der Mitte oberhalb einer Geige auf einem Kreissegment ein Paar Füße zu sehen (S. 12, Abb. 2). Im vollendeten Wandbild findet sich jedoch keine Spur von dieser Figur, noch von der in der verwandten Radierung. Da dieses Skizzenbuchblatt auch die gleiche Größe hat wie Zeichnungen für Banner, mit denen 1918 Witebsk geschmückt wurde (*Der Spaziergang,* Israel Museum, Jerusalem; *Krieg den Palästen,* Tretjakow-Galerie, Moskau), mag diese Skizze als Bannerentwurf gedacht gewesen sein. In dieser Zeit komponierte Chagalls Rivale Kasimir Malewitsch Bilder mit ausschließlich geometrischen Formen – Vierecke, Dreiecke und Kreise auf weißem Grund; sowohl in der Skizze wie in der Radierung holt Chagall zum Gegenschlag aus, indem er mit gegenständlichen Formen jongliert, deren Anordnung gleichfalls der Logik trotzt.

95 Die Schildwache, 1923-24 — *Tafel 89*

Radierung und Kaltnadel mit Aquatinta
20,9 x 15,8
Jeweils 1 Exemplar dreier unterschiedlicher Zustände; vierter Zustand ohne Hut, 1 Probeabzug; 12 Abzüge 1957

96 Clown mit Pferd, 1925 — *Tafel 90*

Gouache und Aquarell, 55,8 x 66,8
Privatsammlung, Genf

Auf diesen zwei Blättern ist jeweils ein Tier einer Person gegenübergestellt: in der Gouache einem

Clown, in der Radierung dem Künstler selbst. Die Radierung mit Aquatintapassagen ist der kompliziertere Entwurf, zumal der Titel sich auf den winzigen Umriß einer Schildwache bezieht, die vor einem kleinen russischen Haus einherschreitet. Diese Szene weist implizit auf Witebsk zurück, und zwar auf die in *Mein Leben* beschriebenen Ereignisse, als Soldaten der Tscheka nächtliche Hausdurchsuchungen vornahmen (S. 151 f.). 1967 sagte Chagall, er betrachte den Zirkus als »eine magische Show, die erscheint und verschwindet wie eine Welt. Ein Zirkus ist etwas Verwirrendes, etwas Tiefgründiges«. Und er fügte hinzu: »Eine Revolution, die ihr Ideal nicht erreicht, ist vielleicht auch ein Zirkus.« (*Marc Chagall, Le Cirque,* Pierre Matisse Gallery, New York 1981) Sowohl die Radierung als auch die Gouache können also als Zirkusthemen gedeutet werden. Die im allgemeinen auf 1925 datierte Gouache zeigt einen Clown auf einem Tier, das paradoxerweise auf einem Tisch steht. Vorwiegend in Blau laviert, steht sie in engerer Beziehung zum Zirkus. Toulouse-Lautrec hatte seine Drucke mit locker verstreuten Farbspritzern versehen, um ihnen mehr Textur zu geben; vielleicht probierte Chagall dies aus ähnlichen Gründen aus.

97 Die Reiterin, 1926-27 *Tafel 91*

Radierung und Kaltnadel, 32,9 x 24
6 Probeabzüge 1926-27, neu gedruckt 1963, 2/50
Sammlung E. W. K., Bern

98 Liebende / Dame mit einem Vogel, um 1926-27 *Tafel 92*

Gouache, 66 x 51
Museum der Stadt Zagreb

Diese Gouache und diese Radierung gehören zu den lyrischsten Zirkusbildern Chagalls. Die einfach umrissene Reiterin posiert so anmutig auf ihrem ungesattelten Pferd, als gehe sie auf eine der neoklassischen Skulpturen Aristide Maillols zurück, den Chagall etwa zu der Zeit, in der diese Radierung entstand, in Banyuls besuchte. Die an Pierrots und Kolombinen erinnernden Figuren in der Gouache sind ebenso präzise konzipiert, jedoch mit einer bitter-süßen Note versehen: Chagall griff auf seinen vor 1914 entstandenen Hermaphroditen mit dem Titel *Hommage an Apollinaire* zurück (Stedelijk Van Abbemuseum, Eindhoven) und gab den Torsi ein gemeinsames Paar Beine. Die Gesichter erinnern an das mit ihm befreundete Dichterpaar Claire und Ivan Goll, die im Paris der zwanziger Jahre für ihre dramatischen Eifersuchtsszenen bekannt waren; Chagall zeichnete später ihre Porträts für ihr Buch *Duo d'amour, Poèmes d'amour, 1920-1950,* Paris 1959. Die Gouache gehörte früher der mit Paul Cassirer verheirateten Schauspielerin Tilla Durieux, der es gelungen war, ihre Kunstsammlung nach Jugoslawien zu holen, nachdem sie 1938 dorthin emigriert war. Maurice Potin, der Chagalls Gogol-Radierungen gedruckt hatte, fertigte 1926-27 mindestens fünf Probeabzüge des ersten Zustands der Radierung für Chagall an. Damals maß die Platte 37,1 x 29,8 cm; später wurde sie auf ihre jetzige Größe reduziert, und Paul Haasen druckte 1963 davon 78 Exemplare. Beim hier gezeigten Blatt handelt es sich um das zweite der fünfzig auf ›Richard de Bas‹-Papier gedruckten Blätter.

99 Der Mann mit dem Regenschirm, 1926-27 *Tafel 93*

Radierung und Aussprengverfahren, 36,6 x 29,7
4 Probeabzüge 1926-27; neu gedruckt 1963, 2/50
Sammlung E. W. K., Bern

100 Das Huhn (Cirque Vollard), 1926-27 *Tafel 94*

Gouache, 50 x 64
Privatsammlung

Eine Atmosphäre rührenden Selbstvertrauens ist diesen beiden Motiven gemein: der Mann balanciert auf einem Regenschirm, und seine Beine bilden eine merkwürdige Parallele zu dem gefiederten Körper in der Gouache. Ganz offensichtlich hat der Vogel den Kopf eines Mannes – trotz des Titels »Das Huhn«, den Franz Meyer dem Bild gab und der vom Besitzer bestritten wird; er hat es immer »Der Hahn« genannt. Chagall, dessen Hähne so oft Hühnern gleichen, zumal sie im allgemeinen keine üppigen Schwanzfedern haben, mag die Zweideutigkeit beabsichtigt haben (siehe Tafel 109, 110, Kat. 116, 117). In diesem Fall entspricht der Bart des Mannes den Kehllappen des Hahns, und seine Kappe dem Hahnenkamm, der auch als Narrenkappe gesehen werden kann. Wie bei Meyer wird diese Gouache auch hier der ursprünglichen *Cirque Vollard*-Folge von 1926-27 zugeordnet. Die Radierung ist eines der seltenen Beispiele für das Ausspreng- oder Zuckeraquatintaverfahren im Werk Chagalls; die Angaben zum Druck sind die gleichen, die für Kat. 97 angegeben wurden.

101 Das Pferd mit dem Regenschirm, 1930 *Tafel 95*

Radierung, 20,8 x 16,3
Gedruckt 1930 und 1957
Sammlung E. W. K., Bern

102 Clown auf dem Pferd, 1927 *Tafel 96*

Gouache, 66 x 50,7
Sammlung Herbert Black, Kanada

Kat. 101 gehört zu den wenigen Zirkusradierungen, für die Chagall auf ein früheres Motiv zurückgriff, und zwar auf eine 1929 veröffentlichte Gouache von 1927 (Abb.), in der allerdings der phallische Eiffelturm und die Hausdächer fehlen; statt

Der Zirkus, 1927, Slg. A. Vollard, reproduziert in *Sélection* VI, 1929

Der Zirkus, 1927, Slg. A. Vollard, reproduziert in *Sélection* VI, 1929

dessen stellt hier unten rechts ein winziger Kopf eines Clowns die Balance mit dem Pferd her. Louis Fort druckte fünfzig numerierte Exemplare der Radierung für die in Paris erscheinende russische Zeitschrift *Chisla* (Nr. 1, 1930), und siebzehn weitere Probedrucke wurden 1957 gemacht. Die dazugehörige Gouache ist in Franz Meyers Bildkatalog nicht aufgeführt und ihr jetziger Aufenthaltsort unbekannt. Das Sujet ist phantasievoller als der *Clown auf dem Pferd,* der vielleicht auf die Skizzen zurückgeht, die Chagall in Vollards Loge im Cirque d'Hiver gemacht hatte. Die nahezu abstrakte Verwendung der Farbe wirkt höchst dramatisch; mit schwarzen und weißen Markierungen hat Chagall die Gouache zusätzlich strukturiert. Diese Strukturierungen sind charakteristisch für die Gouachen zu den *Fabeln,* und möglicherweise weisen sie darauf hin, daß Chagall auch diese Komposition in eine Radierung übertragen wollte.

103 Der Hochmut I, 1925 *Tafel 97*

Radierung und Kaltnadel, 16,5 x 10,8
Blatt 2 aus der Folge *Les Sept Péchés Capitaux,* Paris 1926

104 Die Frau mit dem Tierkopf, um 1927 *Tafel 98*

Öl auf Leinwand, 65 x 50,8
Mr. und Mrs. Arnold A. Saltzman, New York City

Chagall machte es großen Spaß, menschlichen Körpern den Kopf eines Tieres zu geben. Um in einem Buch mit dem Titel *Die sieben Todsünden* den ›Hochmut‹ darzustellen, entschied er sich für einen Hahn, für einen ›eitlen Gockel‹. Das sehr viel größere Ölgemälde mit der eselsköpfigen Frau strahlt eine unheimliche Fröhlichkeit aus, die durch die phantastische Nähe des Mondes noch verstärkt wird. Die Komposition verweist auf ein Bild aus der ursprünglichen Folge der Zirkus-Gouachen, die damals Ambroise Vollard gehörte und 1929 in *Sélection* VI abgebildet wurde (Abb.). Das Ölbild unterscheidet sich hinsichtlich der Frische der Darstellung nicht von den Gouachen

Chagalls, obwohl es natürlich viel größer ist. Daß der Frau mit dem Eselskopf ein anderes vierfüßiges und geflügeltes Wesen – möglicherweise ein Pferd – gegenübergestellt ist, verleiht der Komposition eine humorvolle Leichtigkeit, der allerdings die gefletschten Zähne des Eselskopfes entgegenstehen.

105 Drei Akrobaten, 1923 *Tafel 99*

Radierung und Aquatinta, 34,2 x 37,3
Platte von 1923, nachgedruckt 1957; 47/50
Sammlung E. W. K., Bern

106 Die Akrobatin, 1930 *Tafel 100*

Öl auf Leinwand, 65 x 52
Musée national d'art moderne, Centre Georges Pompidou, Paris, Ancien fonds du Musée du Jeu de Paume, 1934

Zeit seines Lebens gehörten Akrobaten zu den Lieblingsthemen Chagalls. Die drei Clowns der Radierung gehen auf die *Einführung ins jüdische Theater* von 1921 zurück (S. 12, Abb. 2); ein erster Probeabzug wurde kurz nach Chagalls Ankunft in Paris von Louis Fort genommen. 1922 hatte er mit einem kleinen Ölbild zu einem ähnlichen Thema begonnen, das er erst 1944 vollendete (Musée national d'art moderne, Centre Georges Pompidou, Paris). Der Radierung ist hier ein größeres Zirkusgemälde gegenübergestellt, das sieben Jahre später entstand. Das Bild ist insofern ungewöhnlich für sein Œuvre, als die Trapezkünstlerin vor dem Hintergrund einer französischen Stadtlandschaft zu sehen ist. Auf einem großen Gebäude auf der rechten Seite ist »Boulanger« zu lesen, und auf einem anderen links »Boucher«. Erstaunlicherweise schlachtet ein Metzger ein Tier auf dem Trottoir. Eine witzige Zweideutigkeit scheinen der Bogen zwischen den Schenkeln der Akrobatin und der darunterliegende kleine geschlossene Torweg auszudrücken. Chagalls Farbenskala ist hier tiefer als in den späten zwanziger Jahren, und der Kontrast zwischen Rot und Grün ist durch Sprenkel modifiziert. Auf den Einfluß von Delacroix' Werk auf Chagall im Jahre 1930 ist im Essay hingewiesen worden (S. 28), und darauf mag auch die Stiländerung in diesem Gemälde zurückzuführen sein.

Die *Bibel*-Illustrationen, 1931-39

Chagalls Illustrationen zur *Bibel* (ursprünglich als Radierungen zu den Büchern der Propheten geplant) entstanden in den von der Wirtschaftskrise und dem aufkommenden Faschismus geprägten Jahren, die die ›goldenen zwanziger Jahre‹ abgelöst hatten. Seine Reiselust führte ihn häufig ins Ausland, nach Palästina und nach Polen, nach Holland und England, in die Schweiz und nach Spanien und schließlich – 1937 – nach Italien. Wann genau Vollard ihn beauftragte, die Bibel zu illustrieren, ist unbekannt, doch es scheint 1930 gewesen zu sein, noch bevor die letzten Radierungen zu den *Fabeln* fertiggestellt waren. Bis 1939 sind 66 Radierungen gedruckt worden. Weitere 39 Platten entstanden zwischen 1952 und 1956. Die Radierungen wurden schließlich in zwei Bänden von Tériade veröffentlicht, zusammen mit Auszügen aus der 1638 in Genf erschienenen Bibelübersetzung von Pfarrern und Professoren aus dem Hebräischen. (Die 57 Radierungen des ersten Tériade-Bandes sind im Anhang dieses Buches wiedergegeben.) Außerdem wurden numerierte Blattfolgen gedruckt, von denen Chagall einige mit der Hand kolorierte.

Im Jahre 1930 war Chagall eingeladen worden, zusammen mit Moise Kisling, Chaim Soutine und Chana Orloff als Gast in einem Pavillon der Pariser Kolonialausstellung auszustellen, der der Kunst aus Erez Jisrael (Palästina) gewidmet war. Aufgrund eines Streites über die Berufung eines französischen Organisators wurde dieser Pavillon nicht in die Ausstellung aufgenommen, die Einladung gab jedoch den Anstoß dazu, daß Chagall sich erneut – wie schon in den letzten Jahren in Rußland (siehe S. 11f.) – ernsthaft damit beschäftigte, zeitgenössische jüdische Kunst hervorzubringen. Das neue Projekt stand auch in engem Zusammenhang mit Chagalls Aufenthalt in Palästina. Sein Gastgeber, Meir Dizengoff, plante für das Museum von Tel Aviv auch »eine Abteilung für biblische Reproduktionen oder Bibel-Galerie«, die »eine Sammlung von Photographien, Reproduktionen und Drucken von Meisterwerken, die biblische Helden und Begebenheiten schildern«, aufnehmen sollte. In Palästina hatte Chagall jüdische historische Stätten wie etwa Rahels Grab (siehe Tafel 103, Kat. 110) und die Klagemauer (Tafel 104, Kat. 111) dokumentiert. Möglicherweise waren diese Bilder zunächst für Dizengoffs Bibel-Abteilung bestimmt. Als Chagall nach Paris zurückkehrte, kam es jedoch zu Meinungsverschiedenheiten zwischen ihm und Dizengoff, die vor allem die Einbeziehung von Reproduktionen betrafen. Er war davon überzeugt, daß ein Museum für Erez Jisrael dem Vergleich mit wichtigen Kunstsammlungen in aller Welt standhalten müsse und nur sorgfältig ausgewählte Originalarbeiten zeigen dürfe. Wie sehr Chagall sich für dieses Projekt engagiert hatte, wurde erst in einer Publikation zum fünfzigsten Jahrestag der Eröffnung des Tel Aviv Museums bekannt.[1] Ich glaube, daß die etwa vierzig vorbereitenden Arbeiten (Kat. 115-145) für die Radierungen zur *Bibel* von Dizengoffs Plan für jene Museumsabteilung angeregt wurden und daß letzten Endes auch Chagalls eigenes Museum zur biblischen Botschaft, das 1972 in Nizza eröffnet wurde, auf diesen Plan zurückgeht.

Der Zyklus der Bibelillustrationen ist oft mit dem Begriff ›humanistisch‹ beschrieben worden; wenn jedoch Michelangelos Schöpfungszyklus für die Decke der Sixtinischen Kapelle im Vatikan einen humanistischen Standpunkt verkörpert, ist Chagalls Vision vielmehr das Ergebnis seiner chassidischen Herkunft. Insbesondere die Entscheidung, Gott durch seinen in hebräischer Schrift geschriebenen Namen darzustellen, steht in völligem Gegensatz zu Michelangelos Darstellung Gottes als fleischlichen Menschen, wie wir sie etwa aus der berühmten Szene kennen, in der Gott Adam mit seinem Finger zum Leben erweckt. Chagalls Illustrationen sind als zutiefst persönliche Aussagen gedeutet worden, doch sie können durchaus in der Tradition der hebräischen Handschriftenmalerei gesehen werden, deren Zeugnisse in vielen Stilrichtungen aus allen Jahrhunderten überliefert sind. Er war sich solcher Vorläufer bewußt, denn in *Mein Leben* (S. 39) erwähnt er, wie ihn als Junge alljährlich zu Ostern der Anblick der reich bebilderten Haggada ergriff. Allerdings hatte er nicht die Absicht, hebräische Schriftrollen zu illustrieren; seine Abbildungen richten sich an alle, die die Heilige Schrift lieben.

Im Jahre 1934 kommentierte der katholische Philosoph Jacques Maritain in den *Cahiers d'art* (9, 1-4, S. 84) die vierzig Radierungen zur Genesis, die bis zu diesem Zeitpunkt fertiggestellt waren. Sein Freund Chagall habe, so schrieb er, »nicht Jude sein *wollen*; ich vermute, daß er nicht einmal sehr genau weiß, welche jüdische oder christliche Dogmatik das von ihm illustrierte Alte Testament uns vorstellt. Er hat auf die Poesie der Bibel gelauscht, sie allein hat er wiedergeben wollen, doch diese Poesie ist irgendjemandes Stimme...« Der unvollendete Satz verweist auf die tiefe Spiritualität der Illustrationen Chagalls. Untersucht man sein Lebenswerk, so zeigt sich überdies, daß Chagall mit vielen verschiedenen jüdischen Deutungsmodellen vertraut war. Seine Freundschaft mit dem französisch-jüdischen Schriftsteller Edmond Fleg führte zweifellos zu einer Wiederbelebung der Erinnerungen an seine eigene religiös bestimmte Kindheit und Jugend, in der er wie andere jüdische Kinder beim Talmudlehrer auch die Schriften auswendig gelernt hatte. Zusammen mit *Jewish Mythology* von David Goldstein (London 1987) und dem Katalog *Chagall and the Bibel,* den Jean Bloch Rosensaft anläßlich der Ausstellung der *Bibel*-Radierungen im Jewish Museum schrieb (New York 1987) sind Flegs Bücher *The Life of Moses* und *Why I am Jew* (engl. Übers. London 1928 resp. New York 1929) in die Kommentare dieses Katalogteils eingegangen.

Natürlich war Chagalls Werk der dreißiger Jahre nicht auf die *Bibel* beschränkt; das Jahrzehnt ist für sein Werk auch aufgrund der großen Ölgemälde von Bedeutung, die seit 1933 entstanden. Er entwickelte auch einen neuen Malstil mit Gouache- und Pastellfarben auf Papier – eine Kombination, die sich als äußerst empfindlich erwiesen hat, weshalb keines dieser Werke für Ausstellungszwecke zur Verfügung steht. Die hier vorgestellten Ölgemälde zeigen eine neue, mit poetischen Themen kombinierte kompositorische Kraft. Es muß Chagall tief enttäuscht haben, daß er an der Pariser Weltausstellung von 1937 mit keinem dieser Werke beteiligt war. 1936 hatte er sich in der Nähe des Ausstellungsgeländes niedergelassen, möglicherweise in der Hoffnung, man werde ihn wie seinen Freund Delauny auffordern, Wanddekorationen zu gestalten. Die Aufträge wurden jedoch nur an französische Künstler vergeben, und Chagall wurde erst 1937 eingebürgert. Als 1940 in Paris seine große Ausstellung eröffnet wurde (siehe Abb S. 267), hatten ihn die achtzehn Jahre, die er in Berlin und Paris verbracht hatte, zu einem Künstler von internationalem Rang werden lassen.

1 Tami Katz-Freiman, ›Founding the Tel Aviv Museum 1930-1936‹, *The Tel Aviv Museum Annual Review,* 1/1982, S. 9-48.

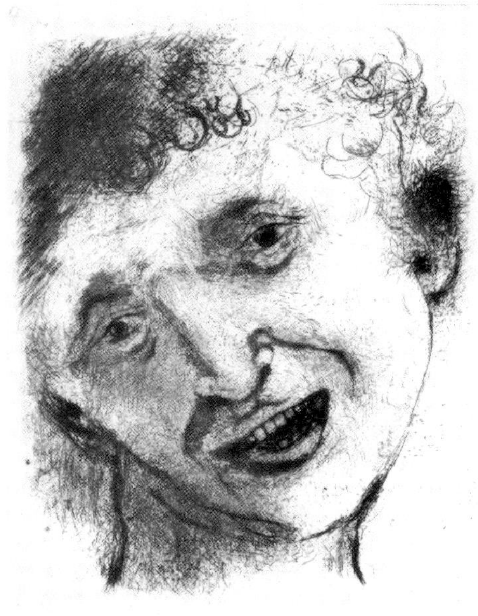

Kat. 107

107 Selbstbildnis mit lachendem Gesicht, 1924-25

Radierung und Kaltnadel,
27,5x21,5 auf Bütten, 38x28
Zustand II

Obgleich dieses Selbstporträt schon sechs Jahre vorher entstanden war, nahm Chagall 1931 einige Exemplare mit nach Palästina, um sie dort zu verschenken. Er muß damit äußerst zufrieden gewesen sein, denn ein Exemplar gab er Hermann Struck, als er ihn in Haifa besuchte; ein anderes Exemplar gab er Meir Dizengoff, seinem Gastgeber in Tel Aviv (beide befinden sich heute in der Sammlung des Tel Aviv Museum of Art). Zugrunde liegt der Komposition eine Bleistiftstudie (reproduziert in Meyer, Kat. Nr. 277), die 1917 für das *Doppelbildnis mit dem Weinglas* entstand (Musée national d'art moderne, Centre Georges Pompidou, Paris). In der radierten Version dämpfte Chagall die ziemlich schroffe Bleistiftschattierung mit Hilfe der Kaltnadeltechnik. »Das Lächeln von Chagall« war die Bildunterschrift für eine 1934 in einem Pariser Zeitungsartikel veröffentlichte Photographie (hier abgebildet in der Dokumentation, S. 266).

108 Der brennende Busch *Tafel 101*

Bibel, Blatt 27
28,9x22,7

109 Jude mit Thora, 1925 *Tafel 102*

Gouache, 68x51
The Tel Aviv Museum of Art,
Geschenk des Künstlers, 1931

Dokumentarisch belegt ist, daß Chagall dem Tel Aviv Museum eine Folge von Radierungen zu Gogols *Die toten Seelen* schenkte, als er im März 1931 an der Grundsteinlegung teilnahm. Auch die Gouache *Jude mit Thora* übergab er dem Museum noch vor der Eröffnung im Jahre 1932, und sie erhielt die Inventarnummer 1. Chagall hat die Gouache auf 1925 datiert, bei den Häusern im Hintergrund handelt es sich jedoch um Chalets in den Schweizer Alpen, wo er von 1927 an jeden Winter einige Monate verbrachte. Die Bauern mit dem Schwein stehen in scharfem Kontrast zu dem ernst blickenden Juden, der sich mit einer besitzergreifenden Geste an seine Thorarolle klammert. Im Jahre 1930 begann Chagall mit der Arbeit an den Bibelillustrationen: Die Radierung zeigt die freudige Erregung Moses', dem sich Gott in dem brennenden Busch offenbart, und sie erfüllt die Schriftgläubigen, gleich welcher Religion, mit Ergriffenheit. Sie steht hier als Einführung zu Chagalls Bibel-Illustrationen.

110 Das Grab der Rahel *Tafel 103*

Bibel, Blatt 17
23,7x30,5

111 Die Klagemauer, 1932 *Tafel 104*

Öl auf Leinwand, 73x92
The Tel Aviv Museum of Art,
Geschenk des Künstlers, 1948

In seinen späteren Jahren gab Chagall zu verstehen, er sei bei der Eröffnung des Tel Aviv Museum im April 1932 anwesend gewesen; bevor er seinen Blick auf die Klagemauer dem Museum übergab, signierte und datierte er ihn mit »Palästina, 1932«. Tatsächlich hatte sein Besuch 1931 stattgefunden, als das letzte Wort über das Museum noch nicht gesprochen war. Chagall malte in Palästina eine Reihe von realistischen Ansichten – die Radierung *Das Grab der Rahel* ist die Umsetzung eines im Freien gemalten Ölbildes, wenn auch so mancher diese moderne Sichtweise als für die biblische Geschichte unpassend beurteilen mag. Das Grab ist besonders für klagende und trauernde Frauen ein berühmter Wallfahrtsort. Chagalls *Klagemauer* hat übrigens eine historische Bedeutung, da in dem Bild die enge Gasse dargestellt ist, die damals entlang der Klagemauer verlief, lange bevor dort der Platz geschaffen wurde, der heute den Blick auf die historischen Steinblöcke – Reste von Salomos Tempel – freigibt.

112 Begegnung zwischen Moses und Aaron *Tafel 105*

Bibel, Blatt 29
28,9x22,1

113 Inneres einer Synagoge in Safed, 1931 *Tafel 106*

Öl auf Leinwand, 73x92
Stedelijk Museum, Amsterdam

Chagall hat der innigen Nähe der Brüder Ausdruck verliehen, als Moses, gekennzeichnet durch die Lichtstrahlen und den Stab, Aaron am Berg Gottes küßt und ihm Gottes Absichten mitteilt (Exodus IV, 27-28). Etwas von dieser spirituellen Freude ist auch in seiner Ansicht der Synagoge von Safed spürbar, die, wiedergegeben in freierem, ›skizzenhafterem‹ Farbauftrag als Reproduktionen erkennen lassen, von glühendem Licht erfüllt ist. Die hebräische Wurzel des Namens Safed bedeutet ›schauen‹, ›beobachten‹ oder ›suchen‹, ›hoffen‹. Die Stadt in den Bergen im Norden von Israel, ein altes Zentrum der Kabbala, ist die am höchsten gelegene Stadt des Landes. Im 16. Jahrhundert ließen sich dort aus Spanien vertriebene Gelehrte nieder, im 18. Jahrhundert Schüler des Begründers des Chassidismus, der Sekte, in deren Mitte Chagall aufwuchs.

114 Die Erschaffung des Menschen *Tafel 107*

Bibel, Blatt 1
30,6x22,8

115 Die Erschaffung des Menschen, 1930 *Tafel 108*

Dieu crée l'homme
Gouache, 64x48
Musée National Message Biblique Marc Chagall, Nizza

Diese Gouache ist die erste von vierzig, die Chagall als Vorbereitung für die Radierungen zur Bibel malte. Er eröffnete den Zyklus mit der Beschwörung eines Engels als Mittler zwischen Gott und dem neu erschaffenen Menschen und folgte damit der Pluralform »Lasset uns Menschen machen« (Genesis 1, 26), die zu der rabbinischen Interpretation geführt hatte, Gott habe seine Engel aufgefordert, mit ihm zusammen den Menschen zu erschaffen. Indem er auf diese Interpretation zurückgriff, umging Chagall die personifizierte Darstellung Gottes, der durch die hebräischen Buchstaben seines Namens repräsentiert ist. In der Gouache ermöglicht die Farbe eine tiefere symbolische Deutung. Der Name Gottes ist auf einen Mond geschrieben – in den Zohar, den jüdischen mystischen Schriften aus dem 13. Jahrhundert, das Symbol der göttlichen Gegenwart (Schechina), der Aspekt des Göttlichen, der am engsten mit der Welt verknüpft ist.

116 Noah entsendet die Taube *Tafel 109*

Bibel, Blatt 2
31,5x23,7

117 Noah entsendet die Taube, 1931 *Tafel 110*

La colombe de l'arche
Öl und Gouache, 63,5x47,5
Musée National Message Biblique Marc Chagall, Nizza

Der Radierzyklus geht von der Erschaffung Adams direkt auf das Ende der Sintflut über, die Gottes Schöpfung zu zerstören drohte. Zwei dazwischenliegende Begebenheiten, die *Erschaffung Evas* (S. 27, Abb. 20) und die Weisung an Noah, die Arche zu bauen, hatte Chagall auf Gouachen festgehalten, die jedoch nicht auf Kupferplatten übertragen wurden. Diese Szene, die die schier unerträgliche Enge in der Arche spüren läßt, zeigt die Taube, das Zeichen der Hoffnung für Noah und seine Familie, die dort Schutz gefunden haben. Die junge, ihr Kind stillende Mutter weist auf neues Leben hin, die sinnbildliche Ziege (keine Färse, wie gelegentlich zu lesen ist) auf Vergebung, und der Hahn, der wie so oft bei Chagall eher wie ein Huhn aussieht, auf Zeugungskraft. Im achten Kapitel der Genesis wird erzählt, daß Noah die Taube dreimal aussandte, im Abstand von jeweils sieben Tagen – beim ersten Mal kehrte sie zur Arche zurück, da sie nirgendwo ihren Fuß aufsetzen konnte, beim zweiten Mal brachte sie ein Ölblatt mit, und beim dritten Mal kehrte sie nicht zurück und gab Noah damit zu verstehen, daß die Erde trocken war. Chagalls ›Fenster‹-Komposition unterscheidet sich deutlich von denen, die in den zwanziger Jahren entstanden waren (siehe Tafel 76, 84, Kat. 81 und 89).

118 Das Opfer des Noah *Tafel 111*

Bibel, Blatt 3
29,7 x 23,8

119 Das Opfer des Noah, 1932 *Tafel 112*

Le sacrifice de Noë
Gouache, 62 x 49,5
Musée National Message Biblique Marc Chagall, Nizza

Nachdem Noah die Arche verlassen hatte, brachte er als erstes ein Brandopfer dar (Genesis 8, 20-22). Chagall hat die Opferszene in ein geheimnisvolles Licht getaucht, das die Tiere verzehrt, ohne sie zu vernichten. In der Gouache nimmt der gewölbte Saum des glühenden Lichtes den Regenbogen vorweg; Noahs Sohn, im unwirklichen Raum oberhalb des Patriarchen umrissen, steht für die Generationen, die kommen werden. Mit dunklen, blattähnlichen Formen hat Chagall Landschaft angedeutet. Sie sind mit Hilfe mehrerer Grüntöne aufgebaut, die in der Radierung zu zahllosen winzigen Linien geworden sind. Den Datierungen Chagalls ist nur wenig Glauben zu schenken; diese Bibel-Gouache ist die einzige, die er mit 1932 bezeichnet hat.

120 Der Regenbogen *Tafel 113*

Bibel, Blatt 4
30,3 x 23

121 Der Regenbogen, Zeichen des Bundes zwischen Gott und der Erde, 1931 *Tafel 114*

L'arc-en-ciel, signe d'alliance entre Dieu et la terre
Gouache, 63,5 x 47,5
Musée National Message Biblique Marc Chagall, Nizza

In der Radierung ruht Noah auf dem Boden; vor einem weißen Regenbogen ist eine dämmrige Behausung zu sehen (ähnlich dem *Grab der Rahel*, Tafel 103, Kat. 110), und die Ziege und der kleine Hahn, die wir aus dem Innern der Arche kennen (Tafel 109, 110, Kat. 116 und 117), befinden sich jetzt auf sicherem Erdboden. Chagall fertigte für diese Radierung zwei vorbereitende Gouachen an; die hier gezeigte ist der Radierung näher als die andere, auf der Palmen zu sehen sind, wie Chagall sie 1931 entlang der Küste Palästinas gesehen haben wird. In Genesis 9, 8-17, erfährt Noah von Gott, der Regenbogen sei ein Zeichen ihres Bundes, nach dem das Wasser niemals mehr zur Flut werden soll, um alle Lebewesen auf der Erde zu vernichten.

122 Abraham bewirtet die Engel *Tafel 115*

Bibel, Blatt 7
30,4 x 24,3

123 Abraham bewirtet die drei Engel, 1931 *Tafel 116*

Les trois anges reçus par Abraham
Öl und Gouache, 62,5 x 49
Musée National Message Biblique Marc Chagall, Nizza

Die Genesis enthält zwei Berichte, in denen Gott Abram mitteilt, daß seine Frau Sara trotz ihres hohen Alters einen Sohn gebären werde. Im ersten Bericht gibt Gott ihm den neuen Namen Abraham und spricht, »Ich bin der Allmächtige Gott; wandle vor mir und sei ungeteilt mit mir! Ich will einen Bund zwischen mir und dir stiften und will dich überaus zahlreich machen.« Er ordnet als Zeichen für den Bund die Beschneidung an und sagt die Geburt eines Sohnes voraus (17, 1-22). Im zweiten Bericht (Kapitel 18), den Chagall in der Radierung und in dieser Gouache illustriert hat, besuchen drei Engel den Abraham, der sie bewirtet und von ihnen erfährt, daß Sara einen Sohn gebären wird. Die Verwandtschaft zwischen Chagalls Komposition und der russischen Ikonenmalerei ist im Essay erörtert worden (siehe S. 27); die rötlichbraune Farbe in der Gouache deutet Erde an, Chagalls Raum ist jedoch ebenso unwirklich wie der der russischen Ikonen.

124 Die Beschneidung *Tafel 117*

Bibel, Blatt 6
29,9 x 23,6

125 Die Abraham von Gott befohlene Beschneidung, 1931 *Tafel 118*

La circoncision préscribée par Dieu à Abraham
Gouache, 62 x 49
Musée National Message Biblique Marc Chagall, Nizza

Wie es scheint, entschloß sich Chagall, eine bestimmte Begebenheit – nämlich die Beschneidung von Abrahams Sohn Isaak – darzustellen, um das hohe Alter der Sara hervorheben zu können, der er die tiefen Falten einer Greisin gibt, womit er ergreifend die Vergänglichkeit des Menschen vor Augen führt. Chagall beschränkte sich auf bestimmte Elemente des recht allgemein gehaltenen Textes des 17. Kapitels der Genesis, das die Beschneidung Abrahams und seiner Angehörigen schildert – das körperliche Zeichen dafür, daß seine Nachkommen das Volk Gottes sein sollten. Chagall hatte dieses Thema schon vor 1910 illustriert (siehe S. 27, Abb. 21).

126 Opferung Isaaks *Tafel 119*

Bibel, Blatt 10
30,4 x 23,7

127 Abraham und Isaak auf dem Wege zur Opferstätte, 1931 *Tafel 120*

Abraham et Isaac en route vers le lieu du sacrifice
Gouache, 62 x 48,5
Musée National Message Biblique Marc Chagall, Nizza

Obwohl es eine Gouacheversion der *Opferung Isaaks* gibt, ist die Radierung hier mit einer Gouache zusammengestellt, die die vorhergehende Szene zeigt, zu der Chagall keine Radierung ausgeführt hat. Die Gouache wie die Radierung erzählen von dem unbedingten Gehorsam, den Gott von Abraham verlangte, als er nach Genesis 22, 1-18, von ihm forderte, Saras Sohn, den beide ihr Leben lang ersehnt hatten, als Menschenopfer darzubringen. In der Gouache trägt Isaak die Reisigbündel für seinen Scheiterhaufen, doch die Radierung zeigt, wie im letzten Moment ein Engel Abraham Einhalt gebietet. Er erblickt einen Widder, der sich mit seinen Hörnern im Gestrüpp verfangen hat, und bringt ihn statt seines Sohnes zum Opfer dar. Der Isaak in der Gouache ist einer der schönsten Akte, die Chagall gemalt hat.

128 Abraham beweint Sara *Tafel 121*

Bibel, Blatt 11
29,3 x 24

129 Abraham beweint Sara, 1931 *Tafel 122*

Abraham pleurant Sarah
Gouache, 62,5 x 49,5
Musée National Message Biblique Marc Chagall, Nizza

In einer Nahsicht von bemerkenswertem Ernst zeigt Chagall den über der Leiche seiner geliebten Frau trauernden Abraham. Die Gouache zeichnet sich durch die Verwendung des Grüns aus, das der traurigen Szene eine sanfte Wärme verleiht. Chagall bewunderte Rembrandt, dessen Haus er 1932 in Amsterdam besuchte (siehe S. 30). Er besichtigte bei dieser Gelegenheit auch das Mauritshuis in Den Haag, wo er Rembrandts *Anatomische Vorlesung des Dr. Nicolaes Tulp* sah, das für die Gestalt der Sara als Inspiration gedient zu haben scheint; die ehrwürdige Figur des Abraham erinnert an die Selbstporträts des holländischen Künstlers. Verschleiert wird diese Ähnlichkeit durch eine für Chagall typische Hand, die das Gesicht bedeckt.

130 Die Jakobsleiter *Tafel 123*

Bibel, Blatt 14
29,5 x 24,3

131 Jakobs Traum, 1930-32 *Tafel 124*

Öl auf Leinwand, 74 x 60
Ida Chagall, Paris

In dieser ausdrucksstarken Szene – der keine Gouachestudie, sondern ein verwandtes Ölgemälde gegenübergestellt ist – ruht der Patriarch Jakob in tiefem Schlaf. Die Engel aus seinem Traum schweben auf einer Leiter, die von der Erde zum Namen Gottes führt, der ein gleißendes Licht ausstrahlt. Chagall hat eine unbekannte Figur hinzugefügt, die Jakobs Aufmerksamkeit auf den Herrn lenkt, der ihm mitteilt, daß er als Nachkomme Abrahams und Isaaks das Land erben und daß er, Gott, mit ihm sein werde (Genesis 28, 12-15). Chagall identifizierte sich mit dieser Erzählung, die ihn zu zwei Gedichten inspirierte. Jean Bloch Rosensaft hat auf die Ähnlichkeit zwischen Chagalls Jakob und einem gegengleich gesehenen von Ribera (Abb.) aufmerksam gemacht. Die Radierung wurde Anfang 1934 in den *Cahiers d'art* reproduziert (Bd. 9, 1-4, S. 84-92); es spricht also einiges dafür, daß Chagall 1933 und 1934 tatsächlich Spanien besuchte, wie es Charles Sorlier in einer Chronologie behauptet hat (*Chagall by Chagall*, New York 1979, S. 243).

José de Ribera, *Jakobs Traum*, 1639, Madrid, Prado

132 Joseph, der junge Hirt *Tafel 125*
Bibel, Blatt 18
30 x 23,5

133 Joseph, der Hirt, 1931 *Tafel 126*
Joseph, berger
Öl und Gouache, 64,5 x 51
Musée National Message Biblique Marc Chagall, Nizza

Im Vordergrund ist der jüngste Sohn Jakobs zusammen mit einer phantasievoll gezeichneten jungen Ziege zu sehen, zweifellos ein Symbol für das Schicksal, das dem Siebzehnjährigen bevorsteht: Er wird das Opfer des Zorns seiner Brüder, die ihn aus Eifersucht bezichtigen, ein Träumer zu sein. (Die Geschichte von Joseph wird im 37. Kapitel der Genesis geschildert.) Weißes Licht findet sich zwar schon hinter der Leiter in Kat. 130 und 131 (Tafel 123, 124), doch dies ist das erste Beispiel für eine gegen einen hellen Hintergrund abgehobene Figur – blau in der Gouache, und in der Radierung nur geringfügig weiß markiert.

134 Der Traum des Pharao *Tafel 127*
Bibel, Blatt 22
28,7 x 22,6

135 Joseph erklärt den Traum des Pharao, 1931 *Tafel 128*
Joseph explique les songes de Pharaon
Öl und Gouache, 62 x 49
Musée National Message Biblique Marc Chagall, Nizza

Wir übergehen die drei Illustrationen, in denen Chagall darstellte, wie Josephs Brüder ihn an Händler verschacherten, die ihn wiederum als Sklaven nach Ägypten verkauften, wie Jakob um seinen vermeintlich ermordeten Sohn trauerte (siehe unten Kat. 158) und wie Joseph den Verführungskünsten der Frau Potiphars widerstand. Die Radierung und die Gouache, die hier gegenübergestellt sind, zeigen, wie Joseph den Traum des Pharao deutet. Chagall hat die Kühe des Traums, die für die sieben fetten Jahre stehen, denen die sieben mageren folgten (Genesis 41, 25-32), in einer Art Kugel untergebracht. Er läßt sie den dunklen Thron und das ebenso dunkle Gewand des Pharao erhellen, der, wie Jean Bloch Rosensaft bemerkt hat, Ähnlichkeiten mit Charakteren in Gemälden El Grecos aufweist, dessen Werk Chagall in Spanien bewundert hatte. Weil Joseph Jahre des Überflusses, gefolgt von Jahren des Mangels, vorhergesagt hatte, ernannte der Pharao ihn zum Herrscher über Ägypten, dem es oblag, die Ernten und die Getreideverkäufe zu überwachen, um eine Hungersnot zu verhindern.

136 Joseph empfängt seine Brüder *Tafel 129*
Bibel, Blatt 23
29,4 x 23,3

137 Joseph gibt sich seinen Brüdern zu erkennen, 1931 *Tafel 130*
Joseph reconnu par ses frères
Öl und Gouache, 62 x 49
Musée National Message Biblique Marc Chagall, Nizza

Als seine zehn Brüder in Ägypten eintrafen, um Getreide zu kaufen, ließ Joseph sie als Spione gefangennehmen und schickte sie dann bis auf einen zurück nach Kanaan, um Benjamin zu holen. Damit wollte er ihre Glaubwürdigkeit prüfen. Chagall illustrierte den dramatischen Augenblick, als Joseph sich schließlich seinen Brüdern zu erkennen gibt, die mit Benjamin nach Ägypten zurückgekehrt sind. Die Prüfung, der Joseph sie unterzog (Genesis 42), konnte bildlich nicht dargestellt werden, doch zeigte Chagall die Fassungslosigkeit der Brüder angesichts der Machtposition Josephs. Die Episode wird im 45. Kapitel der Genesis erzählt, wo Joseph den Brüdern auch sagt, sie sollten sich über ihre Untat nicht grämen, denn Gott selbst habe ihn nach Ägypten vorausgesandt, damit er ihr Leben rette.

138 Jakobs Reise nach Ägypten *Tafel 131*
Bibel, Blatt 24
30,1 x 23,8

139 Jakob verläßt sein Land und begibt sich nach Ägypten, 1931 *Tafel 132*
Jacob quitte son pays pour se rendre en Égypte
Öl und Gouache, 56,5 x 49
Musée National Message Biblique Marc Chagall, Nizza

Sobald der Pharao erfuhr, daß Jakobs Brüder zu Besuch gekommen waren, lud er sie ein, ihren Vater und alle ihre Angehörigen aus Kanaan zu holen und sich in Ägypten niederzulassen. Josephs Vorhersage einer Hungersnot in Ägypten (Kat. 134 und 135) und sein Amt als Getreideverwalter in Jahren der Fülle und des Mangels führten also schließlich dazu, daß Jakob – der inzwischen den Namen Israel trug – mit seiner ganzen Familie nach Ägypten zog. Während in der Gouache das Gesicht des Patriarchen kaum angedeutet ist, nahm Chagall in die Radierung alle Einzelheiten auf; überdies fügte er hier hinter dem Kamel mehrere kleinere Figuren hinzu und erhöhte damit die Zahl der Einwanderer, so daß die Hälfte der siebzig, von denen die Überlieferung spricht, zu erkennen ist.

140 Aussetzung des Mosesknaben *Tafel 133*
Bibel, Blatt 26
28,7 x 22,6

141 Aussetzung des Mosesknaben, 1931 *Tafel 134*
Moïse sauvé des eaux
Gouache, 63 x 49
Musée National Message Biblique Marc Chagall, Nizza

Im Jahre 1934 hatte Chagall die Radierungen zur Genesis fertiggestellt; da sie damals nicht ausgestellt wurden, ist nicht mit Sicherheit zu sagen, ob zu dieser Zeit schon die Gouachen zur Geschichte Moses' vorlagen, die im Buch Exodus erzählt wird. Das erste Kapitel berichtet von der Furcht des neuen Pharao vor der großen Zahl der Nachkommen Jakobs – den Israeliten. Obwohl er sie mit immer schwereren Frondiensten unterdrückte, stieg ihre Zahl stetig an, und deshalb gab er den Befehl, alle neugeborenen israelitischen Knaben im Nil zu ertränken. Das ist der Hintergrund zu Chagalls Illustration, in der die Tochter des Pharao im Schilf das Kind sieht, das sicher in einem geteerten Korb liegt. Wie in Exodus, Kapitel 2, erzählt wird, rettete sie ihn und gab ihn auf Drängen seiner älteren Schwester Mirjam zunächst seiner Mutter, damit sie ihn stille, bevor sie ihn selbst zu sich nahm und aufzog. Die in der Radierung so deutlich zu sehenden Bäume, die die Szene überragen, machen in der Gouache einen eher verblaßten Eindruck.

142 Die Finsternis über Ägypten *Tafel 135*
Bibel, Blatt 31
29,1 x 22,8

143 Moses breitet die Finsternis aus, 1931 *Tafel 136*
Moïse répand les ténèbres
Öl und Gouache, 62 x 49
Musée National Message Biblique Marc Chagall, Nizza

Nur einige der Gouachen zu der Erzählung, wie Moses sein Volk aus der ägyptischen Sklaverei errettete, sind hier aufgenommen worden; zwei Radierungen – Kat. 108 und 112 – füllen jedoch die Lücken. Der Kampf zwischen dem Pharao und Moses, der mit Gottes Hilfe den Ägyptern Plagen aufbürdete, damit der Herrscher die Israeliten ziehen lasse, erreichte einen Wendepunkt, als Moses das Land drei Tage lang mit Finsternis überzog. Chagall griff auf den dunklen Hintergrund und auf die hebräischen Buchstaben des Namens Gottes der ersten Gouachen zurück, doch er erweiterte die biblische Erzählung (Exodus 10, 21-23) in der oberen rechten Ecke um die helfende Hand eines Engels. Unten rechts ist Aarons Kopf zu sehen, und links sind hilflose Menschen und Tiere dargestellt, die die »greifbare« (Exodus 10, 21) Finsternis in Verwirrung gestürzt hat.

144 Das Passah-Mahl *Tafel 137*
Bibel, Blatt 32
29,2 x 22,9

145 Die Israeliten essen das Osterlamm, 1931 *Tafel 138*
Les Israélites mangent l'agneau de la Pâque
Öl und Gouache, 62,5 x 49
Musée National Message Biblique Marc Chagall, Nizza

Chagall hat die Deutung seiner Illustration zum Verzehr des Osterlamms absichtlich unklar belassen, damit sie als Prototyp eines Passah-Mahls späterer Zeit gesehen werden kann. Die dargestellte Szene ist zeitlos, mit Ausnahme des fliegenden Engels, der die Israeliten möglicherweise vor der Hand Gottes schützt, die in dieser Nacht in jedem ägyptischen Haus den Erstgeborenen tötete. Das war die letzte Plage, die zur Folge hatte, daß Moses und die Israeliten Ägypten endlich verlassen konnten. Chagall hielt sich 1931 zur Zeit des Passahfestes im Heiligen Land auf. Edmond Fleg, der mit ihm zusammen nach Palästina gereist war, beschrieb seine eigene Bewegung, mit der er selbst dieses Fest in Jerusalem erlebt hatte (*Ma Palestine,* Paris 1932). Es ist jedoch nicht bekannt, ob auch Chagall mit seiner Familie an diesem Fest teilnahm und damit den Refrain erfüllte, der alljährlich von den Juden der Diaspora ausgesprochen wird: »Nächstes Jahr in Jerusalem!«

146 Tanz der Mirjam *Tafel 139*

Bibel, Blatt 35
29,6 x 23,1

147 Mirjam tanzt, 1931 *Tafel 140*

Marie danse
Öl und Gouache, 62 x 49
Musée National Message Biblique Marc Chagall, Nizza

Nachdem die Israeliten das Rote Meer sicher durchquert hatten und ihren ägyptischen Verfolgern entkommen waren, sangen Moses und das Volk Loblieder. In dieser fröhlich komponierten Gouache mit ihren leuchtenden Farben feiert Chagall die Verse: »Da nahm die Prophetin Mirjam, Aarons Schwester, die Pauke in die Hand, und alle Frauen zogen mit Paukenschlägen und Reigentänzen hinter ihr her. Mirjam stimmte den Leitvers an: ›Singet dem Herrn, denn hocherhaben ist er; Roß und Wagen warf er ins Meer!‹« (Exodus 15, 20-21). Auf einen möglichen Zusammenhang zwischen diesem Entwurf und einer Tänzergruppe von Natalia Gontscharowa ist im Essay hingewiesen worden (siehe S. 30 f.).

148 Moses empfängt die Gesetzestafeln *Tafel 141*

Bibel, Blatt 37
28,3 x 22,7

149 Moses empfängt die Gesetzestafeln, 1931 *Tafel 142*

Moïse reçoit les Tables de la Loi
Öl und Gouache, 61 x 48,5
Musée National Message Biblique Marc Chagall, Nizza

In völligem Gegensatz zur vorigen Gouache gab Chagall dieser einen dunklen, ernsten Hintergrund, wie er einem der feierlichsten Augenblicke der biblischen Geschichte angemessen ist. Chagall zeigt Moses auf dem Berg Sinai; sein Haupt erstrahlt im Licht, während er aus Händen, die hinter einer Wolke hervortauchen, die mit den zehn Geboten beschrifteten Steintafeln empfängt (Exodus 20, 1-17). Nur Moses ist zu sehen; Chagall mag dabei an die folgende Beschreibung gedacht haben (Exodus Rabbah 29,9): »Als Gott die Thora offenbarte, da sang kein Vogel, kein Huhn schlug die Flügel, kein Ochse brüllte, die Engel sangen ihre Loblieder nicht, das Meer toste nicht, kein Geschöpf gab einen Laut von sich; die Welt war ruhig und still, sie wartete auf die göttliche Stimme ohne Widerhall, die ausrief: Ich bin der Herr, dein Gott« (zitiert nach David Goldstein, *Jewish Mythology*, London 1987, S. 96).

150 Das goldene Kalb *Tafel 143*

Bibel, Blatt 38
28,9 x 22,9

151 Die Hebräer beten das goldene Kalb an, 1931 *Tafel 144*

Les Hébreux adorent le veau d'or
Öl und Gouache, 61,5 x 48,5
Musée National Message Biblique Marc Chagall, Nizza

In einer weiteren dramatischen Komposition zeigte Chagall die Fortsetzung zu Kat. 148 und 149. Moses empfing nach den zehn Geboten noch weitere Gebote und Vorschriften; das Volk Israel wurde des Wartens auf seine Rückkehr vom Berg Sinai müde und überredete Aaron, ein Götzenbild zu machen, das sie anbeten könnten (Exodus 32, 1-17). In der Gouache gleicht das Tier eher einem goldenen Schwein als einem Kalb, doch später fand Chagall ein besseres Modell, und in der Radierung ist das Kalb, von dem die Bibel erzählt, deutlicher zu erkennen.

152 Moses zerbricht die Gesetzestafeln *Tafel 145*

Bibel, Blatt 39
29,4 x 23,1

153 Moses zerbricht die Gesetzestafeln, 1931 *Tafel 146*

Moïse brise les Tables de la Loi
Öl und Gouache, 62 x 48,5
Musée National Message Biblique Marc Chagall, Nizza

»Er näherte sich nunmehr dem Lager und sah das Kalb und die Reigentänze; da entbrannte der Zorn des Moses, und er schleuderte die Tafeln aus seiner Hand und zertrümmerte sie am Fuße des Berges.« (Exodus 32, 19) Chagall zeigt Moses in einer Haltung der Enttäuschung und des Zorns; die Tafeln sind jedoch nicht zertrümmert, sondern liegen nur leicht beschädigt am Boden. Wie Jean Bloch Rosensaft bemerkt hat, ist eine mit einem anachronistischen Davidstern versehen. Diese Darstellung gehört zu den Bildern Chagalls, die einen besonders nachhaltigen Eindruck hinterlassen. Er stellte die Figur erneut auf einem Ölgemälde gleichen Titels dar (1955-56, Köln, Museum Ludwig).

154 Aaron und der siebenarmige Leuchter *Tafel 147*

Bibel, Blatt 40
29,1 x 22,9

155 Aaron vor dem siebenarmigen Leuchter, 1931 *Tafel 148*

Aaron devant le chandelier
Öl und Gouache, 60 x 49
Musée National Message Biblique Marc Chagall, Nizza

Hier hat Chagall die ersten vier Verse des achten Kapitels des Buches Numeri illustriert, in denen Aaron, der das Amt des Hohepriesters bekleidet, angewiesen wird, die Lampen so auf den Leuchter aufzusetzen, daß »die sieben Lampen ihr Licht nach der Vorderseite des Leuchters ausstrahlen«. Der Leuchter wurde nach dem Muster gestaltet, das der Herr Moses gezeigt hatte. Dieser siebenarmige Leuchter, die Menora, ist ein ausdrucksstarkes Symbol des Judentums. Sie findet sich auf alten jüdischen Grabsteinen, auf Mosaikfußböden in Synagogen und auf jüdischen Münzen der Römerzeit. Wieder einmal ist hier die Radierung detaillierter als die Gouache: In der Radierung hat Chagall die Kopfbedeckung des Aaron differenzierter gestaltet, und die jetzt sorgfältig beschriftete Brustplatte hängt hier an einer Halskette. Um die Brustplatte herum fügte er Juwelen hinzu, allerdings mehr als die zwölf, die in der mittelalterlichen Mystik esoterische Bedeutung hatten.

156 Josua verkündet das Gesetzbuch *Tafel 149*

Bibel, Blatt 47
29,7 x 23,2

157 Der Betende, 1934-35 *Tafel 150*

Gouache, 60 x 48
Privatsammlung

Zu Beginn dieses Katalogteils ist ein Jude mit einer Thorarolle Moses' Gotteserscheinung gegenübergestellt, die zum Empfang der Gesetzestafeln führte (Tafel 101, 102, Kat. 108, 109). In diesem Blatt steht ein betender Mann Josua als nunmehr geistlichem Oberhaupt gegenüber, der die Lehren seines Freundes und Meisters Moses aufrechterhält. Chagall scheint ihm anachronistischerweise ein Buch in die Hände gegeben zu haben, doch handelt es sich dabei zweifellos um einen der Altarsteine, die Josua mit einer Abschrift des Gesetzes beschrieb (Josua 8, 30-35). Der zeitgenössische Jude in der Gouache erinnert an die Synagogengemälde, in denen Chagall 1931 in Palästina (Tafel 106, Kat. 113) und 1935 während seines Aufenthalts in Polen das jüdische religiöse Leben dokumentiert hatte. Auch Franz Meyer hat in seiner Monographie den *Betenden* mit den Synagogeninterieurs zusammengestellt, die Chagall in Wilna gemalt hatte (Meyer, Kat. Nr. 624, 625). Der fromme Mann klammert sich an die Thorarolle – die fünf Bücher Mosis, die dem Buch Josua vorangehen.

158 Jakob beweint Joseph *Tafel 151*

Bibel, Blatt 20
30,2 x 24,6

159 Studie zu ›Einsamkeit‹, 1933 *Tafel 152*

Öl und Pastell auf Leinwand, 27 x 40
Mrs. Pearl und Mr. Joseph Boxenbaum

Die Darstellung von Jakob, der den Verlust seines jüngsten Sohnes Joseph beweint, erscheint hier außerhalb der chronologischen Reihenfolge (siehe Kat. 134), weil seine gebeugte Gestalt und der grübelnde Jude in der *Studie zu ›Einsamkeit‹* – für eine größere Version im Tel Aviv Museum of Art – einander ergänzen. Die Kunsthistorikerin Mira Friedman hat dargelegt, daß sich der Titel *Einsamkeit* auf das Buch Klagelieder 1,1 bezieht (»Ach, wie sitzt so einsam die Stadt«), und die Gestalt mit dem Propheten Jeremia in Verbindung gebracht. Sie vergleicht Chagalls Figur mit Rembrandts *Der Prophet Jeremia trauert über die Zerstörung Jerusalems* (Rijksmuseum Amsterdam), weist aber auch auf ein noch überzeugenderes Vorbild hin, auf *Johannes der Täufer in der Wildnis* von Geertgen tot Sint Jans, wo die in einen Mantel gehüllte Figur wie bei Chagall auf dem Boden sitzt. Sie glaubt, daß Chagall dieses Bild in Berlin gesehen hatte, und zeigt, daß er Johannes den Täufer und dessen Attribut, ein Schaf, das Symbol für Christus, durch Jeremia und eine Kuh ersetzt hat, die in der Midrasch die Geburt des Messias vorhersagt (›Marc Chagall's Portrayal of the Prophet Jeremiah‹, *Zeitschrift für Kunstgeschichte*, 47, Band 1984, Heft 1, S. 384-90). Der barfüßige Jakob in der Radierung, dessen niedriger Schemel die Stelle des Korbes hinter dem Täufer einnimmt, gleicht einer Karikatur der Gestalt der frühen niederländischen Malerei.

160 Begegnung zwischen Jakob und Rahel *Tafel 153*

Bibel, Blatt 15
29,2 x 22,9

161 Der Blumenstrauß, 1937 *Tafel 154*

Öl auf Leinwand, 99 x 71
Privatsammlung

Die Radierung vergegenwärtigt die Geschichte einer unbeirrbaren Liebe, denn Jakob erklärte sich bereit, Rahels Vater Laban sieben Jahre lang zu dienen, um ihre Hand zu erhalten. Chagall hat darin möglicherweise eine Parallele zu seinem eigenen Leben gesehen, denn wenn wir der Schilderung in *Mein Leben* glauben, wartete auch er sieben Jahre, bis er seine Geliebte Bella heiraten konnte, der er 1909 zum ersten Mal begegnet war. Er zeigt Jakob und Rahel bei ihrer ersten Begegnung neben dem Brunnen, wenngleich das Gesicht der Rahel auch die Enttäuschung darüber ausdrückt, daß Laban Jakob täuschte und ihn zunächst ihre Schwester Lea heiraten ließ, womit er ihn zwang, ihm weitere sieben Jahre lang zu dienen. Das Ölgemälde erzählt Chagalls eigene Liebesgeschichte: Nach zwanzig Jahren ist seine Liebe zu Bella noch genauso intensiv und blühend wie ein frisch gepflückter Blumenstrauß. Ein blauer, traumartiger Raum umgibt das Paar, eine Erinnerung an Witebsk, die durch eine geflügelte Gestalt und symbolische Tiere – eine Kuh und ein Hahn – bevölkert wird.

162 Rebecca am Brunnen *Tafel 155*

Bibel, Blatt 12
30,1 x 23,6

163 Sommernachtstraum, 1939 *Tafel 156*

Öl auf Leinwand, 117 x 89
Musée de Peinture et de Sculpture, Grenoble,
Geschenk des Künstlers, 1951

Unter Chagalls Illustrationen zur Bibel finden sich mehrere Liebesgeschichten. Eine davon ist die, in der Abrahams Knecht auf der Suche nach einer Braut für Isaak am Brunnen der Stadt Nahor Halt machte und dort auf Rebecca traf, die ihm und seinen Kamelen zu trinken gab (Genesis 24, 10-21). In die Szene sind Beobachtungen eingegangen, die Chagall während seines Aufenthalts im Mittleren Osten im Jahre 1931 machen konnte, doch ähneln die Gesichter – wie schon im Essay bemerkt wurde (siehe S. 28) – Köpfen von Delacroix. Gegenübergestellt ist dieser Radierung hier ein Gemälde, das eine klassische Liebesgeschichte Shakespeares zeigt. Die Wahl dieses Sujets hing wahrscheinlich mit der Pariser Weltausstellung von 1937 zusammen. Unter den Gemälden, die das Palais de Chaillot schmückten, befand sich eine großformatige Darstellung dieses Themas von Luc-Albert Moreau, *Le Théâtre de Shakespeare* oder *Le songe d'une nuit d'été*, und außerdem ein Bild von Edouard Vuillard, *La Comédie*, auf dem Titania und Zettel in einer Lichtung zu sehen sind. (Beide sind reproduziert in *Paris 1937 Cinquantenaire de l'exposition internationale des arts et des techniques dans la vie moderne*, Institut Français d'Architecture/Paris-Musées 1987, S. 366, 375). Chagall hatte schon oft zuvor Figuren mit Tierköpfen gemalt (siehe Tafel 98, Kat. 104); hier jedoch hat er auf diese französischen Gemälde reagiert und seine eigene, sehr viel zeitlosere Beschwörung des Shakespeareschen Traums dargestellt.

Die Uhr, 1928-30, Radierung, 20,3 x 14,4 cm

164 Josua vor Jericho *Tafel 157*

Bibel, Blatt 46
32,8 x 22,5

165 Die Zeit hat keine Ufer, 1930-39 *Tafel 158*

Öl auf Leinwand, 100 x 81,3
The Museum of Modern Art, New York,
anonymes Geschenk, 1943

Sowohl für religiöse als auch für profane Sujets bediente sich Chagall fliegender Figuren, um in einer klassischen Komposition eine starke Vertikale auszubalancieren. In Kat. 156 ist Josua als der geistliche Nachfolger Mosis dargestellt, in dieser Illustration sehen wir ihn als militärischen Führer, der dem Wort Gottes vertraut, daß Jericho durch ihn fallen werde (Josua 6, 1-7). Die Komposition des Ölgemäldes war zunächst schwächer: Sie beruht auf der Radierung *Die Uhr* (Abb.), die für René Schwobs *Chagall et l'âme juive* (Paris 1931) gedacht war. Diese wurde nach einem ersten Probedruck jedoch nicht weiter bearbeitet, und als das Buch 1931 veröffentlicht wurde, zeigte das Frontispiz eine Reproduktion der in Öl gemalten Version (Abb.), die – ungewöhnlich für Chagall – spiegelverkehrt angelegt war. Er hatte auch die Lage der Uhr verändert, die jetzt nicht mehr das Flußufer überlappt, und der Titel geht nunmehr auf ein Zitat aus den Metamorphosen des Ovid zurück, »Die Zeit ist ein Fluß ohne Ufer«. Verwandlung ist der Kern der Chagallschen Poesie, wie im Text oben (S. 25, 33) schon ausgeführt wurde. Der Fisch, der auf einer kleinen Geige spielt, und das jetzt mit einem Kind gesegnete Paar lassen die neuerliche Verwandlung von 1939 (Tafel 158) zu einer magischen Beschwörung seines Lebenstraums werden.

Die Zeit hat keine Ufer, Öl auf Leinwand, erster Zustand von 1930

166 Lichter der Hochzeit, 1934/1945 *Tafel 159*

Öl auf Leinwand, 123 x 120
Kunsthaus Zürich,
Geschenk Nachlaß Ernst Göhner

Während seiner Arbeit an den Bibel-Illustrationen in den dreißiger Jahren fand Chagall immer noch Zeit für mehrere großformatige Ölgemälde. In diesem querformatigen Bild kombinierte er unterschiedlich große Figuren und Episoden – ein Versuch, seine Erinnerungen auf der Leinwand miteinander zu vermählen. Es handelt sich hierbei um eine Hälfte der großformatigen *Komposition* von 1934, die er 1945 in zwei Teile schnitt, um sie jeweils neu zu bearbeiten. Auf den ersten Blick ist dies nicht erkennbar, da die endgültige Version der anderen Hälfte, *Um sie herum* [Autour d'elle] (Musée national d'art moderne, Centre Georges Pompidou, Paris), sowohl in der Höhe als auch in der Breite zehn Zentimeter weniger mißt. Im März 1935 überarbeitete Chagall die rechte Hälfte der *Komposition*. Die Änderungen wurden in der Bildunterschrift zu einer in den *Cahiers d'art* (10, 1935, Nr. 1-4) veröffentlichten Photographie genannt: Der Stuhl, das Huhn, die kleinen Menschen, die Frau mit den erhobenen Händen im Vordergrund und der Klarinettenspieler (die in Abb. 24, S. 32 noch zu sehen sind) waren bereits verschwunden und hatten der Straßenszene und dem aus einem Blatt aus *Mein Leben* (Kat. 24) stammenden Cellospieler Platz gemacht. Bellas Tod 1944 in den Vereinigten Staaten hatte Chagall zweifellos dazu veranlaßt, sein Hochzeitsbild in eine Erinnerung an das Jahr 1935 umzugestalten, denn das Porträt Bellas in *Um sie herum* gleicht ganz eindeutig dem, das er 1935 gemalt hatte (Stedelijk Museum Amsterdam). In *Lichter der Hochzeit* gelang es Chagall, die technischen Probleme zu lösen, die ihm bei der Arbeit an dem großen Bild begegnet waren, und seinen Traum im Rückblick in milderem Licht zu sehen.

Die Radierfolgen

Mein Leben

Nikolai Gogol, *Die toten Seelen*

La Fontaine, *Die Fabeln*

Die Bibel

Mein Leben

Blatt 1-20
Berlin, Paul Cassirer, 1923. Folge von 20 Radierungen. 26 Exemplare auf Japanpapier, die Blätter numeriert unten links von 1/110-26/110 und unten rechts signiert: Marc Chagall. 84 Exemplare auf Bütten, die Blätter unten links numeriert von 27/110-110/110 und unten rechts signiert: Marc Chagall. Lose Blätter.
Slg. Sprengel I, 341-360

1

2

3

4

5

1 **Der Vater**
Radierung und Kaltnadel, 1922
27,8 x 21,8 auf Bütten, 44,5 x 35
Bez.: 103/110 Marc Chagall
Slg. Sprengel I, 344

2 **Mutter und Sohn**
Radierung und Kaltnadel, 1922
27,8 x 21,8 auf Bütten, 44 x 35
Bez.: 63/110 Marc Chagall
Slg. Sprengel I, 349

3 **Die Großväter**
Radierung und Kaltnadel, 1922
27,8 x 21,7 auf Bütten, 44 x 35
Bez.: 80/110 Marc Chagall
Slg. Sprengel I, 353

4 **Die Großmutter**
Radierung und Kaltnadel, 1922
20,9 x 16 auf Bütten, 37,3 x 26
Bez.: 75/110 Marc Chagall
Slg. Sprengel I, 352

5 **Pokrowskaja in Witebsk**
Radierung und Kaltnadel, 1922
17,9 x 21 auf Bütten, 35 x 44,5
Bez.: 27/110 Marc Chagall
Slg. Sprengel I, 346

6

7

8

9

10

11

6 **Geburt**
Radierung, 1922
12,9x17,8 auf Bütten, 26,5x35,5
Bez.: 88/110 Marc Chagall
Slg. Sprengel I, 358

7 **Feuer in der Stadt**
Radierung, 1922
18x20,9 auf Bütten, 35x45
Bez.: 95/110 Marc Chagall
Slg. Sprengel I, 341

8 **Haus in Peskowatik**
Radierung und Kaltnadel, 1922
17,9x21 auf Bütten, 35,5x44,5
Bez.: 35/110 Marc Chagall
Slg. Sprengel I, 356

9 **Der Talmudlehrer**
Radierung und Kaltnadel, 1922
24,6x18,8 auf Bütten, 44,5x35
Bez.: 97/110 Marc Chagall
Slg. Sprengel I, 348

10 **Speisezimmer**
Radierung und Kaltnadel, 1922
27,6x21,7 auf Bütten, 35,5x44,5
Bez.: 29/110 Marc Chagall
Slg. Sprengel I, 345

11 **Haus in Witebsk**
Radierung und Kaltnadel, 1922
18,9x24,9 auf Bütten, 35x45
Bez.: 87/110 Marc Chagall
Slg. Sprengel I, 359

12

13

14

15

16

17

12 **Haus des Großvaters**
Radierung und Kaltnadel, 1922
20,9 x 16 auf Bütten, 35 x 27
Bez.: 97/110 Marc Chagall
Slg. Sprengel I, 343

13 **Ein alter Jude**
Radierung und Kaltnadel, 1922
12 x 9,8 auf Bütten, 35 x 26,5
Bez.: 110/110 Marc Chagall
Slg. Sprengel I, 347

14 **Vor dem Tore**
Radierung, 1922
20,9 x 15,8 auf Bütten, 35 x 27
Bez.: 78/110 Marc Chagall
Slg. Sprengel I, 350

15 **Liebende auf der Bank**
Radierung, 1922
13 x 18 auf Bütten, 36 x 44
Bez.: 49/110 Marc Chagall
Slg. Sprengel I, 351

16 **Hochzeit**
Radierung und Kaltnadel, 1922
14,4 x 16,2 auf Japanpapier, 27 x 35,5
Zustand III, Bez.: Marc Chagall
Slg. Sprengel I, 355

17 **Selbstporträt**
Radierung und Kaltnadel, 1922
27,5 x 21,5 auf Bütten, 44,5 x 35
Bez.: 33/110 Marc Chagall
Slg. Sprengel I, 360

18 **An der Staffelei**
Radierung und Kaltnadel, 1922
24,7 x 19 auf Bütten, 45 x 30
Bez.: 101/110 Marc Chagall
Slg. Sprengel I, 354

19 **Am Grabstein der Mutter**
Radierung, 1922
11,7 x 8,8 auf Bütten, 36,5 x 22
Bez.: 37/110 Marc Chagall
Slg. Sprengel I, 342

20 **Grab des Vaters**
Radierung und Kaltnadel, 1922
11 x 14,9 auf Bütten, 26,5 x 35
Bez.: 104/110 Marc Chagall
Slg. Sprengel I, 357

18

19

20

Nikolai Gogol, Die toten Seelen
Nicolas Gogol, Les Ames Mortes

Blatt 1-85
Traduction de Henri Mongault. Eaux-fortes originales de Marc Chagall. 2 Bände. Paris, Tériade Editeur 1948. Bd. 1: 1 Doppelblatt, S. 1-164 und 50 Radierungen; Bd. 2: S. 165-316, 2 Doppelblätter und 57 Radierungen. Exemplar Nr. 98/285, im Impressum signiert: Marc Chagall. Eines von 368 Exemplaren, davon 1-50 auf Velin d'arches mit einer Suite der Radierungen auf Japon nacre, Nr. 51-335 ohne Suite, Nr. I-XXXIII hors commerce für die Mitarbeiter.
Entstanden auf Anregung von Ambroise Vollard 1923 bis 1927. Die 96 ganzseitigen Radierungen und die 11 Radierungen mit den verkleinerten Wiedergaben aller Illustrationen wurden unter der Leitung von Vollard 1927 von Louis Fort gedruckt. Nach dem Tode Vollards (1939) übernahm der Pariser Verleger Tériade die Fertigstellung des Werkes unter Mitarbeit von Ida Chagall. Die 11 Radierungen der Kapitelanfänge wurden 1948 von Raymond Haasen abgezogen. Lose Lagen in zwei Kassetten.
Slg. Sprengel I, 367 ff

1 **Tschitschikows Ankunft**
L'arrivée de Tchitchikov
22,1 x 28,6; Slg. Sprengel I, 367 ff/1

2 **Die Gaststube**
Le traktir
22 x 28,5; Slg. Sprengel I, 367 ff/2

3 **Die kleine Stadt**
La petite ville
22,1 x 28,6; Slg. Sprengel I, 367 ff/3

4 **Der Abend beim Gouverneur**
La soirée chez le gouverneur
22,2 x 28,7; Slg. Sprengel I, 367 ff/4

5 **Petruschka**
Pétrouchka
22,1 x 28,6; Slg. Sprengel I, 367 ff/5

1

2

3

4

5

6

7

8

9

6 **Der Kutscher Selizhan**
Le cocher Sélifane
22,1 x 28,6; Slg. Sprengel I, 367 ff/6

7 **Unterwegs**
En chemin
21,9 x 28,7; Slg. Sprengel I, 367 ff/7

8 **Manilow**
Manilov
28,6 x 22,5; Slg. Sprengel I, 367 ff/8

9 **Manilow und Tschitschikow auf der Türschwelle**
Manilov et Tchitchikov sur le seuil de la porte
28,6 x 22,1; Slg. Sprengel I, 367 ff/9

10 **Mahlzeit bei Manilow**
Repas chez Manilov
22,1 x 28,6; Slg. Sprengel I, 367 ff/10

11 **Der Verwalter**
L'intendant
28,8 x 19,3; Slg. Sprengel I, 367 ff/11

10

11

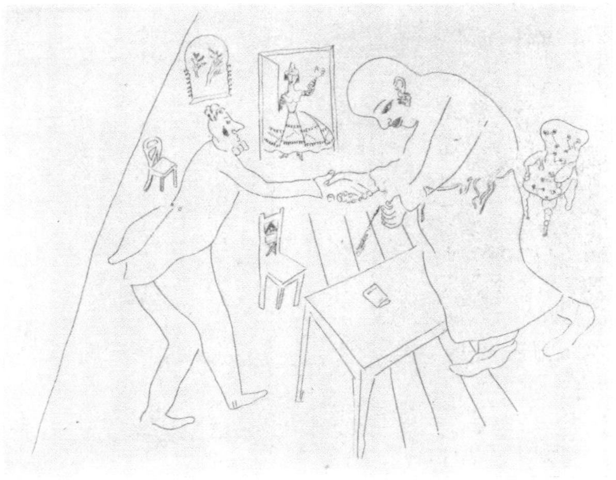

12

13

12 **Tschitschikows Abschied von Manilow**
Les adieux de Tchitchikov à Manilov
22,7 x 29,4; Slg. Sprengel I, 367 ff/12

13 **Auf dem Weg zu Sabakowitsch**
En route vers Sobakévitch
22 x 29,7; Slg. Sprengel I, 367 ff/13

14 **Der Wagen ist umgekippt**
La britchka s'est renversée
22,7 x 29,6; Slg. Sprengel I, 367 ff/14

15 **Frau Korbotschka**
Madame Korbotchka
30 x 22,6; Slg. Sprengel I, 367 ff/15

16 **Tschitschikow auf dem Bett**
Tchitchikov sur le lit
19,9 x 28,4; Slg. Sprengel I, 367 ff/16

17 **Der Hühnerhof**
La basse-cour
22,5 x 29,3; Slg. Sprengel I, 367 ff/17

14

15

16

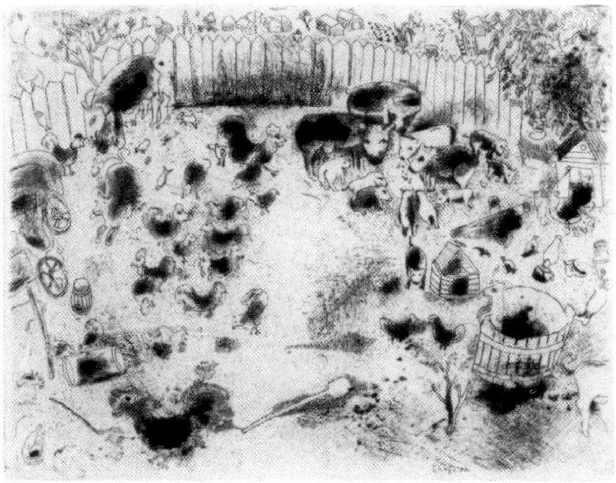

17

18

19

20

21

22

23

18 **Der Morgentee**
Le thé du matin
22,5 x 29,6; Slg. Sprengel I, 367 ff/18

19 **Das Erklären des Weges**
L'indication de la route
28,4 x 22,3; Slg. Sprengel I, 367 ff/19

20 **Das Gasthaus**
La maison du traktir
27,9 x 23; Slg. Sprengel I, 367 ff/20

21 **Mahlzeit in der Gaststube**
Repas dans le traktir
21,5 x 28,8; Slg. Sprengel I, 367 ff/21

22 **Nosdrew**
Nozdriov
28,9 x 23,2; Slg. Sprengel I, 367 ff/22

23 **Die Maler**
Les peintres
29,1 x 22,9; Slg. Sprengel I, 367 ff/23

24

25

26

27

24 **Die Spielkarten**
Les cartes à jouer
22 x 28,5; Slg. Sprengel I, 367 ff/24

25 **Erscheinen der Polizisten**
Apparition des policiers
28,7 x 22,1; Slg. Sprengel I, 367 ff/25

26 **Der Kutscher füttert die Pferde**
Le cocher donne à manger aux chevaux
21,7 x 27,9; Slg. Sprengel I, 367 ff/26

27 **Zusammenstoß auf dem Wege**
Collision en chemin
21,9 x 28,5; Slg. Sprengel I, 367 ff/27

28 **Auflauf der Bauern**
Attroupement des paysans
27,7 x 21,3; Slg. Sprengel I, 367 ff/28

29 **Vater Mitjai und Vater Minjai**
Le père Mitiaï et le père Miniaï
27,8 x 21,6; Slg. Sprengel I, 367 ff/29

28

29

30

31

32

33

30 **Tschitschikows Träume**
Les rêves de Tchitchikov
27,9 x 21,3; Slg. Sprengel I, 367 ff/30

31 **Das Haus Sabakowitschs**
La maison de Sobakévitch
21,1 x 27,6; Slg. Sprengel I, 367 ff/31

32 **Sabakowitsch**
Sobakévitch
27,8 x 21,1; Slg. Sprengel I, 367 ff/32

33 **Frau Sabakowitsch**
Madame Sobakévitch
27,7 x 21,1; Slg. Sprengel I, 367 ff/33

34 **Man begibt sich zu Tisch**
On passe à table
21,3 x 27,9; Slg. Sprengel I, 367 ff/34

35 **Der mit Eßwaren beladene Tisch**
La table chargée de victuailles
27,7 x 21,4; Slg. Sprengel I, 367 ff/35

34

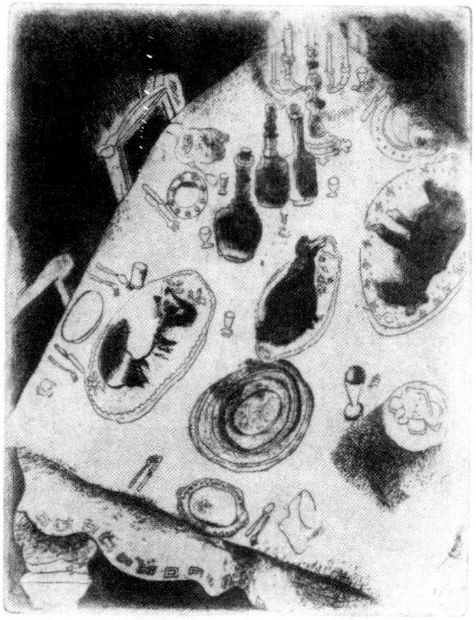

35

36

37

37/2

37/3

36 **Sabakowitsch bei Tisch**
Sobakévitch à table
21,4 x 27,8; Slg. Sprengel I, 367 ff/36

37 **Tschitschikow und Sabakowitsch reden über Geschäfte**
Tchitchikov et Sobakévitch discutent affaires
21,2 x 27,8; Slg. Sprengel I, 367 ff/37

37/2 **Sabakowitsch beim Sessel**
Sobakévitch près du fauteuil
27,8 x 21,5; Slg. Sprengel I, 367 ff/38

37/3 **Die Bezahlung**
Les arrhes
21,5 x 27,9; Slg. Sprengel I, 367 ff/39

37/4 **Begegnung mit einem Bauern**
Rencontre d'un paysan
27,8 x 21,5; Slg. Sprengel I, 367 ff/40

38 **Pluschkins Dorf**
Le village de Pliouchkine
21,2 x 27,7; Slg. Sprengel I, 367 ff/41

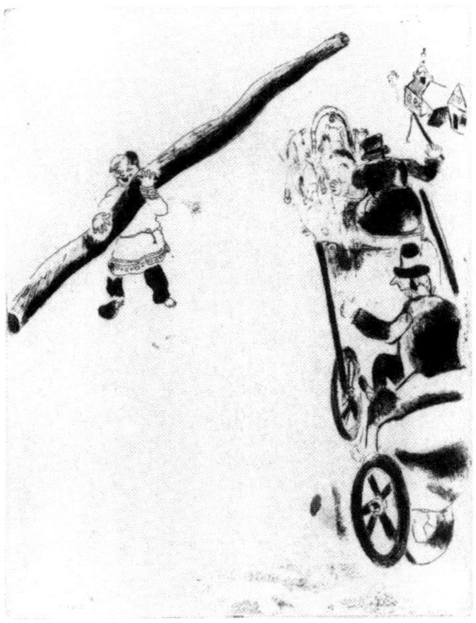
37/4

38

39

40

41

39 **Pluschkins alter Park**
Le vieux parc de Pliouchkine
27,6 x 21,1; Slg. Sprengel I, 367 ff/42

40 **Pluschkin an der Tür**
Pliouchkine à la porte
27,7 x 21,2; Slg. Sprengel I, 367 ff/43

41 **Pluschkins Zimmer**
La chambre de Pliouchkine
27,7 x 21,4; Slg. Sprengel I, 367 ff/44

42 **Pluschkin stöbert unter der Brücke**
Pliouchkine raurassant sous le pont
27,6 x 21,1; Slg. Sprengel I, 367 ff/45

43 **Proschka**
Prochka
27,6 x 21; Slg. Sprengel I, 367 ff/46

44 **Pluschkin bietet etwas zu trinken an**
Pliouchkine offre à boire
21,3 x 27,6; Slg. Sprengel I, 367 ff/47

45 **Pluschkin auf der Suche nach seinen Papieren**
Pliouchkine à la recherche de ses papiers
21,3 x 27,7; Slg. Sprengel I, 367 ff/48

42

43

44

45

46

47

46 **Streit zwischen Pluschkin und Mavra**
Dispute de Pliouchkine et de Mavra
21,4 x 27,6; Slg. Sprengel I, 367 ff/49

47 **An der Stadtgrenze**
À la barrière de la ville
21,3 x 27,7; Slg. Sprengel I, 367 ff/50

48 **Gogol und Chagall**
Gogol et Chagall
27,5 x 21,1; Slg. Sprengel I, 367 ff/51

49 **Tschitschikow triumphiert im Hemd**
Tchitchikov triomphe en chemise
27,6 x 21; Slg. Sprengel I, 367 ff/52

49/2 **Feldarbeit**
Labourage
21,1 x 27,7; Slg. Sprengel I, 367 ff/53

49/3 **Tod von ›Ins-Fettnäpfchen-getreten‹**
Mort de mets-les-pieds-dans-le-plat
20,9 x 27,4; Slg. Sprengel I, 367 ff/54

48

49

49/2

49/3

50

51

52

53

54

50 **Stephan Probha, Zimmermann**
Stéphane Bouchon, charpentier
27,7 x 21,2; Slg. Sprengel I, 367 ff/55

51 **Maxim Kelintnikow, Schuhflicker**
Maxime Téliatnikov, savetier
28,5 x 21,2; Slg. Sprengel I, 367 ff/56

52 **Frau Sperling**
Madame moineau
27,7 x 21; Slg. Sprengel I, 367 ff/57

53 **Gregor ›Nie-das-Reiseziel-Erreichender‹**
Grigori va-toujours-et-tu-narriveras-pas
22 x 28,6; Slg. Sprengel I, 367 ff/58

54 **Der Mann ohne Reisepaß vorm Richter Isprawnik**
L'homme sans passeport devant le Capitain-Ispravnik
27,3 x 21,1; Slg. Sprengel I, 367 ff/59

55 **Der Getreidehafen**
Le port au blé
21,1 x 27,7; Slg. Sprengel I, 367 ff/60

55/2 **Die Treidler**
Les haleurs
21,8 x 28,4; Slg. Sprengel I, 367 ff/61

55

55/2

56

57

58

58/2

56 **Begegnung im Mantelrock**
La rencontre en houppelande
27,6 x 21,9; Slg. Sprengel I, 367 ff/62

57 **Das Gericht**
Le tribunal
22 x 27,8; Slg. Sprengel I, 367 ff/63

58 **Das Vertragsbüro**
Le bureau des contracts
27,7 x 22; Slg. Sprengel I, 367 ff/64

58/2 **Das Schwindelgeschäft**
Le ›pot de vin‹
22,1 x 27,6; Slg. Sprengel I, 367 ff/65

58/3 **Die Zeugen**
Les témoins
21,6 x 27,5; Slg. Sprengel I, 367 ff/66

59 **Freundschaftsmahl beim Polizeichef**
Agapes chez le maître de police
27,7 x 21,8; Slg. Sprengel I, 367 ff/67

58/3

59

59/2 **Pawel Iwanowitsch wird zur Herberge zurückgebracht**
Pavel Ivanovitch est ramené à l'auberge
27,6 x 21,8; Slg. Sprengel I, 367 ff/68

59/3 **Petruschka zieht die Stiefel aus**
Pétrouchka retire les bottes
27,7 x 22; Slg. Sprengel I, 367 ff/69

59/4 **Man reinigt die Hosen**
On nettoie les pantalons
27,7 x 22; Slg. Sprengel I, 367 ff/70

60 **Ausgestreckt auf dem Bett**
Étendus sur lit
21,9 x 27,6; Slg. Sprengel I, 367 ff/71

61 **Tschitschikow bei der Toilette**
La toilette de Tchitchikov
27,7 x 22; Slg. Sprengel I, 367 ff/72

62 **Erscheinen Tschitschikows auf dem Ball**
Apparition de Tchitchikov au bal
22 x 27,7; Slg. Sprengel I, 367 ff/73

59/2

59/3

59/4

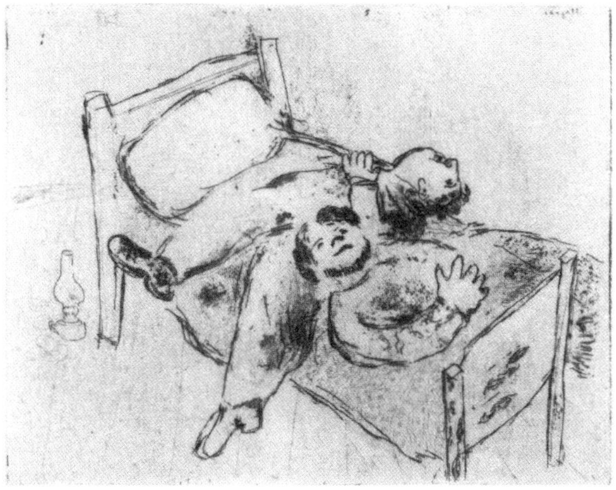

60

61

62

63

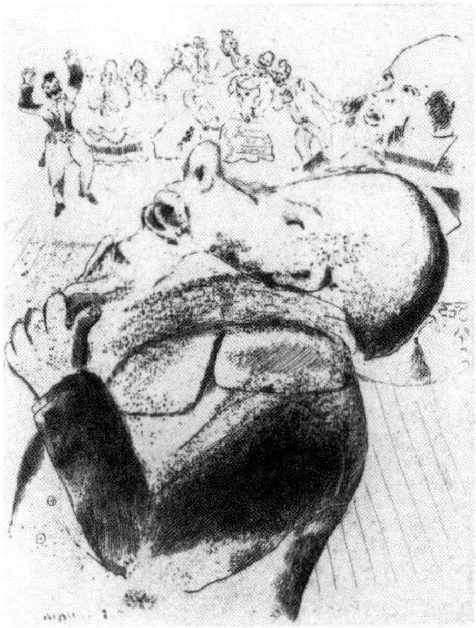

64

65

66

63 **Ball beim Gouverneur**
Bal chez le gouverneur
21,3 x 30,5; Slg. Sprengel I, 367 ff/74

64 **Nosdriews Enthüllungen**
Révélations de Nozdriov
27,7 x 21,1; Slg. Sprengel I, 367 ff/75

65 **Der Laternenwächter**
Le garde au réverbère
27,7 x 22; Slg. Sprengel I, 367 ff/76

66 **Die angenehme und die in jeder Hinsicht angenehme Dame**
Dames charmante et charmante à tous égards
27,8 x 21,1; Slg. Sprengel I, 367 ff/77

67 **Die Gattin des Gouverneurs grollt ihrer Tochter**
La femme du gouverneur gronde sa fille
27,5 x 21,2; Slg. Sprengel I, 367 ff/78

68 **Das Fest wird zur Schlägerei**
L'orgie dégénère en rixe
23,5 x 27,7; Slg. Sprengel I, 367 ff/79

67

68

69 **Die Flucht ohne Kleider**
La fuite tout nu
21,1 x 27,7; Slg. Sprengel I, 367 ff/80

70 **Die abgemagerten Beamten**
Les fonctionnaires amaigris
27,7 x 23,6; Slg. Sprengel I, 367 ff/81

71 **Die Geheimversammlung der Beamten**
Le conciliabule des fonctionnaires
22,9 x 27,8; Slg. Sprengel I, 367 ff/82

72 **Kopekin oder Napoleon**
Kopéïkin ou Napoléon
27,8 x 21; Slg. Sprengel I, 367 ff/83

73 **Der Procuror stirbt**
Le procureur en mourut
21 x 27,8; Slg. Sprengel I, 367 ff/84

74 **Zahnschmerzen**
Mal des dents
27,7 x 21; Slg. Sprengel I, 367 ff/85

69

70

71

72

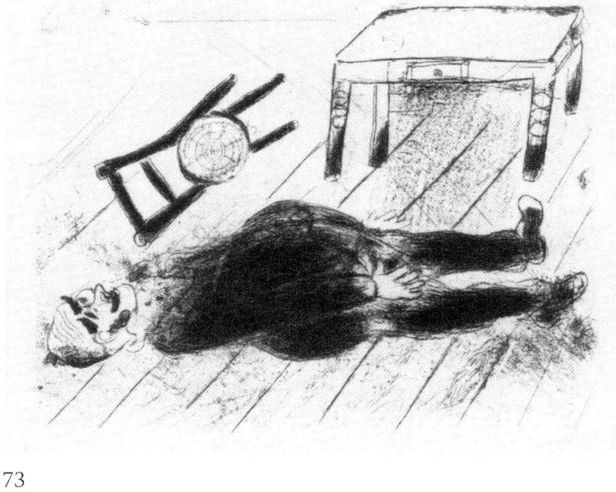

73

74

75

76

77

75 **Tschitschikow rasiert sich**
Tchitchikov se rase
27,7 x 20,9; Slg. Sprengel I, 367 ff/86

76 **Der Schweizer läßt Tschitschikow nicht eintreten**
Le suisse ne laisse pas entrer Tchitchikov
27,6 x 23,5; Slg. Sprengel I, 367 ff/87

77 **Unser Held hält sich bereit**
Notre héros tenait à être prêt
27,8 x 21,1; Slg. Sprengel I, 367 ff/88

78 **Das Begräbnis des Procurors**
L'enterrement du procureur
21,1 x 27,7; Slg. Sprengel I, 367 ff/89

79 **Tschitschikows Geburt**
La naissance de Tchitchikov
27,8 x 20,4; Slg. Sprengel I, 367 ff/90

80 **Der Vater erteilt Tschitschikow eine Lehre**
Le père de Tchitchikov lui donne une correction
27,7 x 21; Slg. Sprengel I, 367 ff/91

78

79

80

81

82

83

81 **Tschitschikow schlief im Büro**
Tchitchikov couchait au bureau
21,1 x 27,7; Slg. Sprengel I, 367 ff/92

82 **In der Kirche**
À l'église
27,6 x 21; Slg. Sprengel I, 367 ff/93

83 **Im Finanzdepartement, der neue Chef**
À la trésorerie, le nouveau chef
21,1 x 27,7; Slg. Sprengel I, 367 ff/94

84 **Tschitschikow als Zöllner**
Tchitchikov douanier
21,1 x 27,6; Slg. Sprengel I, 367 ff/95

85 **Die Troika am Abend**
La troïke au soir
21 x 27,5; Slg. Sprengel I, 367 ff/96

84

85

La Fontaine, Die Fabeln
La Fontaine, Fables

Blatt 1-100
Eaux-fortes originales de Marc Chagall.
2 Bände, Paris, Tériade Editeur 1952. Jeder Band hat 32 Doppelblätter (Text) und 50 Radierungen. Exemplar Nr. 39, jedes Blatt unten links bezeichnet mit der laufenden Nummer in der Folge und unten rechts signiert: Marc Chagall. Erschienen in 200 Exemplaren, davon 1-40 auf Velin de rives mit einer Suite der Radierungen auf Japon nacre und einer auf Montval, 41-85 mit Suite auf Montval, 85-185 ohne Suite und I-XV hors commerce für die Mitarbeiter. Außer der Buchausgabe sind 100 Mappen mit den 100 Radierungen auf Montval erschienen.

Es sind 100 Radierungen in Schwarz, entstanden auf Anregung von Ambroise Vollard zwischen 1927 und 1930, und damals von Maurice Potin unter Leitung von Vollard gedruckt. Hinzu kommen die Radierungen der beiden Umschläge von 1952, gedruckt von Raymond Haasen. Der Text von Georges Arnoult in der Imprimerie Nationale in Paris gedruckt. Lose Lagen in einem Umschlag in zwei Kassetten.

Slg. Sprengel I, 378 ff

1

2

3

4

5

6

1 **Der Rabe und der Fuchs**
Le Corbeau et le Renard
29,2 x 24,6; Slg. Sprengel I, 378 ff/1

2 **Der Frosch, der dem Ochsen an Größe gleichen wollte**
La Grenouille qui se veut faire aussi grosse que le Bœuf
29,7 x 23,5; Slg. Sprengel I, 378 ff/2

3 **Die beiden Esel**
Les deux Mulets
29,7 x 24,9; Slg. Sprengel I, 378 ff/3

4 **Die Färse, die Ziege und das Schaf, in Genossenschaft mit dem Löwen**
La Génisse, la Chèvre et la Brebis en société avec le Lion
28,9 x 25; Slg. Sprengel I, 378 ff/4

5 **Der Wolf und das Lamm**
Le Loup et l'Agneau
28,3 x 24,6; Slg. Sprengel I, 378 ff/5

6 **Der Mensch und sein Ebenbild**
L'Homme et son image
29,3 x 23,9; Slg. Sprengel I, 378 ff/6

7

8

9

10

11

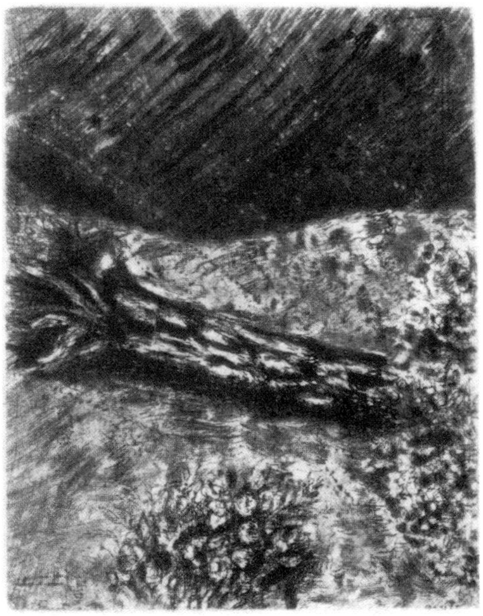

12

13

7 **Der Tod und der Unglückliche**
La Mort et le Malheureux
29,6 x 23,6; Slg. Sprengel I, 378 ff/7

8 **Der Tod und der Holzfäller**
La Mort et le Bûcheron
29,8 x 24; Slg. Sprengel I, 378 ff/8

9 **Der Fuchs und der Storch**
Le Renard et la Cigogne
29,4 x 23,6; Slg. Sprengel I, 378 ff/9

10 **Das Kind und der Schulmeister**
L'Enfant et le Maître d'école
29,4 x 23,9; Slg. Sprengel I, 378 ff/10

11 **Der Hahn und die Perle**
Le Coq et la Perle
30,1 x 22,8; Slg. Sprengel I, 378 ff/11

12 **Die Eiche und das Schilfrohr**
Le Chêne et le Roseau
29,3 x 23,4; Slg. Sprengel I, 378 ff/12

13 **Der Wolf klagt gegen den Fuchs vor dem Affen**
Le Loup plaidant contre le Renard par-devant le Singe
29,6 x 24,1; Slg. Sprengel I, 378 ff/13

14 **Die beiden Stiere und ein Frosch**
Les deux Taureaux et une Grenouille
29,6 x 24,1; Slg. Sprengel I, 378 ff/14

15 **Der durch einen Pfeil verwundete Vogel**
L'Oiseau blessé d'une flèche
29,4 x 23,5; Slg. Sprengel I, 378 ff/15

16 **Die Hündin und ihre Freundin**
La Lice et sa Compagne
29,8 x 23,7; Slg. Sprengel I, 378 ff/16

17 **Der Adler und der Käfer**
L'Aigle et l'Escarbot
29,7 x 24; Slg. Sprengel I, 378 ff/17

18 **Der Löwe und die Mücke**
Le Lion et le Moucheron
25,9 x 24,2; Slg. Sprengel I, 378 ff/18

19 **Der mit Schwämmen und der mit Salz beladene Esel**
L'Âne chargé d'éponges et l'Âne chargé de sel
30,1 x 24,4; Slg. Sprengel I, 378 ff/19

20 **Der Löwe und die Ratte**
Le Lion et le Rat
29,9 x 24,1; Slg. Sprengel I, 378 ff/20

14

15

16

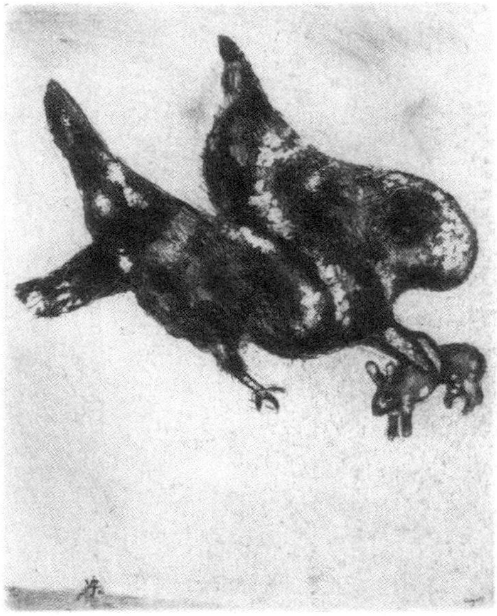
17

18

19

20

21

22

23

24

25

26

27

21 **Der Hase und die Frösche**
Le Lièvre et les Grenouilles
29,6 x 23,8; Slg. Sprengel I, 378 ff/21

22 **Der Hahn und der Fuchs**
Le Coq et le Renard
28,7 x 24,7; Slg. Sprengel I, 378 ff/22

23 **Der Rabe, der den Adler nachahmen wollte**
Le Corbeau voulant imiter l'Aigle
29,6 x 23,9; Slg. Sprengel I, 378 ff/23

24 **Der Pfau beklagt sich bei Juno**
Le Paon se plaignant à Junou
29,9 x 24,2; Slg. Sprengel I, 378 ff/24

25 **Die in eine Frau verwandelte Katze**
La Chatte métamorphosée en femme
29,7 x 24; Slg. Sprengel I, 378 ff/25

26 **Der Löwe und der Esel auf der Jagd**
Le Lion et l'Âne chassant
29,7 x 24,1; Slg. Sprengel I, 378 ff/26

27 **Äsop erläutert das Testament**
Testament expliqué par Ésope
29,5 x 24,8; Slg. Sprengel I, 378 ff/27

28

29

30

31

28 **Der Müller, sein Sohn und der Esel**
Le Meunier, son Fils et l'Âne
30 x 24,6; Slg. Sprengel I, 378 ff/28

29 **Der Wolf als Schäfer**
Le Loup devenu berger
29,7 x 23,9; Slg. Sprengel I, 378 ff/29

30 **Die Frösche, die einen König haben wollen**
Les Grenouilles qui demandent un roi
29,5 x 23,6; Slg. Sprengel I, 378 ff/30

31 **Der Fuchs und der Ziegenbock**
Le Renard et le Bouc
29,7 x 24,1; Slg. Sprengel I, 378 ff/31

32 **Der Adler, die Wildsau und die Katze**
L'Aigle, la Laie et la Chatte
29,6 x 23,8; Slg. Sprengel I, 378 ff/32

33 **Der Trunkenbold und seine Frau**
L'Ivrogne et sa Femme
29,6 x 23,7; Slg. Sprengel I, 378 ff/33

32

33

34 **Der Wolf und der Storch**
Le Loup et la Cigogne
29,4 x 23,7; Slg. Sprengel I, 378 ff/34

35 **Der Fuchs und die Trauben**
Le Renard et les raisins
29,4 x 23,8; Slg. Sprengel I, 378 ff/35

36 **Der Schwan und der Koch**
Le Cygne et le Cuisinier
29,5 x 23,7; Slg. Sprengel I, 378 ff/36

37 **Die Wölfe und die Schafe**
Les Loups et les Brebis
29,4 x 24; Slg. Sprengel I, 378 ff/37

38 **Der alt gewordene Löwe**
Le Lion devenu vieux
29,7 x 24,5; Slg. Sprengel I, 378 ff/38

39 **Die ertrunkene Frau**
La Femme noyée
29,1 x 23,9; Slg. Sprengel I, 378 ff/39

40 **Der verliebte Löwe**
Le Lion amoureux
29,8 x 24,2; Slg. Sprengel I, 378 ff/40

34

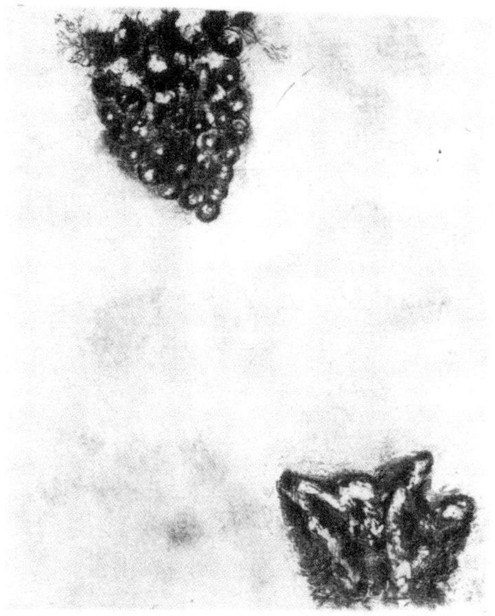
35

36

37

38

39

40

41 **Der Schäfer und das Meer**
Le Berger et la mer
29,7 x 23,8; Slg. Sprengel I, 378 ff/41

42 **Der Mann und das hölzerne Götzenbild**
L'Homme et l'idole de bois
30,3 x 24; Slg. Sprengel I, 378 ff/42

43 **Der Häher, der sich mit Pfauenfedern schmückte**
Le Geai paré des plumes du paon
29,4 x 23,6; Slg. Sprengel I, 378 ff/43

44 **Das Dromedar und das Treibholz**
Le Chameau et les bâtons flottants
29,8 x 23,8; Slg. Sprengel I, 378 ff/44

45 **Das Pferd, das sich am Hirsch rächen wollte**
Le Cheval s'étant voulu venger du Cerf
30,8 x 24,7; Slg. Sprengel I, 378 ff/45

46 **Der Fuchs und die Büste**
Le Renard et le buste
29,4 x 23,8; Slg. Sprengel I, 378 ff/46

47 **Der Wolf, die Ziege und das Zicklein**
Le Loup, la Chèvre et le Chevreau
29,9 x 24,1; Slg. Sprengel I, 378 ff/47

41

42

43

44

45

46

47

48

49

50

51

52

53

54

48 **Der Wolf, die Mutter und das Kind**
Le Loup, la Mère et l'Enfant
29,1 x 23,3; Slg. Sprengel I, 378 ff/48

49 **Der Geizhals, der seinen Schatz verlor**
L'Avare qui a perdu son trésor
29,6 x 24,4; Slg. Sprengel I, 378 ff/49

50 **Das Auge des Herrn**
L'Œil du Maître
29,9 x 23,9; Slg. Sprengel I, 378 ff/50

51 **Die Lerche mit ihren Jungen und der Gutsbesitzer**
L'Alouette et ses Petits avec le Maitre d'un champ
29,9 x 24,1; Slg. Sprengel I, 378 ff/51

52 **Der Holzhauer und Merkur**
Le Bûcheron et Mercure
29,8 x 24; Slg. Sprengel I, 378 ff/52

53 **Der Tontopf und der Eisentopf**
Le Pot de terre et le Pot de fer
30,1 x 23,6; Slg. Sprengel I, 378 ff/53

54 **Der kleine Fisch und der Fischer**
Le petit Poisson et le Pêcheur
29,7 x 23,8; Slg. Sprengel I, 378 ff/54

55 **Der Fuchs mit dem gestutzten Schwanz**
Le Renard ayant la queue coupée
29,6 x 25; Slg. Sprengel I, 378 ff/55

56 **Die Alte und die beiden Mägde**
La Vieille et les deux Servantes
29,7 x 24; Slg. Sprengel I, 378 ff/56

57 **Der Satyr und der Wanderer**
Le Satyre et le Passant
29,5 x 23,9; Slg. Sprengel I, 378 ff/57

58 **Fortuna und das kleine Kind**
La Fortune et le jeune Enfant
29,6 x 24,1; Slg. Sprengel I, 378 ff/58

59 **Die Henne mit den goldenen Eiern**
La Poule aux œufs d'or
29,5 x 23,9; Slg. Sprengel I, 378 ff/59

60 **Der Hirsch und der Weinstock**
Le Cerf et la vigne
29,5 x 24; Slg. Sprengel I, 378 ff/60

61 **Der Adler und die Eule**
L'Aigle et le Hibou
30 x 24,1; Slg. Sprengel I, 378 ff/61

55

56

57

58

59

60

61

62

63

64

65

66

67

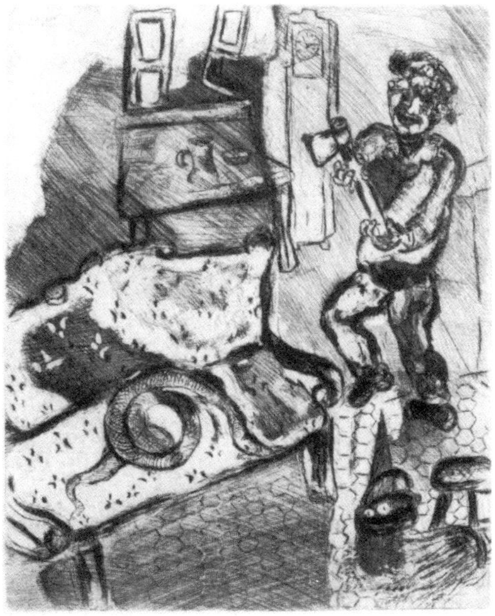

68

62 **Der Löwe zieht in den Krieg**
Le Lion s'en allant en guerre
29,8 x 24,6; Slg. Sprengel I, 378 ff/62

63 **Der Bär und die zwei Burschen**
L'Ours et les deux Compagnons
29,7 x 23,8; Slg. Sprengel I, 378 ff/63

64 **Der Esel in der Löwenhaut**
L'Âne vêtu de la peau du lion
29,6 x 24,1; Slg. Sprengel I, 378 ff/64

65 **Der Löwe und die Jäger**
Le Lion et les Chasseurs
29,7 x 24; Slg. Sprengel I, 378 ff/65

66 **Der Hirsch, der sich im Wasser spiegelt**
Le Cerf se voyant dans l'eau
30,1 x 24,2; Slg. Sprengel I, 378 ff/66

67 **Die Sonne und die Frösche**
Le Soleil et les Grenouilles
29,5 x 23,9; Slg. Sprengel I, 378 ff/67

68 **Der Landmann und die Schlange**
Le Villageois et le Serpent
29,4 x 24; Slg. Sprengel I, 378 ff/68

69 **Das Pferd und der Esel**
Le Cheval et l'Âne
29,5 x 24,1; Slg. Sprengel I, 378 ff/69

70 **Der Fuhrmann, der sich festgefahren hat**
Le Chartier embourbé
29,3 x 23,9; Slg. Sprengel I, 378 ff/70

71 **Der Marktschreier**
Le Charlatan
29,8 x 24,1; Slg. Sprengel I, 378 ff/71

72 **Die junge Witwe**
La jeune Veuve
29,4 x 23,8; Slg. Sprengel I, 378 ff/72

73 **Der Reiher**
Le Héron
30 x 24,6; Slg. Sprengel I, 378 ff/73

74 **Das Mädchen**
La Fille
29,4 x 23,9; Slg. Sprengel I, 378 ff/74

75 **Die Milchfrau und die Milchkanne**
La Laitière et le pot au lait
29,3 x 23,6; Slg. Sprengel I, 378 ff/75

69

70

71

72

73

74

75

76

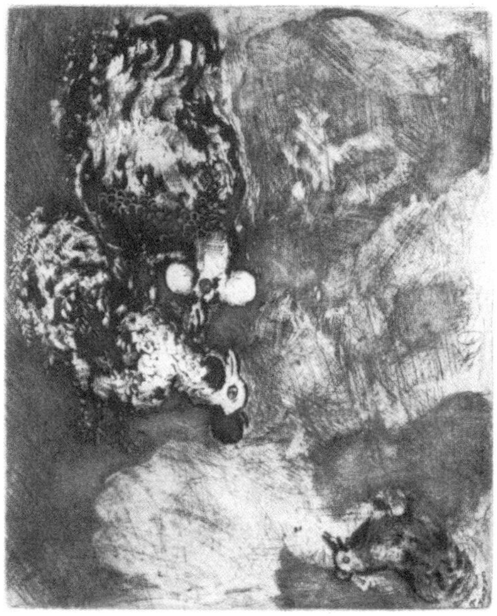
77

78

79

80

81

82

76 **Der Pfarrer und der Tote**
Le Curé et le Mort
29,3 x 23,8; Slg. Sprengel I, 378 ff/76

77 **Die beiden Hähne**
Les deux Coqs
29,8 x 24,2
Slg. Sprengel I, 378 ff/77

78 **Die Wahrsagerinnen**
Les Devineresses
29,9 x 23,8; Slg. Sprengel I, 378 ff/78

79 **Der Schuster und der Reiche**
Le Savetier et le Financier
30 x 24,6; Slg. Sprengel I, 378 ff/79

80 **Die Frauen und das Geheimnis**
Les Femmes et le secret
29,6 x 23,9; Slg. Sprengel I, 378 ff/80

81 **Der Hund, der seines Herrn Mittagsbrot am Halse trug**
Le Chien qui porte à son cou le dîner de son maître
29,5 x 23,9; Slg. Sprengel I, 378 ff/81

82 **Der Spötter und die Fische**
Le Rieur et les Poissons
29,3 x 23,9; Slg. Sprengel I, 378 ff/82

83

84

85

86

87

88

83 **Der Bär und der Gartenfreund**
L'Ours et l'Amateur des jardins
29,5 x 23,9; Slg. Sprengel I, 378 ff/83

84 **Das Leichenbegräbnis der Löwin**
Les obsèques de la Lionne
29,6 x 23,8; Slg. Sprengel I, 378 ff/84

85 **Die Ratte und der Elefant**
Le Rat et l'Éléphant
29,4 x 24,1; Slg. Sprengel I, 378 ff/85

86 **Der Esel und der Hund**
L'Âne et le Chien
29,6 x 23,8; Slg. Sprengel I, 378 ff/86

87 **Die beiden Tauben**
Les deux Pigeons
29,6 x 24; Slg. Sprengel I, 378 ff/87

88 **Der Affe und der Leopard**
Le Singe et le Léopard
29,8 x 24,5; Slg. Sprengel I, 378 ff/88

89

90

91

92

93

94

89 **Der Bildhauer und das Standbild des Jupiter**
Le Statuaire et la statue de Jupiter
29,6 x 23,7; Slg. Sprengel I, 378 ff/89

90 **Die in ein Mädchen verwandelte Maus**
La Souris métamorphosée en fille
29,3 x 23,9; Slg. Sprengel I, 378 ff/90

91 **Der Narr, der die Weisheit verkauft**
Le Fou qui vend la sagesse
29,4 x 23,7; Slg. Sprengel I, 378 ff/91

92 **Der Schäfer und seine Herde**
Le Berger et son troupeau
29,4 x 26,5; Slg. Sprengel I, 378 ff/92

93 **Die Schildkröte und die beiden Enten**
La Tortue et les deux Canards
29,3 x 24,2; Slg. Sprengel I, 378 ff/93

94 **Das Rebhuhn und die Hähne**
La Perdrix et les Coqs
29,9 x 24,2; Slg. Sprengel I, 378 ff/94

95 **Die Fische und der flötende Schäfer**
Les Poissons et le Berger qui joue de la flûte
29,3 x 23,7; Slg. Sprengel I, 378 ff/95

96 **Die zwei Papageien, der König und sein Sohn**
Les deux Perroquets, le Roi et son Fils
29,4 x 23,7; Slg. Sprengel I, 378 ff/96

97 **Die Katze und die beiden Spatzen**
Le Chat et les deux Moineaux
29,5 x 23,7; Slg. Sprengel I, 378 ff/97

98 **Die beiden Ziegen**
Les deux Chèvres
29,4 x 23,8; Slg. Sprengel I, 378 ff/98

99 **Der kranke Hirsch**
Le Cerf malade
29,5 x 23,8; Slg. Sprengel I, 378 ff/99

100 **Der Fuchs und die Truthähne**
Le Renard et les Poulets d'Inde
30,3 x 24,6; Slg. Sprengel I, 378 ff/100

95

96

97

98

99

100

1

2

3

4

5

6

Die Bibel
Bible

Blatt 1-57
Eaux-fortes originales de Marc Chagall.
2 Bände. Paris, Tériade Editeur 1956.
Bd. 1: 33 Doppelblätter und 57 Radierungen;
Bd. 2: 29 Doppelblätter und 48 Radierungen,
Blattformat 44x34 cm.
Exemplar Nr. 155, im Impressum signiert. Titeldoppelblatt von Band 1 mit einer farbigen Pastellzeichnung von Marc Chagall und folgender Widmung: Pour Dr. Bernhard Sprengel Marc Chagall 1957. Vence. Erschienen in 295 Exemplaren, davon Nr. 1-275 auf Montval, Nr. I-XX hors commerce für die Mitarbeiter. Außerdem wurden 100 Mappen herausgegeben, die die 105 Radierungen des Werkes, auf Velin d'arches gedruckt, enthalten. Vom Künstler handkoloriert, signiert und numeriert.
Das Werk wurde für Ambroise Vollard 1931 bis 1939 begonnen und für Tériade 1952 bis 1956 vollendet. 66 Radierungen wurden bis 1939 in der Werkstatt von Maurice Potin unter der Anleitung des Künstlers gedruckt, die weiteren 39 in Zusammenarbeit mit Chagall in der Werkstatt von Raymond Haasen 1952 bis 1956. Die verwendeten Texte der Bibel sind Auszüge aus der Übersetzung der hebräischen Bibel, die in Genf 1638 herausgegeben wurde. Lose Lagen in 2 Kassetten.
Slg. Sprengel I, 385 ff

Im folgenden sind die 57 Radierungen aus dem 1. Band der Tériade-Ausgabe wiedergegeben.

1 **Die Erschaffung des Menschen**
Création de l'homme
30,6x22,8; Slg. Sprengel I, 385 ff/1

2 **Noah entsendet die Taube**
La colombe de l'arche
31,5x23,7; Slg. Sprengel I, 385 ff/2

3 **Das Opfer des Noah**
Sacrifice de Noé
29,7x23,8; Slg. Sprengel I, 385 ff/3

4 **Der Regenbogen**
L'arc-en-ciel
30,3x23; Slg. Sprengel I, 385 ff/4

5 **Der Mantel des Noah**
Le manteau de Noé
30,4x23,1; Slg. Sprengel I, 385 ff/5

6 **Die Beschneidung**
La circoncision
29,9x23,6; Slg. Sprengel I, 385 ff/6

7 **Abraham bewirtet die Engel**
Abraham et les trois anges
30,4 x 24,3; Slg. Sprengel I, 385 ff/7

8 **Der Weg nach Sodom**
La descente vers Sodome
30,6 x 23,6; Slg. Sprengel I, 385 ff/8

9 **Lot und seine Töchter**
Lot et ses filles
31,7 x 24,8; Slg. Sprengel I, 385 ff/9

10 **Opferung Isaaks**
La sacrifice d'Abraham
30,4 x 23,7; Slg. Sprengel I, 385 ff/10

11 **Abraham beweint Sara**
Abraham pleurant Sara
29,3 x 24; Slg. Sprengel I, 385 ff/11

12 **Rebecca am Brunnen**
Rébecca à la fontaine
30,1 x 23,6; Slg. Sprengel I, 385 ff/12

13 **Isaak segnet Jakob**
Jacob béni par Isaac
29,5 x 23,6; Slg. Sprengel I, 385 ff/13

7

8

9

10

11

12

13

14

15

16

17

18

19

14 **Die Jakobsleiter**
L'échelle de Jacob
29,5 x 24,3; Slg. Sprengel I, 385 ff/14

15 **Begegnung zwischen Jakob und Rahel**
Rencontre de Jacob et de Rachel
29,2 x 22,9; Slg. Sprengel I, 385 ff/15

16 **Jakobs Kampf mit dem Engel**
La lutte avec l'ange
29,7 x 23,7; Slg. Sprengel I, 385 ff/16

17 **Das Grab der Rahel**
La tombe de Rachel
23,7 x 30,5; Slg. Sprengel I, 385 ff/17

18 **Joseph, der junge Hirt**
Joseph jeune berger
30 x 23,5; Slg. Sprengel I, 385 ff/18

19 **Joseph und seine Brüder**
Joseph et ses frères
29,1 x 24; Slg. Sprengel I, 385 ff/19

20 **Jakob beweint Joseph**
Jacob pleurant Joseph
30,2 x 24,6; Slg. Sprengel I, 385 ff/20

21 **Die Frau des Potiphar**
La femme de Potiphar
29,6 x 24,7; Slg. Sprengel I, 385 ff/21

22 **Der Traum des Pharao**
Le songe de Pharaon
28,7 x 22,6; Slg. Sprengel I, 385 ff/22

23 **Joseph empfängt seine Brüder**
Joseph reconnu par ses frères
29,4 x 23,3; Slg. Sprengel I, 385 ff/23

24 **Jakobs Reise nach Ägypten**
Départ de Jacob pour l'Égypte
30,1 x 23,8; Slg. Sprengel I, 385 ff/24

25 **Jakob segnet Ephraim und Manasse**
Bénédiction d'Éphraïm et Manassé
29,3 x 23,2; Slg. Sprengel I, 385 ff/25

26 **Aussetzung des Mosesknaben**
Moïse sauvé des eaux
28,7 x 22,6; Slg. Sprengel I, 385 ff/26

20

21

22

23

24

25

26

27

28

29

30

31

27 **Der brennende Busch**
Le buisson ardent
28,9 x 22,7; Slg. Sprengel I, 385 ff/27

28 **Moses und die Schlange**
Moïse et le serpent
29,5 x 23; Slg. Sprengel I, 385 ff/28

29 **Begegnung zwischen Moses und Aaron**
Rencontre de Moïse et d'Aaron
28,9 x 22,1; Slg. Sprengel I, 385 ff/29

30 **Moses und Aaron vor dem Pharao**
Moïse et Aaron devant Pharaon
28,8 x 22,8; Slg. Sprengel I, 385 ff/30

31 **Die Finsternis über Ägypten**
Les ténèbres sur l'Égypte
29,1 x 22,8; Slg. Sprengel I, 385 ff/31

32 **Das Passah-Mahl**
Le repas de la Pâque
29,2 x 22,9; Slg. Sprengel I, 385 ff/32

33 **Der Auszug aus Ägypten**
La sortie d'Égypte
23,9 x 31,9; Slg. Sprengel I, 385 ff/33

32

33

34 **Der Zug durch das Rote Meer**
Passage de la mer Rouge
31,7 x 23,9; Slg. Sprengel I, 385 ff/34

35 **Tanz der Mirjam**
Danse de Marie, sœur de Moïse
29,6 x 23,1; Slg. Sprengel I, 385 ff/35

36 **Moses schlägt Wasser aus dem Felsen**
Moïse fait jaillir l'eau du rocher
29,6 x 23,5; Slg. Sprengel I, 385 ff/36

37 **Moses empfängt die Gesetzestafeln**
Moïse reçoit les Tables de la Loi
28,3 x 22,7; Slg. Sprengel I, 385 ff/37

38 **Das goldene Kalb**
Le veau d'or
28,9 x 22,9; Slg. Sprengel I, 385 ff/38

39 **Moses zerbricht die Gesetzestafeln**
Moïse brise les Tables de la Loi
29,4 x 23,1; Slg. Sprengel I, 385 ff/39

34

35

36

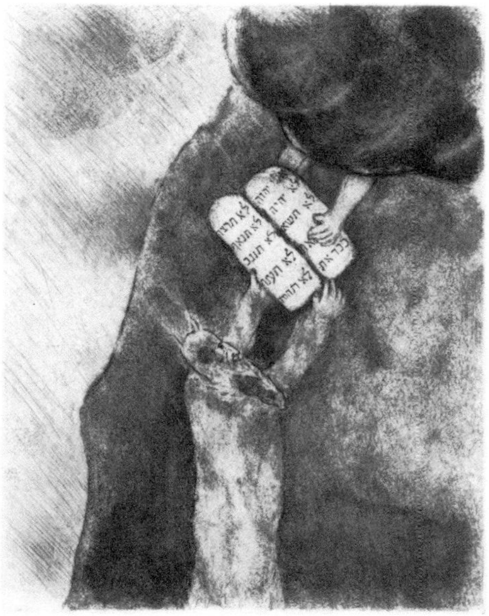

37

38

39

40 **Aaron und der siebenarmige Leuchter**
Aaron et le chandelier
29,1 x 22,9; Slg. Sprengel I, 385 ff/40

41 **Der Tod des Moses**
Mort de Moïse
30,6 x 24,5; Slg. Sprengel I, 385 ff/41

42 **Moses segnet Josua**
Bénédiction de Moïse sur Josué
32,1 x 24,2; Slg. Sprengel I, 385 ff/42

43 **Der Herr ruft Josua**
Josué armé par l'Éternel
29,4 x 23,3; Slg. Sprengel I, 385 ff/43

44 **Überschreiten des Jordan**
Passage du Jourdain
30 x 23; Slg. Sprengel I, 385 ff/44

45 **Josua vor dem Engel mit dem Schwert**
Josué devant l'ange à l'épée
31,9 x 21,6; Slg. Sprengel I, 385 ff/45

46 **Josua vor Jericho**
Josué devant Jéricho
32,8 x 22,5; Slg. Sprengel I, 385 ff/46

40

41

42

43

44

45

46

47 **Josua verkündet das Gesetzesbuch**
Josué lit les paroles de la Loi
29,7 x 23,2; Slg. Sprengel I, 385 ff/47

48 **Josua läßt die Sonne stillstehen**
Josué arrête le soleil
29,1 x 24; Slg. Sprengel I, 385 ff/48

49 **Josua mit den besiegten Königen**
Josué et les rois vaincus
29,7 x 22,8; Slg. Sprengel I, 385 ff/49

50 **Josua ermahnt das Volk**
Exhortation de Josué
33,8 x 22,5; Slg. Sprengel I, 385 ff/50

51 **Josua und der Stein von Sichem**
Josué et la pierre de Sichem
29,7 x 23,1; Slg. Sprengel I, 385 ff/51

52 **Die Prophetin Debora**
Débora la prophétesse
30 x 25; Slg. Sprengel I, 385 ff/52

47

48

49

50

51

52

53

54

55

56

57

53 **Das Opfer des Manoah**
Sacrifice de Manoach
32,4 x 23,5; Slg. Sprengel I, 385 ff/53

54 **Simson und der Löwe**
Samson et le lion
32 x 25,9; Slg. Sprengel I, 385 ff/54

55 **Simson trägt die Stadttore von Gaza fort**
Samson enlève les portes de Gaza
29,6 x 22,4; Slg. Sprengel I, 385 ff/55

56 **Simson und Delila**
Samson et Delila
28,1 x 24,2; Slg. Sprengel I, 385 ff/56

57 **Simsons Rache**
Samson renverse les colonnes
29,2 x 24,5; Slg. Sprengel I, 385 ff/57

Dokumentation 1922-1940

Die Daten und Fakten in dieser Dokumentation basieren auf den grundlegenden Chagall-Biographien von Meyer und Crespelle; in einigen Fällen wurden sie mit Daten aus Chagalls Korrespondenz, die die Autorin recherchiert hat, ergänzt. Wenn widersprüchliche Daten nicht geklärt werden konnten, sind beide Versionen angegeben.

1922
Im April verläßt Chagall Rußland mit einem durch Vermittlung des Schriftstellers Demjan Bedny vom Kommissar für Bildungswesen, Anatoli Lunatscharski, offiziell ausgestellten Reisepaß. In Kaunas stellt er 65 Gemälde und viele Zeichnungen aus, die der litauische Botschafter in Moskau, der Dichter Jurgis Baltrusaitis, als diplomatisches Gepäck dorthin geschickt hatte. Während der Ausstellung liest Chagall auf einer von Dr. Eliaschew, einem seiner Freunde aus Moskau, und Max Kaganowitsch, dem Bruder des Autors von ›Der Nister‹, dessen Geschichten Chagall 1917 illustriert hatte, veranstalteten Soiree aus seinem Manuskript ›Mein Leben‹.
Im Sommer Ankunft in Berlin mit all seinen Bildern. Seine Frau Bella, die wegen eines gebrochenen Arms zunächst in Moskau bleiben mußte, und seine Tochter Ida treffen ebenfalls in Berlin ein. Sie bleiben ein Jahr lang und wohnen an vier verschiedenen Adressen. Mit Ausnahme der letzten liegen alle Wohnungen zentral, in der Umgebung des Prager Platzes, wo viele Russen wohnen. Die erste Wohnung in der Kantstraße, zwischen Bismarckstraße und Kurfürstendamm, hat Dr. Eliaschew für sie besorgt. Von dort ziehen sie zunächst in die Pariser Straße, die diagonal vom Kurfürstendamm abzweigt, darauf in die Weimarer Straße Nr. 29, eine kleinere Straße, die die Bismarck- und die Kantstraße miteinander verbindet, und schließlich in die Spessartstraße 6 in Wilmersdorf. Keine dieser Wohnungen verfügt über ein richtiges Atelier. Chagall ist in Berlin kein Unbekannter, weil er 1914 in der Galerie ›Der Sturm‹ 40 Gemälde und mehr als 100 Gouachen zurückgelassen hat, die Herwarth Walden auch später noch dort zeigte; 1918 widmete er Chagall das *Sturm-Bilderbuch* Nr. 1. Bis 1922 sind fast alle Arbeiten verkauft, doch die Inflation hat die bei einem Rechtsanwalt hinterlegten Erlöse aufgezehrt. Chagall entschließt sich deshalb, Walden zu verklagen. Eine Einigung kommt 1926 zustande; Chagall akzeptiert als Ausgleich drei Bilder, die vor 1914 entstanden sind: *Rußland, den Eseln und den Anderen, Der Dichter* und *Ich und das Dorf.*
Weil Paul Cassirer eine illustrierte Ausgabe von *Mein Leben* veröffentlichen will, arbeitet Chagall zuerst im Atelier Joseph Budkos an Holzschnitten für dieses Projekt, bevor er sich von Hermann Struck im Radieren unterweisen läßt.
Zu seinen Freunden gehören der Schriftsteller und Zionist Chaim Bialik, die Maler George Grosz (den er in Paris kennengelernt hat), Karl Hofer und Jankel Adler, David Schterenberg und seine Frau

Chagall mit Bella und Ida in Berlin, 1923

Die Chagalls in der Atelierwohnung 101 Avenue d'Orléans, 1924

Chagall bei der Arbeit an *Doppelporträt* mit Bella als Modell, 1923-24

Nadeshda (eine Freundin Bellas) und Alexander Archipenko.
15. Oktober - Dezember: Berlin, Galerie van Diemen, *Erste Russische Kunstausstellung.* In dieser Ausstellung mit Leihgaben aus der Sowjetunion werden auch Arbeiten Chagalls gezeigt.

1923
Januar: Berlin, Galerie Lutz (vormals van Diemen), *Sonderausstellung Marc Chagall,* 164 Arbeiten aus den Jahren 1914-22.
Veröffentlichung der Mappe *Mein Leben, 20 Radierungen,* Berlin, Paul Cassirer.
Im Frühjahr (wahrscheinlich) reist er in den Schwarzwald.
Im Juli Aufenthalt in Bad Blankenburg, Thüringen.
Aus Paris erhält Chagall durch einen Brief Blaise Cendrars' die Nachricht von Ambroise Vollard, er wolle bei ihm Buchillustrationen in Auftrag geben.
Im August erhält Chagall für sich und Bella französische Visa. Im September kommen sie am Gare de l'Est in Paris an; sie wohnen im Hôtel Médicale, 28 rue du Faubourg Saint-Jacques. Vollard schlägt ihm vor, ein Kinderbuch der Comtesse du Ségur aus dem 19. Jahrhundert zu illustrieren, willigt aber in Chagalls Gegenvorschlag – Radierungen zu Gogols *Die Toten Seelen* – ein.

1923-24
Im Winter besuchen die Chagalls häufig Robert Delaunay und dessen russische Frau Sonia in ihrem Wochenendhaus in L'Isle-Adam, einer kleinen, etwa 30 km nördlich von Paris gelegenen Stadt, die für ihren Wald und ihren Strand an der Oise bekannt ist.

1924
Anfang des Jahres ziehen die Chagalls vom Hôtel Médicale in das nahegelegene klassische Künstleratelier Eugène Zaks mit Entresol und Balkon in der Avenue d'Orléans (heute Avenue du Général-Leclerc) Nr. 101. Lenin unterhielt während seines Pariser Exils in diesem Gebäude eine Druckerpresse.
Zu den Gästen, die im Frühjahr Idas achten Geburtstag feiern, gehören Leon Bakst, André Levinson und Max Vinaver, der Chagall in St. Petersburg unterstützte und ihm 1910 die Reise nach Paris ermöglicht hat.
Als André Breton das ›Erste Surrealistische Manifest‹ veröffentlicht, wird Chagall von Max Ernst, Paul Eluard und Gala eingeladen, sich den Surrealisten anzuschließen; Chagall lehnt ab, weil er findet, daß sie vom Automatismus und vom Unbewußten allzu besessen sind.
22. März - 2. April: Brüssel, Galerie Le Centaure, *Œuvres de Marc Chagall,* 50 Arbeiten.
Im April schreibt Chagall den Delaunays aus Ault, einem kleinen Badeort an der Küste der Normandie bei Abbeville: »Wir sind albern und glücklich hier.«
Im Juni Aufenthalt auf Bréhat, zwei der bretonischen Nordküste vorgelagerten, durch einen schmalen Landstreifen miteinander verbundenen Inseln, zusammen 3,5 km lang und 1,5 km breit, von Arcouest bei Paimpol mit einer Fähre zu erreichen. Die Küste besteht aus rosafarbenen Granitfelsen, und das milde, regenarme Klima läßt Mimosen, Myrten und Feigen unter freiem Himmel gedeihen. Chagalls Gogol-Radierungen, die Tschitschikows Besuche bei Manilow, Frau Korbotschka und Nosdrew illustrieren, reflektieren das Licht der Bretagne.
17.-30. Dezember: Paris, Galerie Barbazanges Hodebert, *Œuvres de Marc Chagall de 1908 à 1924;* 122 Arbeiten: 40 Ölgemälde, 25 Aquarelle, 19 Zeichnungen (1914-17) und 38 Radierungen zu *Die toten Seelen.*

1924-25
Zusammen mit Bella und Ida verbringt Chagall im Winter einige Monate in L'Isle-Adam, wo er *Bella mit der Nelke* malt.

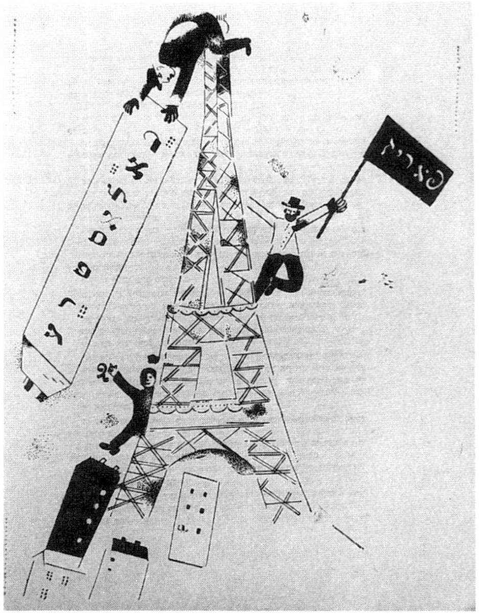

Illustration von Chagall in der jiddischen Zeitschrift *Chalastre* 2, Paris 1924

1925
Die Chagalls mieten eine Wohnung in Montchauvet, etwa 60km westlich von Paris bei Septeuil, wo der belgische Kritiker Florent Fels ein Haus besitzt. Chagall malt dort *Bauernleben;* außerdem radiert er dort zwei *Selbstporträts* und die Gogol-Blätter *Die Flucht ohne Kleider* und *Die Troika am Abend.*
April: Kölnischer Kunstverein, *Ausstellung Marc Chagall,* 69 Gemälde sowie Illustrationen zu *Die toten Seelen* von Gogol.
Mai-Juni: Dresden, Galerie Ernst Arnold, *Gemälde von Marc Chagall 1908-1925,* 61 Gemälde, Aquarelle und Zeichnungen sowie Illustrationen zu *Die toten Seelen* von Gogol.
Dezember: Die Chagalls ziehen aus der Atelierwohnung in der Avenue d'Orléans aus und mieten ein Haus, 3 Allée des Pins, Boulogne-sur-Seine, in der Nähe des Bois de Boulogne, nicht weit vom ausgedehnten Jardin fleuriste mit seinen großartigen Pflanzensammlungen und regelmäßigen Blumenausstellungen.
In diesem Jahr beziehen auch die Bildhauer Jacques Lipchitz und Miesttschaninow in diesem Vorort von Paris ein Doppelatelierhaus, das Le Corbusier für sie entworfen hat.

1926
9.-30. Januar: New York, Reinhardt Galleries, *Marc Chagall,* 100 Arbeiten.
Chagall und seine Familie verbringen den größten Teil des Jahres auf dem Land. Im Frühjahr halten sie sich an der Mittelmeerküste auf, in dem auf einer Halbinsel gelegenen Mourillon. Dieser Ort war damals noch ein Fischerdorf mit einigen wenigen Bauernhöfen und Pensionen und lag außerhalb von Toulon, mit dem es heute zusammengewachsen ist. Die Chagalls wohnen bei Georges und Marguerite Duthuit-Matisse in La Reserve in der Nähe des Fort St.-Louis. Chagall besucht zum ersten Mal Nizza. Bella bringt täglich Blumensträuße vom Markt mit.
Einige Monate verbringen sie in der Auvergne, hauptsächlich in Chambon-sur-Lac, 38km westlich von Clermont-Ferrand, und wohnen in einem Haus am Dorfplatz gegenüber der Kirche. Außer dem Hôtel de la Poste gibt es hier eine auf dem Dorffriedhof gelegene, ungewöhnliche runde romanische Kapelle. Chagall vollendet hier 30 Gouachen für die Fabeln von La Fontaine; Vollard hat ihn bereits in diesem Jahr damit beauftragt, und nicht – wie die meisten Quellen angeben – erst 1927.
14. Juni-5. Juli: Paris, Galerie Katia Granoff, *30 peintures de Marc Chagall.*
Am 20. Juli geben ›Les Amis de Sélection‹ einen Empfang für Chagall in Afsnee aan de Leie, einem kleinen Dorf in Westflandern, das heute zu einem Vorort von Gent geworden ist.
Fünf Radierungen Chagalls erscheinen in Marcel Arland, *Maternité,* Paris, Au sans Pareil.
Fünfzehn Radierungen erscheinen in Jean Giraudoux, Paul Morand, Pierre Mac Orlan, André Salmon, Max Jacob, Jacques de Lacretelle, Joseph Kessel, *Les Sept Péchés Capitaux,* Paris, Kra.
22. November-11. Dezember: Paris, Galerie Katia Granoff, *Marc Chagall. Travaux de l'été 1926,* 16 Gemälde und Gouachen.

1927
Von Mai bis September halten sich die Chagalls wieder in der Auvergne auf, und zwar in Châtelguyon, 21km nördlich von Clermont-Ferrand, einem Heilbad für Erkrankungen der Verdauungsorgane; Bella und Ida erholen sich hier von einer schweren Blutvergiftung. Oberhalb der Kuranlagen liegt die Altstadt, deren Kirche mit einem Dorsale aus dem 18. Jahrhundert ausgestattet ist. Oberhalb der Altstadt befinden sich ein Kalvarienberg und die Ruinen einer Burg aus dem 12. Jahrhundert. In Châtelguyon trifft Chagall Soutine, der, wie er später seinem Biographen Crespelle gegenüber erwähnt, im Gegensatz zu ihm selbst ein Snob geworden sei, der auf elegante Kleidung Wert lege und seinen osteuropäischen Geburtsort Wilna vergessen wolle.
Auch der Aufenthalt in der Nähe von Saint-Jean-de-Luz, 15km von Biarritz entfernt, einer historischen Stadt mit charaktervollen alten Vierteln, dürfte in das Jahr 1927 fallen.
Im November (nach Sonia Delaunay im November 1926) unternimmt Chagall zusammen mit Robert Delaunay einen Ausflug mit dem Auto, der sie über Montauban und Albi (nördlich von Toulouse) nach Limoux führt, einem kleinen Ort südlich von Carcassonne, wo sie die Schriftsteller Jean Girou und Joseph Delteil besuchen. Von dort aus geht es zur Mittelmeerküste nach Collioure und anschließend Banyuls-sur-mer, dem letzten französischen Badeort vor der spanischen Grenze, wo sie Maillol einen Besuch abstatten. Delaunay hat kurz zuvor Autofahren gelernt und ein Coupé der Marke Willis-Overland mit Klappverdeck gekauft. Der Ausflug dauerte sechs Tage, gerade so lange, wie sie es miteinander aushielten.
Gegen Ende des Jahres sind die Gouachen zu den Fabeln vollendet. Schon vorher hat Vollard als Sujet den Zirkus vorgeschlagen, und deshalb besucht Chagall oft den Cirque d'Hiver, wo Vollard eine Loge abonniert hat. Chagall vollendet 19 Gouachen, die heute als *Cirque Vollard* bezeichnet werden, um sie von den später entstandenen zu unterscheiden.
Granowski und seine Truppe spielen im Theater Porte Saint-Martin (in der Nähe der Place de la République); Chagall und Bella besuchen fast jeden Abend die Vorstellung und veranstalten einen Empfang für die Schauspieler und ihre Freunde.
Chagall schenkt der Tretjakow-Galerie in Moskau 96 Radierungen zu *Die toten Seelen* – den vollständigen Zyklus ohne Bildregister.
Die Pariser Kunsthandlung Bernheim-Jeune nimmt Chagall unter Vertrag. Chagall ist Gründungsmitglied der Association des Peintres-graveurs.

1927-28
Winter: Parallel zu den letzten Gouachen zu den Fabeln entstehen neue Zirkusbilder, *Cirque Vollard*-Repliken und neue Sujets.
Wahrscheinlich Reise in die Savoyer Alpen, nach Chamonix, Les Houches und Les Bossons, drei Wintersportorten zu Füßen des Montblanc, in der Nähe der schweizerisch-italienischen Grenze.

1928
10.-17. März: Paris, Galerie Le Portique, *Chagall: gouaches et illustrations,* Illustrationen zu Gogols *Die toten Seelen* und Präsentation der Monographie *Chagall* von André Salmon, Paris, Chroniques du Jour.
Im Sommer fährt Chagall allein nach Céret, einer kleinen Stadt am Fuß der Pyrenäen, 29km südöstlich von Perpignan und etwa ebensoweit landeinwärts von Collioure. Eine Brücke aus dem 14. Jahrhundert, die sowohl als ›Le Vieux Pont‹ wie auch als ›Pont du Diable‹ bekannt ist, überspannt in einem einzigen Bogen von 45 Metern Länge den Fluß Tech; von den alten Schutzwällen stehen heute noch zwei Türme und ein befestigtes Tor.

Chagall; Frontispiz des Ausstellungskatalogs der Reinhardt Galleries, New York 1924

Das Haus ›Mas Lloret‹ in Céret (heute), in dem Chagall 1929 arbeitete

Zwischen 1911 und 1913 hielten sich Picasso und Braque häufig in Céret auf, was der Stadt den Beinamen ›das Mekka des Kubismus‹ eingetragen hat. Ein Bürgermeister von Céret, der sich 1978 erinnerte, daß Chagall, während er allein im Mas Lloret wohnte, an 28 Tafeln zu den Fabeln von La Fontaine arbeitete und das *Stilleben am Fenster* (heute in Göteborg) malte, datierte den Aufenthalt in das Jahr 1929.
Seit 1928 steht Chagall in enger Verbindung mit den Dichtern Jules Supervielle, Paul Eluard und René Schwob, die die Chagalls mit dem Philosophen Jacques Maritain und dessen russischer Frau, der Dichterin Raïssa Maritain, bekannt machen; die nächsten zehn Jahre gehören die Chagalls dem Kreis an, der sich jeden Sonntagnachmittag im Haus der Maritains in Meudon (unmittelbar südlich von Boulogne-sur-Seine) zusammenfindet.
André Salmon beginnt, *Mein Leben* aus dem Russischen zu übersetzen. Weil Chagall das Ergebnis zu französisch ist, übernimmt Bella diese Aufgabe und geht den Text zusammen mit Marc Satz für Satz durch. Idas Französischlehrer korrigiert grammatische Fehler, und Jean Paulhan gibt Ratschläge.

1929
März: Brüssel, Galerie l'Epoque, *Gouaches de Chagall.*
Im Herbst reist Chagall erneut nach Céret, diesmal zusammen mit Bella.
Gegen Ende des Jahres ziehen die Chagalls in das neu erbaute Haus, 5 Avenue des Sycomores. Die Villa Montmorency, die Porte d'Auteuil und auch der Jardin fleuriste (siehe oben) sind ganz in der Nähe. In der Umgebung liegen auch die Rue La Fontaine, die Rue Poussin und die Rue Michelangelo. Hier, nahe der ursprünglich im 12. Jahrhundert erbauten Kirche Notre-Dame d'Auteuil (1880 rekonstruiert), lagen die Landhäuser von Molière, Racine und La Fontaine.
Börsenkrach in der Wall Street: Bernheim-Jeune annullieren ihren Vertrag mit Chagall.

1929-30
Chagall verbringt in jenen Jahren öfter einen Teil des Winters in den Savoyer Alpen, vorzugsweise im Hôtel Soleil d'Or in Megève, das auf dem Weg von Annecy nach Chamonix liegt und ein guter Ausgangspunkt für Ausflüge ist.

1930
Februar: Paris, Galerie Bernheim-Jeune, *La Fontaine par Chagall.*
1.-19. März: Brüssel, Galerie Le Centaure, *La Fontaine par Chagall.*
April: Berlin, Galerie Flechtheim, *La Fontaine von Marc Chagall*; Chagall fährt zur Ausstellungseröffnung nach Berlin.
Im Frühsommer hält sich Chagall zusammen mit seiner Familie eine Weile in Neslé-la-Vallée auf, 42 km von Paris und 5 km von L'Isle-Adam entfernt; dort arbeitet er an Gouachen und kauft auf Rat Delaunays ein Stück Land.
Im Sommer und Herbst verbringen die Chagalls einige Wochen zunächst an der Mittelmeerküste und dann in Peïra-Cava, einem wunderschönen Fleckchen im Département Alpes-Maritimes, etwa 30 km hinter Nizza.
10. November-6. Dezember: New York, Galerie Demotte, *Marc Chagall,* 7 Ölbilder, 20 Aquarelle (darunter 16 Gouachen zu den Fabeln).
Meyerhold gewinnt Chagalls Unterstützung für seinen Plan, in Paris ein Theater zur Aufführung russischer Stücke zu pachten.
Meir Dizengoff, der Gründer und Bürgermeister von Tel Aviv, hält sich Ende 1930 in Paris auf und wird von Chana Orloff bei Chagall eingeführt.
Chagall beginnt mit Gouachen zur Illustration des Buchs der Propheten, womit ihn Vollard in diesem Jahr beauftragt hat.

1931
14. Januar: Chagall schreibt begeistert an Meir Dizengoff über das geplante Museum in Tel Aviv.
Februar: Einschiffung in Marseille mit Bella und Ida in Begleitung des Schriftstellers Edmond Fleg, der mit Chagall in Paris ein Komitee zur Förderung des Tel Aviv Museums begründet hat, sowie des Ehrenpräsidenten dieses Kommitees, Chaim Bialik. Gemeinsam besuchen sie Alexandria, Kairo und die Pyramiden.
11. März: Ankunft des Dampfers ›Champollion‹. Chagall besucht Hermann Struck in Haifa, geht als Gast von Meir Dizengoff nach Tel Aviv und stattet dort der Ausstellung lokaler Künstler im Alten Postamt (3.-17. März) einen offiziellen Besuch ab. Anschließend besucht er Jerusalem, wo er Ansichten und Szenen malt, darunter das nahegelegene Grab Rahels. In Safed malt er den Innenraum der Synagoge.

Ausstellungskatalog der Gouachen zu La Fontaines Fabeln mit dem Umschlagmotiv *Der Wolf klagt gegen den Fuchs vor dem Affen* (vgl. S. 237, La Fontaine, Blatt 13)

v. l. n. r.: Der israelitische Künstler Reuven Rubin mit seiner Frau Esther, Bella und Marc Chagall, der Plantagenbesitzer Heifitz in Petach Tikva bei Tel Aviv, 1931

6. April: Anläßlich einer Rede auf einem Ball der Hebräischen Schriftstellervereinigung in Tel Aviv äußert Chagall, er sei »sprachlos angesichts dessen, was ich gesehen habe«, und er wünsche sich, sein Leben hier verbringen zu können. Seine Stimmung verändert sich bei seiner Rückkehr nach Paris, als er am 14. Juni in dem russisch-sprachigen Magazin ›Rassviet‹ einräumt, daß das Projekt Tel Aviv Museum einem Fiasko gleichkäme, da die Verantwortlichen jedes künstlerische Urteil vermissen ließen. Im August zieht er sich aus dem Pariser Kommitee zurück. Dizengoff schickt als Vermittler Struck nach Paris, im Februar 1932 sind die Mißstimmungen beigelegt, und es werden Werke für das neue Museum nach Qualitätskriterien ausgesucht, auf denen Chagall bestanden hatte. Im April 1932 schickte er ein herzliches Grußtelegramm zur Eröffnung des Tel Aviv Museums.
Marc Chagall, *Ma Vie,* Vorwort von André Salmon, Paris, Stock; Einbandillustration, *Selbstporträt* sowie Reproduktionen von 31 frühen Zeichnungen.
13.-30. Juni: Paris, Galerie Le Portique, *20 tableaux récents et quelques dessins de jeunesse inédits par Marc Chagall.*
Den Spätsommer verbringt Chagall im steilen, mit Tannen bewaldeten Malsanne-Tal in den Bergen der Dauphiné südöstlich von Grenoble. Das Tal ist bekannt für den Wasserfall ›Cascade de Confolens‹.

1932
Chagall entwirft Kostüme und Bühnenbilder für Bronislava Nijinskas Ballett *Beethoven-Variationen.*
12. März-3. April: Amsterdam, Maatschappij Arti et Amicitiae (Gesellschaft niederländischer Künstler), *Marc Chagall,* 55 Arbeiten. Chagall fährt zur Ausstellungseröffnung nach Holland; besonders beeindruckt ist er von den Werken Rembrandts im Rijksmuseum (in Amsterdam) und im Mauritshuis (in Den Haag).
April: Budapest, Ausstellung mit Zeichnungen.
Den Herbst verbringt er mit seiner Familie in Arcachon, einem 50 km von Bordeaux entfernten Sommer- und Winterkurort.

1933
In der Mannheimer Kunsthalle veranstalten die Nazis eine »kulturbolschewistische« Ausstellung.
Chagalls Antrag, französischer Staatsbürger zu werden, wird abgelehnt, weil er nach der Oktoberrevolution in Witebsk als Kommissar der bildenden Künste fungiert hat. Erst 1937 wird die Einbürgerungsurkunde unterschrieben, nachdem Jean Paulhan die Freigabe des Dossiers erreicht hat.
Im Sommer besucht Chagall Vézelay, eine reizvolle kleine Stadt mit seltsamen alten Straßen, die auf einem von einer großen bewaldeten Terrasse umsäumten Hügel liegt. Vézelay ist berühmt für die im 12. Jahrhundert erbaute Abteikirche La Madeleine, früher eine Wallfahrtskirche.

Ein altes Haus in Safed, Postkarte, um 1931

Chagall in Palästina, 1931

4. November - 3. Dezember: Basel, Kunsthalle, *Marc Chagall*, 172 Arbeiten. Chagall fährt zur Ausstellungseröffnung nach Basel.

1934
Ida Chagall heiratet Michel Gordey, einen jungen Rechtsanwalt, Neffe von Charles Rappoport, einem politischen Emigranten, der 1917 nicht nach Rußland zurückgekehrt war. Die zweite Version von *Das Brautpaar mit dem Eiffelturm* und *Der Stuhl der Braut* – das Gemälde zeigt den mit einem geblümten Umhang geschmückten Sessel, auf dem Ida während der Hochzeitszeremonie saß – gehen auf diese Hochzeit zurück.
Juli und August: Zusammen mit Malern und Schriftstellern, unter ihnen Supervielle und Henri Michaux, reisen Chagall und Bella nach Tossa del Mar an der Costa Brava. Von dort aus besucht Chagall Barcelona, Madrid und Toledo.
November: Prag, Galerie ›Dra Feigla‹, 52 Arbeiten.

1935
April - Mai: London, The Leicester Galleries, *Paintings and Gouaches by Marc Chagall*, 44 Arbeiten.
Im August reist Chagall zusammen mit Bella nach Polen, um als Ehrengast an der Einweihung des jüdischen Kulturinstituts in Wilna (von 1922-39 polnisch) teilzunehmen, das mit der Ausstellung *Marc Chagall* eröffnet wird. Dort werden 116 graphische Arbeiten gezeigt: Illustrationen zu *Mein Leben*, Gogols *Die toten Seelen*, La Fontaines *Fabeln* und zur Bibel.

1936
Chagall begibt sich mehrmals im Monat zum Montparnasse, um im Café du Flore mit Picasso zusammenzutreffen; während Picasso *Guernica* malt, arbeitet Chagall an *Die weiße Kreuzigung*.
Im Juli hält er sich in Oye-et-Pallet auf, in der Nähe des Lac de St.-Point, 66 km von Besançon und 7 km von Pontarlier entfernt, auf der Ebene von Doubs am Fuße des Jura nahe der schweizerischen Grenze.
Die Chagalls ziehen in das Haus, 4 Villa Eugène-Manuel in der Nähe des Trocadéro im 16. Arrondissement.
30. November - 31. Dezember: New York, New Art Circle, *Marc Chagall*.

1936-37
Den Winter verbringen die Chagalls in Morzine, südlich des Genfer Sees im Département Haute Savoie.
Dezember 1936 - Januar 1937: Paris, Galeries Beaux-Arts, *Peintres instinctifs: naissance de l'expressionnisme*, 34 Arbeiten.

1937
Aufenthalt in Villars-Colmars, nördlich von St.-André-les-Alpes im Département Alpes-de-Haute-Provence.
29. April: Brief an Raymond Escholier, Direktor des Musée du Petit Palais und Organisator der kommenden Austellung *Les Maîtres de l'Art Indépendant*, abgesandt aus Le Prieuré, einer Künstlerpension unter dem Schatten des alten Priorats in Villeneuve-les-Avignon, wo Corot zu malen pflegte, 3 km nördlich von Avignon.
26. Juli - 31. Oktober: Musée de Jeu de Paume, *Origines et développement de l'art international indépendant*, 4 Werke von Chagall.
In der Münchner Ausstellung »Entartete Kunst« (19. Juli–30. November) werden drei Gemälde von Chagall gezeigt: *Dorfszene* aus dem Museum Folkwang, Essen, das sich heute unter dem Titel *Purim* im Philadelphia Museum of Art, The Louis E. Stern Collection, befindet; *Die Prise (Rabbiner)* aus der Kunsthalle Mannheim und *Winter* aus dem Städelschen Kunstinstitut, Frankfurt, die beide ins Kunstmuseum, Basel, gelangt sind.
Chagall und Bella reisen nach Italien; in der Toskana entstehen 15 Radierungen zur Bibel sowie Ölgemälde und Gouachen. In Florenz macht die Skulptur des Quattrocento großen Eindruck auf beide, insbesondere Donatello. 1943 sagt Chagall in einem Vortrag: »In Italien fand ich den Frieden der Museen, doch erleuchtet von einer Sonne, die Leben verkündet.«
Im September sind die Chagalls in Venedig und sehen dort Bilder von Bellini, Tizian und Tintoretto.

Vlaminck, Chagall und Vollard, 1929. Photo aus: *L'Intransigeant*, 8. Jan. 1929

›Das Lächeln von Chagall‹, 1934. Photo aus: *Beaux-Arts*, 26. Jan. 1934

Chagall, *Die Prise* (heute Kunstmuseum, Basel), 1937 in der Ausstellung »Entartete Kunst« in München gezeigt

Paris, Petit Palais, *Les Maîtres de l'Art Indépendant 1895-1937*; von Chagall werden 17 Arbeiten in einem gesonderten Raum gezeigt.
Weltausstellung im Jardin du Trocadéro, den die Chagalls bequem zu Fuß erreichen können; oft essen sie in einem der internationalen Restaurants und lernen neue Freunde kennen, etwa den Schriftsteller Raffael Alberti, der später häufig bei ihnen zu Gast sein wird.
26. Oktober-13. November: Paris, Galerie Renou et Colle, *Gouaches de Chagall.*
Im Dezember hält sich Chagall in Avignon auf.

1938
22. Februar-13. März: Brüssel, Palais des Beaux-Arts, *Marc Chagall,* 62 Arbeiten.
28. Februar-26. März: New York, Lilienfeld Galleries, *Marc Chagall,* 16 Arbeiten.

American Painters Win First, Second Carnegie Awards; International Art Exhibition Opens In Pittsburgh

Prize-winning paintings on display at the Carnegie International Exhibition of Painting, Pittsburgh, are, left to right, top, "Georgia Jungle," by Alexander Brook, and "Lay Figure," by Yasuo Kuniyoshi; bottom, "The Betrothed," by Marc Chagall, and "Flowers On a Red Table," by Maurice Brianchon.

BY MARY L. ALEXANDER.

Every year there is one great art exhibition held in this country in which our own artists meet, on equal terms, with those of the nations of the world. This is the Carnegie International Exhibition of Painting in Pittsburgh, which is held annually in October.

Usually the awarding of the large and important prizes stimulates controversial comment in all parts of the country. In the year that elapses between these seasonal events Carnegie sends her critical

they captured the last three out of four. First honorable mention and a prize of $400 was given to the Spanish painter, Mariano Andreu, for his surrealistic painting entitled "The Duel With One's Self." Second honorable mention, carrying a prize of $300, was awarded to Raphael Soyer for a genre subject, "Bus Passengers." Third honorable mention and $200 was received by Aaron Bohrod, Chicago, for his "Deserted House: Wyoming," and fourth honorable mention and $100 was given to Ernest Fiene for his painting "Razing Old New York Post Office."

One can hardly say this year that prizes went to the paintings of ad-

Zeitungsbericht *(Enquirer,* Cincinnati, Ohio, 20. 10. 1939) über die Internationale Gemäldeausstellung des Carnegie Institute 1939 mit Abbildung von Chagalls *Die Verlobten*

Im September hält sich Chagall in Lamotte-Beuvron im Département Loir-et-Cher auf, 36 km südlich von Orléans und östlich von Blois gelegen.
13. Oktober-14. Dezember: Pittsburgh, Carnegie Institute, *International Exhibition of Painting;* eine Arbeit, *Rote Flügel,* wurde gezeigt, errang jedoch keinen Preis.

1938-39
5. Dezember-7. Januar: New York, Lilienfeld Galleries, *Marc Chagall,* 16 Arbeiten.

1939
Den Sommer verbringen Chagall und Bella in einem abgelegenen Bauernhof in der Nähe von Villentroy im Département Indre-et-Loire.
Im August ziehen sie um nach Saint-Dyé-sur-Loire, unmittelbar nördlich von Chambord mit seinem berühmten Schloß und direkt am Fluß. Er holt alle seine Bilder aus Paris dorthin.
Oktober: Pittsburgh, Carnegie Institute, *International Exhibition of Painting;* für *Die Verlobten* erhält Chagall den 3. Preis ($ 500). Zum vierten Mal hatte Chagall ein Werk ausgestellt, erstmals erhielt er einen Preis.

1940
26. Januar-24. Februar: Paris, Galerie Mai, *Marc Chagall, Œuvres récentes,* 30 Arbeiten. Für diese Ausstellung bringt Chagall Bilder nach Paris zurück, er malt jedoch auch weiterhin in Saint-Dyé.
Im April hält sich Chagall in Paris auf.
Auf Empfehlung von André Lhote verbringen Chagall und Bella die Ostertage in Gordes, einem malerischen, auf einem Felsen kauernden Dorf mit einem Renaissanceschloß, 40 km nordöstlich von Avignon in den Bergen der Vaucluse.
Im Mai kaufen sie eine ehemalige katholische Mädchenschule in Gordes. Chagall und Bella mieten in Cavaillon einen Lastwagen, um die Bilder aus Saint-Dyé hierher zu holen. Sie bleiben etwa ein Jahr lang in Gordes.

1941
25. November-13. Dezember: New York, Pierre Matisse Gallery, *Marc Chagall. Retrospective ... 1910-1941,* 21 Arbeiten.

Blick in die Ausstellung *Marc Chagall* in der Galerie Mai, Paris 1940. Photo aus: *Cahiers d'art* 15, 1940, Nr. 1-2

Ausgewählte Literatur

Arland, Marcel, *Maternité. Récits ornés de cinq gravures hors texte de Marc Chagall,* Paris 1926
Arson, Boris, *Marc Chagall,* Berlin 1924
Bible, 2 Bde., mit 105 Radierungen von Chagall, Paris 1956
Bidermanas, Izis, u. McMullen, Roy, *Marc Chagalls Welt,* Stuttgart 1968
Cain, Julien, *The Lithographs of Chagall,* Anmerkungen und Katalog von Fernand Mourlot, Monte Carlo, London 1960
Chagall, Bella, *Brenendicke Licht,* New York 1945 (*Brennende Lichter,* Reinbek 1966)
Chagall, Bella, *Di ershte Bagegenish,* New York 1947
Chagall, Marc, *Ma Vie,* aus dem Russischen von B. Chagall, Paris 1931
Chagall, Marc, *Sturm-Bilderbuch,* Berlin 1923
Chagall, Marc, *Mein Leben,* 20 Radierungen, Berlin 1923
Chagall, Marc, *Mein Leben,* aus dem Französischen von Lothar Klünner, Stuttgart 1959
Chagall, Marc, *Poèmes,* mit 24 Farbholzschnitten, Genf 1968
Chagall by Chagall, hrsg. von Charles Sorlier, New York 1979
Chatelain, Jean, *The Biblical Message, Marc Chagall,* New York 1973
Compton, Susan, *Chagall,* London, New York (Royal Academy of Arts/Philadelphia Museum of Art) 1985
Crespelle, Jean-Paul, *Chagall, L'amour, le rêve et la vie,* Paris 1969
Däubler, Theodor, *Marc Chagall,* Rom 1922
Erben, Walter, *Marc Chagall,* München 1957, 2., erw. Auflage 1966
Fierens, Paul, *Marc Chagall,* Vorzugsausgabe mit einer Radierung von Chagall, *Die Akrobatin,* Paris 1928
George, Waldemar, *Marc Chagall,* Paris 1928
Giraudoux, Jean, u.a., *Les Sept Péchés Capitaux,* mit 15 Radierungen von Chagall, Paris 1926
Gogol, Nicolas, *Les Ames Mortes,* aus dem Russischen von Henri Mongault, 2 Bde., mit 107 Radierungen von Chagall, Paris 1948
Goll, Claire und Yvan, *Poèmes d'amour,* mit 4 Zeichnungen von Chagall, Paris 1925
Haftmann, Werner, *Marc Chagall, Gouachen, Zeichnungen, Aquarelle,* Köln 1975
Haftmann, Werner, *Marc Chagall,* Köln 1972
Hammacher, A. M., *Marc Chagall,* Anvers 1935
Kamenski, Alexander, *Chagall, Die russischen Jahre 1907-1922,* Stuttgart 1989
Kornfeld, Eberhard W., *Verzeichnis der Kupferstiche, Radierungen und Holzschnitte von Marc Chagall,* Bd. I: *Werke 1922-1966,* Bern 1970
Kunstmuseum Hannover mit Sammlung Sprengel, *Marc Chagall, Druckgraphische Folgen 1922-1966,* Hannover 1981
La Fontaine, *Fables, Eaux-Fortes Originales Marc Chagall,* 2 Bde., Paris 1952
Leymarie, Jean, *Marc Chagall* [Gouachen], New York (The Solomon R. Guggenheim Museum) 1975
Marc Chagall, Retrospektive der Arbeiten auf Papier, Hannover (Kestner-Gesellschaft) 1985
Maritain, Raïssa, *Chagall ou l'orage enchanté,* Genf 1948
Meyer, Franz, *Marc Chagall, Leben und Werk,* Köln 1961
Meyer, Franz, u. Bolliger, Hans, *Marc Chagall, Das graphische Werk,* Stuttgart 1957
de Ridder, André, ›La multiplicité de Chagall‹, in *Sélection* VI, 1929
Salmon, André, *Chagall,* 60 Vorzugsausgaben mit einer Radierung von Chagall, Paris 1928
Schwob, René, *Chagall et l'âme juive,* 65 Vorzugsausgaben mit 2 Radierungen von Chagall, Paris 1931
Soupault, Philippe, *Rose des Vents. Poèmes,* mit 4 Zeichnungen von Chagall, Paris 1920
Sweeney, James Johnson, *Marc Chagall,* New York (The Museum of Modern Art) 1946
Rosensaft, Jean Bloch, *Chagall and the Bible,* New York (Jewish Museum New York) 1987
Walt-Lessin, Abraham, *Lieder und Poemen 1888-1938,* 3 Bde., mit 32 Zeichnungen von Chagall, New York 1938

Photonachweis

Wenn hier nicht vermerkt, stammen die Photos von den Leihgebern der jeweiligen Werke, wie sie im Katalog oder den Bildunterschriften angegeben sind.

Aeschimann, Maurice, Genf
Farbtafeln 6, 150

Ausstellungskatalog Kunstmuseum Hannover mit Sammlung Sprengel, *Marc Chagall, Druckgraphische Folgen 1922-1966,* Hannover 1981
S. 16, Abb. 8; S. 18, Abb. 10; S. 24, Abb. 17

Ausstellungskatalog Villa Stuck, *Marc Chagall, Druckgraphik,* Hrsg. Ernst-Gerhard Güse, München 1986
S. 13, Abb. 3

Cahiers d'art 10, 1935, und 15, 1940
S. 32, Abb. 24; S. 33, Abb. 25; S. 267, Abb. 15

The Carnegie Museum of Art
S. 267, Abb. 14

Chatelain, Jean, *The Biblical Message, Marc Chagall,* New York 1973
S. 27, Abb. 20

Compton, Susan, *Chagall,* London, New York 1985
S. 19, Abb. 11; S. 31, Abb. 23

Erben, Walter, *Marc Chagall,* München 1957
S. 26, Abb. 19

Fleg, Edmond, *The Land of Promise,* New York 1933
S. 29, Abb. 22

Gaspari, Claude, Paris
Farbtafeln 8, 10, 86, 124

Girardet, K., *Fables de la Fontaine,* Tours 1858
S. 24, Abb. 15, 16

Hauret, Roger, u. Verdet, André, *Les Grands Peintres, Marc Chagall,* Genf 1956
S. 261, Abb. 1; S. 262, Abb. 3

Kamenski, Alexander, *Chagall, Die russischen Jahre 1907-1922,* Stuttgart 1989
S. 12, Abb. 2; S. 21, Abb. 13

Kornfeld, Eberhard W., *Verzeichnis der Kupferstiche, Radierungen und Holzschnitte von Marc Chagall,* Bd. I: *Werke 1922-1966,* Bern 1970
S. 13, Abb. 4; S. 14, Abb. 5

Kunstsammlung Basel
S. 266, Abb. 13

Malaval, Alain, Nizza
Farbtafeln 108, 122

Marlborough Fine Art, (London) Ltd.
S. 27, Abb. 21

Meyer, Franz, *Marc Chagall, Leben und Werk,* Köln 1961
S. 19, Abb. 12; S. 23, Abb. 14; S. 261, Abb. 2; S. 265, Abb. 10

Prelinger, Elizabeth, *Edvard Munch, Master Printmaker,* New York o. J.
S. 15, Abb. 7

Philadelphia Museum of Art
S. 263, Abb. 5

Photo Studio Pyrénée, Céret
S. 264, Abb. 6

The Tel Aviv Museum of Art
S. 15, Abb. 6